PCs

PARA

DUMMIES®

11ª EDICIÓN

PCs

PARA

DUMMIES®

11ª EDICIÓN

por Dan Gookin

WILEY

Wiley Publishing, Inc.

PCs Para Dummies®, 11ª Edición

Published by
Wiley Publishing, Inc.
111 River Street
Hoboken, NJ 07030-5774
www.wiley.com

Copyright © 2008 por Wiley Publishing, Inc., Indianapolis, Indiana

Publicado por Wiley Publishing, Inc., Indianapolis, Indiana

Publicado simultáneamente en Canadá

Si desea obtener información general sobre otros productos y servicios, comuníquese con nuestro Departamento de Atención al Cliente llamando al 800-762-2974 desde Estados Unidos; al 317-572-3993 desde el exterior o al fax 317-572-4002.

Para soporte técnico, por favor visite www.wiley.com/techsupport.

Wiley también publica sus libros en diversos formatos electrónicos. Es probable que ciertos contenidos que se incluyen en las impresiones no estén disponibles en los libros electrónicos.

Número de control de la Biblioteca del Congreso: 2008929118

ISBN: 978-0-470-37348-4

Impreso en los Estados Unidos de América

10 9 8 7 6 5 4 3 2 1

WILEY

Acerca del Autor

Dan Gookin ha escrito sobre tecnología por más de 20 años. Ha contribuido con artículos para una gran cantidad de revistas de alta tecnología y ha escrito más de 110 libros sobre computadoras personales, muchos de ellos veraces.

Dan combina su amor por la escritura con su fascinación por los aparatos para crear libros que son informativos, entretenidos y nada aburridos. Luego de vender más de 14 millones de títulos traducidos a más de 30 idiomas, Dan puede atestiguar que su método para crear libros de computación parece funcionar.

Tal vez su título más famoso sea el libro original *DOS For Dummies,* publicado en 1991. Se convirtió en el libro sobre computadoras de venta más rápida en el mundo. En algún momento, llegó a vender más copias por semana que el libro número uno en ventas del *New York Times* (aunque, por ser un libro de referencia no figuró en la lista de los libros más vendidos del *NYT*). Ese libro dio origen a toda la línea de libros *Para Dummies*, que sigue siendo un fenómeno editorial hasta el momento.

Entre los títulos más populares de Dan se incluyen *Word 2007 For Dummies*, *Laptops For Dummies* y *Troubleshooting Your PC For Dummies* (todos publicados por Wiley). Además mantiene el inmenso y práctico sitio Web `www.wambooli.com`.

Dan se ha graduado en comunicaciones y artes visuales de la universidad de California, San Diego. Actualmente, vive en el Noroeste del Pacífico, donde disfruta pasar el tiempo con sus hijos en los apacibles bosques de Idaho.

Agradecimientos de la editorial

Estamos orgullosos de este libro; por favor, envíenos sus comentarios a través de nuestro formulario de registro en línea, el cual podrá encontrar en www.dummies.com/register/.

Estas son algunas de las personas que ayudaron a publicar este libro:

Adquisiciones, editorial y desarrollo de medios

Editor en jefe del proyecto: Mark Enochs

Editor ejecutivo: Gregory Croy

Editora de copia: Rebecca Whitney

Editor técnico: James F. Kelly

Gerente editorial: Kevin Kirschner

Desarrollo de medios y control de calidad:
Angela Denny, Kate Jenkins,
Steven Kudirka, Kit Malone

Coordinadora de desarrollo de medios:
Jenny Swisher

Supervisora de desarrollo de medios:
Laura Moss-Hollister

Asistente editorial: Amanda Foxworth

Asistente editorial en jefe: Cherie Case

Tiras cómicas: Rich Tennant
(www.the5thwave.com)

Servicios de composición

Coordinador del proyecto: Kristie Rees

Diseño y gráficos: Claudia Bell,
Reuben W. Davis, Laura Pence

Correctores: Laura Albert, Broccoli
Information Management, Caitie Kelly

Índices: Broccoli Information Management

Publicación y Editorial para Tecnología Dummies

Richard Swadley, Vicepresidente y Editor Ejecutivo del Grupo

Andy Cummings, Vicepresidente y Editor comercial

Mary Bednarek, Directora ejecutiva de adquisiciones

Mary C. Corder, Directora editorial

Publicación para Consumidor Dummies

Diane Graves Steele, Vicepresidente y Editora

Joyce Pepple, Director de adquisiciones

Producción

Gerry Fahey, Vicepresidente de producción

Debbie Stailey, Directora de composición

Un Vistazo al Contenido

Tabla de Materias

Introducción

· ·

*¡A*h, increíble! Hace quince años y hace cerca de 27 kilos menos, me tocó co-escribir la primera edición de *PCs Para Dummies* como guía para ayudar a la gente a entender a sus computadoras personales. ¡Todo ha cambiado tanto en estos 15 años que se necesitaron *11* ediciones de este libro para mantenerse al día! Y aún así el concepto básico sigue siendo el mismo: "¿Cómo hace una computadora para convertir a una persona inteligente como usted en un *dummy*?"

No necesita amar a la computadora. Algunos lo hacen, la mayoría no. La razón es sencilla: Las computadoras *no* son fáciles de usar. Es cierto, una computadora es más fácil de usar ahora de lo que era cuando Grover Cleveland envió el primer mensaje de correo electrónico del mundo, pero algunas cosas siguen siendo enigmáticas. Los archivos de Ayuda son misteriosos. ¡El servicio técnico ya ni siquiera está en su idioma original! Y usted se queda con esa sensación de frío y entumecimiento, preguntándose por qué nadie se preocupa por sentarse y explicarle las cosas en términos humanos sencillos. Bueno, ¡no se pregunte más!

Este libro explica la idea básica de su computadora, la PC: cómo trabaja, qué hace qué, y todas esas cosas que quiere saber o quizás no se dio cuenta de que quería saber. Para ser honesto, las computadoras no son realmente tan difíciles de usar o entender. Es solo que hizo falta un tiempo para que un autor como yo y un libro como éste hicieran correr la voz.

Entre las tapas amarillas y negras de este libro, encontrará información amigable y útil sobre cómo usar su PC. Este libro utiliza términos amistosos y humanos (y a veces irreverentes). Nada es sagrado aquí. Otros pueden glorificar a la electrónica. Este libro se concentra en usted y sus necesidades. En este libro, descubrirá todo lo que necesita saber sobre su computadora sin esa dolorosa jerga o el requisito previo de un postgrado en ingeniería. Además, se va a divertir.

¿Qué Hay de Nuevo en Esta Edición?

Esta edición de *PCs Para Dummies* se pulió y perfeccionó para usar PCs modernas con el sistema operativo Windows Vista. Sí, recomiendo usar Windows Vista y recomiendo que consiga una PC capaz de hacerlo funcionar. Especialmente si tiene una PC de cinco años de edad o mayor, se está perdiendo un montón de tecnología que hace que usar una computadora sea mejor y más fácil. ¡Actualice ahora!

Para avanzar con el tema del siglo XXI, este libro tiene una nueva sección por primera vez: "La vida es digital" trata de usar una PC como el nuevo eje de su mundo digital. Actividades como grabar TV en vivo, establecer una comunicación entre su PC y una cámara de video y hasta el viejo y confiable recurso de buscar y reproducir música digital honran a este libro con su presencia por primera vez en la historia.

Además de posicionar a la PC como núcleo de su vida digital, este libro cubre los siguientes temas nuevos:

- ✔ Se explican cuestiones de seguridad esenciales de la computadora, relacionadas con Windows Vista y sus nuevos niveles de seguridad en la PC.

- ✔ Trabajar con tarjetas de memoria ahora es un aspecto clave del almacenamiento permanente en una PC, y ese tema se trata en profundidad aquí.

- ✔ Ahora que Windows puede crear DVDs, se detalla esa información en estas páginas incluyendo pasos para poder crear sus propias películas.

- ✔ Información sobre el armado de redes hogareñas, incluidas las conexiones a Internet y las opciones de redes inalámbricas que son siempre tan populares.

- ✔ Información básica para entender qué es y cómo trabaja una computadora.

- ✔ Información clave sobre la esencia de los archivos. Es verdad, al entender el archivo, puede incorporar todo el concepto del software para computadora.

- ✔ Información general actualizada sobre todos los aspectos de la tecnología de la PC, hardware y software; demasiadas cosas para mencionar aquí, así que ¿por qué no empieza a leer el libro directamente?

Como en los años anteriores, presento toda la información de este libro en un tono sensato, calmado y gentil, capaz de tranquilizar hasta al más aterrorizado compu-fóbico.

Dónde Empezar

Este libro está diseñado para que pueda abrirlo en cualquier parte y empezar a leer: igual que un material de referencia. Tiene 31 capítulos. Cada capítulo cubre un aspecto específico de la computadora: encenderla, usar una impresora, usar software o insultar a la computadora, por ejemplo. Cada capítulo se divide en perlas de información independiente (secciones), todas en relación al tema principal del capítulo. Algunos ejemplos de las secciones que puede encontrar son:

- ✔ Apagar la maldita cosa.
- ✔ El poderoso tomacorrientes múltiple
- ✔ ¡Alto, impresora! ¡Alto!
- ✔ Expulsar una tarjeta de memoria
- ✔ Deshacerse de un disco
- ✔ Descargar un archivo de Internet

No tiene que memorizar nada de lo que hay en este libro. Nada sobre las computadoras es memorable. Cada sección está diseñada para que pueda leer la información rápidamente, digerir lo que haya leído y luego dejar el libro y seguir usando la computadora. Si algo técnico asoma la cabeza, está advertido de su presencia para que pueda evitarlo con elegancia.

Convenciones Utilizadas en Este Libro

Este libro sirve como referencia. Comience con el tema sobre el cual desea más información; búsquelo en la tabla de contenidos o en el índice. Vaya al área de interés y lea la información que necesita. Entonces, con la información en su cabeza, puede cerrar rápidamente el libro y realizar libremente la tarea que necesite; sin leer nada más.

Cada vez que describa un mensaje o información que aparece en la pantalla, se ve así:

```
Este es un mensaje en pantalla.
```

Si tiene que digitar algo, se ve así:

Digíteme

Usted debe digitar el texto **Digíteme** como se muestra. Se le dirá cuándo y si debe presionar la tecla Intro.

Los comandos de menú de Windows se muestran así:

Seleccione File (Archivo) ⇨Exit (Salir).

Esta flecha significa que debe seleccionar el menú File (Archivo) y luego seleccionar el comando Exit (Salir).

Las combinaciones de teclas que debe pulsar se muestran así:

Ctrl+S

Esta línea significa que debe presionar y sostener la tecla Ctrl (control), pulsar una *S*, y luego soltar la tecla Ctrl. Funciona del mismo modo en que al presionar Shift+S en el teclado se produce una *S* mayúscula. Mismo asunto, distinta tecla de modificación.

Lo Que No Necesita Leer

Hay mucha información técnica relacionada con usar una computadora. Para aislarlo mejor de esta información, encerré este tipo de material en recuadros marcados claramente como información técnica. No necesita leer esas cosas. Con frecuencia, es apenas una explicación compleja de información que ya se vio en el capítulo. Leer esa información solamente le enseña algo más detallado sobre su computadora, que no es el objetivo aquí.

Suposiciones Tontas

Reconozco que hago suposiciones tontas sobre usted. Usted tiene una computadora y de algún modo la usa para hacer algo. Usted usa una PC (o está planeando hacerlo) y usará Windows Vista. Este libro no cubre versiones anteriores de Windows.

Hay muchos sabores de Windows Vista disponibles. Este libro intenta cubrirlos todos. Pero como un supuesto experto, déjeme que le recomiende usar Windows Vista Home Premium para el hogar o Windows Vista Business para la oficina (la edición Home Basic es demasiado pequeña, y la edición Ultimate es excesivamente cara).

Este libro se refiere a todas las ediciones de Windows Vista como *Windows*.

Este libro se refiere al menú que aparece cuando hace clic o activa el botón *Start* (Inicio) como el *menú del botón Inicio.* El menú *All Programs* del panel Inicio se conoce como *All Programs* (Todos los programas), aunque podría decir *Programs* (Programas) en su pantalla.

Iconos Usados en Este Libro

Este icono advierte sobre información técnica innecesaria; tonterías que agregué porque quise explicar algo totalmente innecesario (un hábito muy difícil de dejar). Siéntase libre de saltearse todo lo que esté marcado con esta pequeña imagen.

Este icono generalmente indica que hay un consejo útil o una revelación que hace que la computadora se ponga interesante. Por ejemplo, cuando está tirando ácido sobre su computadora, asegúrese de usar un delantal, guantes y gafas protectoras.

Este icono indica algo que debe recordar, como cerrar la puerta del refrigerador cuando deja su hogar por la mañana o controlar su cremallera antes de presentarse frente a una gran audiencia.

Este icono indica que debe tener cuidado con la información que se presenta. Generalmente es un recordatorio para que no haga algo.

Contactar al Autor

Mi dirección de correo electrónico figura aquí en caso de que quiera enviarme una nota:

```
dgookin@wambooli.com
```

Sí, esa es mi dirección, y respondo a todos los mensajes de correo electrónico. Tenga en cuenta que respondo rápidamente a los mensajes breves y concisos. Los mensajes largos pueden tomar más tiempo para que responda. Además, no puedo diagnosticar los problemas de su PC ni arreglarla tampoco. Recuerde que le pagó a otros por su soporte técnico y debería recurrir a ellos.

También puede visitar mi sitio Web, que está lleno de páginas de ayuda útiles, información adicional, juegos y diversión:

```
http://www.wambooli.com/
```

Hacia Dónde Ir Desde Aquí

Con este libro en mano, está listo para salir a conquistar su PC. Comience por leer detenidamente la lista de contenidos o el índice. Busque un tema, vaya a la página indicada y ya está. También, siéntase libre de escribir en este libro, llenar los espacios en blanco, marcar con un doblez las esquinas de las páginas y hacer cualquier cosa que dejaría pálida a una bibliotecaria. Disfrútelo.

Parte I
Su Computadora No Va a Explotar

The 5th Wave — Por Rich Tennant

En esta parte . . .

Aunque no lo crea, su computadora no va a explotar. Dentro de su caja, no encontrará una inteligencia malvada ni circuitos de lógica que calculen con frialdad cómo destruir a la raza humana o, como mínimo, imprimir una cuenta telefónica exorbitante. Honestamente, la computadora es un dispositivo bastante tonto, que tolera el aburrimiento pero está deseoso de complacer. Así que, a pesar de lo que vea en los medios, la computadora no es algo a lo que deba temer.

Esta parte del libro explora los conceptos básicos de la computadora; específicamente la PC, o computadora personal. Aquí encontrará una gran cantidad de información de bienvenida, diseñada para que se familiarice con la PC, para entender algunas cosas sencillas de la computadora y para ponerse a trabajar de inmediato. Porque aunque la computadora no tenga la iniciativa para destruirlo, o el entusiasmo para prenderse fuego espontáneamente, todavía no es tan fácil aprender a usarla como asegura la publicidad.

Capítulo 1

Una Introducción Indolora a las Computadoras

En Este Capítulo

▶ Entender la idea básica de la computadora

▶ Admirar la entrada y salida

▶ Aprender sobre el hardware y el software

▶ Descubrir la PC

▶ Reconocer que su PC es, en realidad, bastante estúpida

Solamente porque puede comprar una computadora entera directamente del estante, pasando por el pasillo de los pañales, latas de conserva y burritos congelados, esto no significa que usar una computadora será más fácil hoy de lo que era hace 20 años. No crea en la publicidad.

Sí, lo sé: El comercial dijo que estaría navegando en Internet enseguida. El texto del costado de la caja le prometió que podría poner su colección completa de música y películas en la computadora con menos esfuerzo de lo que toma hacer tostadas. Y, naturalmente, todos le dicen lo fácil que es de usar los programas y lo útil y *amigable con el usuario* que es esa cosa. Sí. Y si se cree eso, mañana se levantará de la cama junto con los pajaritos y las criaturas animadas del bosque que lo ayudarán a vestirse.

Probablemente haya pagado un buen dinero por su computadora, así que ¿por qué no trata de usar esa cosa a un nivel menos superficial? No es tan difícil. Todo lo que necesita para tener una relación amistosa, productiva y a largo plazo con su computadora es *entenderla*. No, esto no significa que tenga que aprender matemáticas. Tampoco necesita tener el coeficiente intelectual de Einstein o las orejas puntiagudas del Sr. Spock. Un mínimo de conocimiento es todo lo que hace falta para superar la complejidad de la computadora y acabar con esa fría intimidación que lo hace sentir un *dummy*. Eso es lo que encontrará en este capítulo.

Conceptos Sencillos de Computación

La mayoría de los aparatos son bastante sencillos: La cafetera le provee un estimulante delicioso, caliente y legal; el control remoto de la TV le ahorra el trabajo de caminar una distancia corta para girar las perillas del aparato de televisión; la cortadora de césped mantiene el césped corto y vuelve paranoicos a los topos; una cuchara de té helado le permite rascarse divinamente dentro de un yeso de cinco semanas. A pesar de todas las opciones avanzadas que pueda no utilizar, el propósito de casi cualquier dispositivo puede reducirse a la descripción más sencilla.

Durante mucho tiempo, las computadoras no han tenido una descripción sencilla. En un momento, las computadoras se consideraban la solución definitiva para la cual no había un problema. Sin embargo, esta descripción tenía un enfoque demasiado cerrado. La computadora no es una sola solución a cualquier cosa, sino más bien múltiples soluciones para muchas cosas. Es el dispositivo más flexible, versátil y casi indispensable del mundo.

En vez de tapar las cañerías de su cerebro con disparates técnicos sobre la computadora, conviene entender cómo funciona esa cosa en el nivel más básico y sencillo. Cuando le quita toda la complicación, verá que la computadora no es más que un aparato que recibe una entrada de información y luego modifica esa información para crear algún tipo de salida (ver Figura 1-1). El enorme potencial de esta actividad simple es lo que vuelve a la computadora capaz de hacer tantas cosas.

Figura 1-1:
Lo que hace una comput-adora en su nivel más simple.

ENTRADA   SALIDA

El acto de tomar la entrada, modificarla y luego producir una salida implica tres conceptos básicos de computación.

- ✔ E/S
- ✔ Procesamiento
- ✔ Almacenamiento

Las siguientes secciones se explayan en estas ideas, destilando lo que usted puede haber aprendido en una clase de computación, si se hubiera tomado la molestia de asistir a una.

E/S

Nadie podría acusar a una computadora de ser una pandillera, pero siempre está obsesionada con las letras *E* y *S*. *ES* como cuando llamas a un amigo y le dices "¡Eh, Ese!" y no cuando hablamos en el existencialismo de lo que "ES" o no.

ES es la sigla de Entrada y Salida. Generalmente se escribe E/S, y estas son las dos cosas que sabe hacer mejor una computadora. De hecho E/S es prácticamente la *única* cosa que hace una computadora. Piense en la canción popular:

> *Porque eres lo que más quiero en este mundo,*
> *Eso, E/S*

Una vez que incorpore todo este concepto de E/S, habrá entendido la esencia de lo que es y puede hacer una computadora.

- ✔ Los dispositivos conectados a su computadora se dividen en campos de entrada y salida. Hay dispositivos de entrada y hay dispositivos de salida.

- ✔ La computadora recibe información de los dispositivos de *entrada*. El teclado y el mouse son dos dispositivos de entrada, lo mismo que un escáner y una cámara digital. Todos envían información a la computadora.

- ✔ La computadora envía información a través de los dispositivos de *salida*. La *salida* es simplemente cualquier cosa que produce la computadora. Las cosas que se muestran en el monitor es salida, el sonido es salida y las páginas que imprime la computadora son salida. El monitor, los parlantes y la impresora son todos dispositivos de salida.

- ✔ Algunos dispositivos pueden generar entradas y salidas. Por ejemplo, una unidad de disco puede proveer de entrada a la computadora además de almacenar la salida. Un módem envía y recibe información.

- ✔ ¡No deje que los términos como *unidad de disco* y *módem* lo perturben! Si tiene curiosidad, puede buscarlos en el índice. Si no es así, siga leyendo y asienta de vez en cuando, como si realmente lo entendiera. Por lo menos, eso impresionará a alguien que esté mirando.

Procesamiento

Lo que hace la computadora entre la entrada y la salida de información se llama *procesamiento*. La computadora procesa entrada y produce salida.

Sin el procesamiento, la salida de la computadora sería la misma que su entrada. Algo así como la plomería: el agua entra por la cañería y por la cañería sale agua. El agua es la misma antes, durante y después del trayecto. Con una computadora, agrega el elemento de *procesamiento*, lo que significa hacer algo con la entrada para obtener algo distinto como salida. Para continuar con el ejemplo de plomería, convertir agua sucia en limpia sería un tipo de procesamiento.

✔ El procesamiento lo realiza un aparatito que está dentro de la computadora y se llama (muy lógicamente) *procesador*.

✔ Por sí mismo, el procesador no sabe qué hacer con la entrada. No, el procesador depende de *instrucciones* que le digan qué hacer. Esas instrucciones se conocen como *software*. El tema del software se cubre más adelante en este capítulo.

✔ La verdad que sorprende al pensarlo: La entrada de una computadora es totalmente digital. Y aún así, con el procesamiento adecuado puede ser cualquier cosa, desde un poema hasta un gráfico o una sinfonía. Todo gracias al poder del procesamiento.

Almacenamiento

La parte final de la ecuación sencilla de la computación es el almacenamiento. El almacenamiento es necesario porque el procesador necesita un lugar para realizar su magia: un anotador para garabatear, si lo prefiere.

En una computadora moderna, el almacenamiento viene en dos formas: temporal y a largo plazo.

El almacenamiento temporal lo provee la memoria o RAM. La *memoria* es donde el procesador realiza su trabajo, donde los programas se ejecutan y donde se almacena la información mientras se trabaja con ella. La *RAM* es el campo de juego del microprocesador, su taller, su guarida.

El almacenamiento a largo plazo de una computadora moderna lo proveen los medios de almacenamiento. Los medios de almacenamiento incluyen unidades de disco, memorias flash, tarjetas de memoria, CDs y DVDs. El almacenamiento a largo plazo permite que se guarde información que será solicitada para usar posteriormente... Como poner ropa en un armario o toda su chatarra en una bodega. Los medios de almacenamiento son el lugar adonde van las cosas cuando el microprocesador no está trabajando directamente en ellas; pero de donde se pueden recuperar más adelante, si es necesario.

- ✔ Todas las computadoras necesitan almacenamiento.

- ✔ RAM es la sigla de *random access memory*, que en inglés significa *memoria de acceso aleatorio*. Normalmente se la llama *memoria*.

- ✔ La forma más popular de almacenamiento a largo plazo es la unidad de disco, principalmente el/los disco/s duro/s de la computadora.

- ✔ Otro término para las unidades de disco es *memoria de disco*, aunque prefiero no usar ese término porque es fácil confundirlo con RAM.

- ✔ No se traumatice con estos términos. La jerga de computación, como *RAM* y *unidad de disco*, se explica más adelante en este libro.

- ✔ Las computadoras de las misiones Apollo a la Luna tenían mucho almacenamiento para su época. Esto era para que los astronautas no tuvieran que tipear manualmente los programas que necesitaba la computadora para ejecutarse. Incluso así, había más tipeo y programación dentro de la cápsula de lo que pueda imaginarse.

Hardware y Software

Un sistema de computación es una mezcla de dos cosas distintas: hardware y software. Como otras parejas famosas (Astaire y Rogers, agrio y dulce, bicho y parabrisas), hardware y software deben complementarse bien para crear el sistema de computación.

El *hardware* es la parte física de la computadora; todo lo que puede tocar y todo lo que puede ver. La consola, el monitor, el teclado, el mouse; todas las cosas físicas son hardware.

El *software* es el cerebro de la computadora. Le dice al hardware qué hacer.

En cierto modo, ayuda pensar en el hardware y software como una orquesta sinfónica. Como hardware, se tienen músicos y sus instrumentos. El software es la música. Como con la computadora, la música (software) le dice a los músicos y sus instrumentos (hardware) qué hacer.

Sin software, el hardware se sienta por ahí y se ve lindo. No puede hacer nada porque no tiene instrucciones y nada le dice qué hacer a continuación.

Y, como en una orquesta sinfónica sin música, eso puede ser una gran pérdida de tiempo y dinero (especialmente con el sindicato).

No, necesita software para hacer que la computadora complete el sistema de computación. De hecho, es el software lo que determina la personalidad de su computadora.

- ✔ Si puede tirarlo por la ventana, es hardware.

- ✔ Si puede tirarlo por la ventana y vuelve, es un gato.

- ✔ El software para computadora no es más que instrucciones que le dicen al hardware qué hacer, cómo actuar, o cuándo perder sus datos.

- ✔ Contrariamente a lo que cree la mayoría, entre hardware y software siempre es el software que es más importante. Al igual que un director que les dice a los actores qué hacer en una obra de teatro, el software dirige al hardware, diciéndole lo qué debe hacer, a dónde debe ir y cómo transmitir el contexto emocional de la escena. Es especialmente valioso tener en cuenta la importancia del software cuando se compra una computadora, ya que mucha gente se concentra más en el hardware de la nueva computadora que en el software que controla dicho hardware.

- ✔ Sin el software apropiado, el hardware de su computadora no tiene nada que hacer. Ahí es cuando la computadora se transforma mágicamente en un pisapapeles que se ve genial.

El sistema operativo de la computadora

La pieza de software más importante de una computadora es su *sistema operativo*. Tiene varias funciones:

- ✔ Controlar el hardware de la computadora.

- ✔ Administrar todo el software de la computadora.

- ✔ Organizar los archivos y las cosas que crea en la computadora.

- ✔ Interactuar con usted, el humano.

Hacer todas esas cosas es una tarea importante. ¡Agradezca que los diseñadores de computadoras se encargaron de que haya un solo programa para hacer todas esas cosas! El sistema operativo no es ningún vago.

En las PC, el sistema operativo más común es Windows. Hay otros sistemas operativos disponibles, y todos ellos hacen las cosas que acabamos de mencionar y pueden controlar el hardware de la PC fácilmente, pero Windows domina el mercado. Este libro supone que Windows es el sistema operativo de su PC.

Cómo hace el sistema operativo los distintos trabajos se explica en otra sección de este libro.

- ✔ El grandote que controla a todos los programas de software es el sistema operativo. Es la pieza de software más importante, el programa número uno de la computadora: el pez gordo, el capo, el Sr. A Cargo, el Líder Temerario, *le roi*.

- ✔ El hardware de la computadora entrega el mando al sistema operativo en apenas un instante después de que enciende la computadora. Vea el Capítulo 4 para obtener información sobre cómo encender y apagar la computadora.

- ✔ El sistema operativo generalmente viene con la computadora cuando la compra. Nunca necesita agregar un segundo sistema operativo, aunque los sistemas operativos se actualizan y mejoran de vez en cuando.

- ✔ Cuando compra un software, lo compra para un sistema operativo, no para la marca de su computadora. Así que en vez de comprar software para su PC Dell, Compaq o del Loco Larry, buscará en la sección de software para Windows de la tienda.

Otro software

El sistema operativo no es el único software que utiliza en su computadora. Si es un usuario de computadoras típico, muy posiblemente obtenga decenas, sino cientos de otros programas o software para computadora que lo ayuden a personalizar su computadora y lograr que haga todas esas cosas que quiere que haga.

El software para computadora se conoce con muchos nombres distintos. Además de software, encontrará:

Aplicaciones: Esta categoría de software se utiliza para la productividad o para crear cosas. Las aplicaciones son el software que hace el trabajo.

Programas: Todo lo que sea un "programa de computadora" es también software, pero esta categoría incluye el software que puede o no utilizarse para la productividad o para producir salida, como un juego de computadora o un programa de edición de video.

Utilidades o herramientas: Estos programas están diseñados para ayudarlo a administrar la computadora, o para diagnosticar o corregir problemas. Por ejemplo, puede utilizar una herramienta para optimizar el rendimiento de las unidades de disco de su computadora.

Controladores: Un tipo especial de programa que permite que funcione un hardware específico. Por ejemplo, se necesita un programa *controlador de video* para que el sistema operativo utilice el hardware específico de gráficos de su PC. Este tipo de software viene con el hardware que soporta.

La Parte V de este libro describe más en detalle el software para computadora.

Las cosas que hace (archivos)

Cuando utiliza su computadora para crear cosas, esas cosas se almacenan en unidades de información llamadas *archivos*. Un archivo de computadora puede ser un documento que escribe con un procesador de texto, una imagen gráfica de una cámara digital o una imagen que crea con un pincel digital, una pieza de música, un video o casi cualquier cosa. Sea lo que sea, la computadora almacena esa información como un archivo.

El sistema operativo administra archivos para usted. Ayuda a que sus programas *guarden* la información desde el almacenamiento temporal (memoria) al almacenamiento a largo plazo (el disco duro). Además, cuando necesite trabajar más adelante en el archivo, puede *abrir* el archivo desde el disco. Al abrir el archivo, el sistema operativo transmite la información del archivo a la memoria, en donde puede ver, modificar, imprimir o continuar trabajando con el archivo.

Entender los archivos es *esencial* para utilizar una computadora. Asegúrese de ver el Capítulo 24 para obtener información detallada sobre la interesante cuestión de los archivos de computadora.

La PC (Como en "PCs Para Dummies")

El tipo de computadora que tiene, o que pronto tendrá, es una PC. Esta es la razón por la que el libro se titula *PCs Para Dummies*. Hay gran variedad de computadoras, desde enormes supercomputadoras a pequeños aparatos portátiles. Sin embargo, la categoría más grande, por lejos, es la PC.

PC es la sigla en inglés de Computadora Personal. El diseño de la PC se basa en su ancestro más antiguo, la IBM PC, lanzada en 1981. Por ese entonces, las PC se conocían como *microcomputadoras*. Y aunque había muchísimas microcomputadoras disponibles, la IBM PC demostró ser la más popular y exitosa.

Hoy el término *PC* se utiliza para referirse a cualquier computadora que pueda ejecutar el sistema operativo Windows. Existen diferencias sutiles entre el hardware de PC de un fabricante y otro, pero, universalmente, si la computadora ejecuta Windows, es una PC. (Observe que esto no incluye autos, máquinas de coser o bombas cardio-pulmonares que también puedan ejecutar Windows).

✔ Lo único que no se considera oficialmente una PC, es una computadora Macintosh de la marca Apple. Aunque la Mac es una computadora *personal*, los usuarios de Mac se ponen fastidiosos cuando la llaman PC.

✔ Hoy en día, una computadora Macintosh puede ejecutar Windows. En este modo de operación, se aplica todo lo indicado en este libro y sus contenidos. Pero pare entender mejor a la Mac, recomiendo leer el libro *Macs Para Dummies*, 9ª edición (Wiley Publishing, Inc.), escrito por el tipo común y corriente Edward Baig.

✔ Si tiene una laptop o PC portátil, recomiendo especialmente que consiga el libro *Laptops Para Dummies* (Wiley Publishing, Inc.), un tomo bien escrito por el guapo Dan Gookin.

"Ah, Sobre Ese Tema de las Explosiones"

Todos aquellos que hayan visto alguna vez un viejo episodio de la serie de TV *Star Trek* o cualquier programa de televisión de Irwin Allen de los años sesenta saben que las computadoras pueden explotar. Y además, lo hacen de un modo bastante dramático. Cuando se le dan las instrucciones más sutiles pero ilógicas, la computadora televisada se agita, se sobrecalienta y finalmente explota en una lluvia de chispas y pedazos de chatarra.

En la vida real, las computadoras tienen una muerte mucho más silenciosa. La típica PC muerta simplemente se niega a encenderse cuando se presiona el interruptor. O, claro, a veces la fuente de alimentación puede hacer "¡puf!" Pero eso no es nada dramático comparado con las computadoras de guerra explosivas de Eminiar VII en el episodio 23 de *Star Trek*, o el modo peligrosamente fácil con el que la computadora Landru se autodestruye en el episodio 21.

Las computadoras no son malvadas. No albergan una inteligencia siniestra. De hecho, cuando llega a conocerlas, son bastante estúpidas.

Capítulo 2

El Punto de Vista Nerd

*L*as computadoras han recorrido un largo camino desde los días de la "caja beige". Los modelos actuales presentan diseños que las hacen lucir elegantes o incluso aerodinámicas; a pesar de que "la velocidad de la computadora" no se mide en relación a cuán rápido es usted capaz de lanzar la cosa. Existen novedosos modelos con una inquietante iluminación interior. ¡Vamos, la computadora puede ser algo divertido! Pero, para muchos sigue siendo un misterio.

Observe el hardware de la computadora. La computadora se conforma de dos partes fundamentales: hardware y software; lamentablemente, el hardware atrae la mayor atención a pesar de que el software es más importante. Este capítulo brinda una perspectiva general, o mejor dicho, el punto de vista *nerd* acerca de lo que es una PC y dónde encontrar las cosas interesantes y prácticas de este artefacto.

Sabores de PC

No existe la típica PC, así como no existe el típico automóvil. A pesar de que tanto las PCs como los autos tienen elementos en común, su disposición y diseño varían según los distintos fabricantes — por no mencionar las diferencias que ofrece un modelo sedán o cupé, una camioneta, furgoneta, utilitario deportivo, etc.

La siguiente lista presenta un panorama general sobre los tipos de PC actualmente disponibles. Incluye los nombres oficiales de las distintas formas que puede adoptar una PC:

Mini-torre (mini-tower): La configuración más popular de PC; la computadora se posa erguida sobre un escritorio o yace escondida lejos de la vista, debajo del escritorio.

Escritorio (desktop): Alguna vez fue la configuración de PC más popular, cuenta con una consola ancha y grande en forma de losa que yace sobre la mesa, con el monitor de cuclillas apoyado encima.

Escritorio (small footprint): Una versión más pequeña que la desktop; típicamente utilizada en sistemas caseros de bajo costo. La huella *(footprint)* es la cantidad de espacio sobre el escritorio que ocupa la computadora.

Sistema de torre: Esencialmente es un modelo de escritorio de tamaño completo colocado de lado, lo cual la hace verse alta, como una torre. Las torres tienen mucho espacio adentro para expansión, y eso las convierte en la adoración de usuarios obsesionados con el poder. Por lo general, se colocan en el piso y se asoman a un extremo de la mesa.

Notebook/laptop: Un tipo especial de computadora que se pliega en un práctico y liviano paquete, ideal para demorar la fila de los controles de seguridad en los aeropuertos. Las laptops funcionan de la misma manera que sus hermanas de escritorio; cualquier excepción se discute a lo largo de este libro.

Elegir la configuración de PC apropiada depende de sus necesidades. Los usuarios avanzados adoran la capacidad de expansión que ofrece la torre o el modelo de escritorio de tamaño completo. Los viajeros prefieren las laptops. Los modelos *small-footprint* caben en cualquier escritorio. (Tan sólo recuerde que la cantidad de artefactos que usted tiene siempre se expande hasta llenar todo el espacio disponible en su escritorio).

Su Hardware Básico

La Figura 2-1 muestra un típico sistema de computación. Para su deleite, se han rotulado las piezas más grandes e importantes. Es fundamental que identifique cuál es cada pieza y que conozca los términos apropiados.

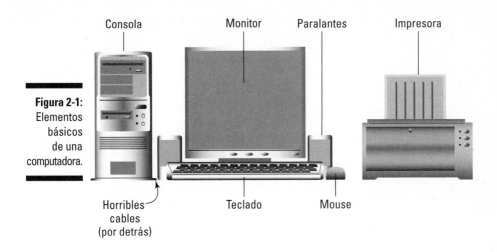

Consola   Monitor   Paralantes   Impresora

Figura 2-1:
Elementos
básicos
de una
computadora.

Horribles
cables
(por detrás)   Teclado   Mouse

Consola: La caja principal de la computadora es la consola, aunque también suele llamarse unidad de sistema (por fanáticos) o CPU (incorrecto). Es una caja que contiene el alma de la computadora, sus entrañas electrónicas. En la parte exterior, la consola presenta varios botones, luces y orificios donde conectar el resto del sistema de computación.

Monitor: El monitor es el aparato en el que la computadora despliega información, su dispositivo de salida. Un error común que cometen los nuevos usuarios de computadoras es asumir que el monitor es la computadora. No. La consola es la computadora. El monitor sólo muestra información.

Teclado: Es esa cosa sobre la que usted digita; es la forma principal de comunicarse con la computadora, ingresando datos.

Mouse: No es un roedor ni una peste, el mouse de la computadora es un dispositivo útil que le permite trabajar con objetos gráficos desplegados por la computadora en la pantalla del monitor.

Parlantes: Las PC emiten pitos y graznidos por medio de los parlantes en estéreo, ya sean aditivos externos (como se muestra en la Figura 2-1), altavoces incorporados en la consola o el monitor, o incluso auriculares. Si paga más dinero, puede además conseguir un *subwoofer* (altavoz de graves) para colocar debajo de su escritorio. Ahora sí, *eso* hará vibrar las ventanas del vecindario.

Impresora: El lugar por donde salen las cosas que imprime su computadora, también llamadas *hard copy*.

Puede encontrar, además de estos objetos básicos, otras cosas apiñadas alrededor de su computadora, como un escáner, una cámara digital, una palanca de juego (o *joystick*), una unidad de disco externa, un módem de alta velocidad, y muchos, muchos otros juguetes, digo, componentes vitales.

Una cosa que definitivamente no se muestra en la Figura 2-1 — y algo que usted jamás verá en un manual de computadoras y especialmente en ningún comercial — es el enredo de cables que habita detrás de toda computadora. ¡Qué desastre! Estos cables son necesarios para conectar cosas a la pared y entre sí. Ningún champú o acondicionador que existe sobre la Tierra puede quitar esos nudos.

✔ Asegúrese de saber dónde están la consola, el teclado, el mouse, los parlantes, el monitor y la impresora de su propio sistema. Si la impresora no está presente, probablemente se trate de una impresora en red, ubicada en alguna otra habitación.

✔ Los capítulos de la Parte II de este libro detallan más a fondo los componentes individuales de la computadora apenas introducidos e ilustrados en la Figura 2-1.

✔ CPU significa *central processing unit* (unidad central de procesos). Es otro término para el microprocesador de la computadora (consulte el Capítulo 6). Aún así, algunas personas se refieren a la consola como el CPU. ¡Se equivocan, chico!

Visita Guiada por la Consola

La consola, esa caja fundamental, que en realidad conforma su sistema de computación, no está sola. Cada uno de los otros aparatitos que usted utiliza como parte de su sistema de computación se conecta a la consola. Para albergar todos esos aparatitos, la consola posee muchos, muchos orificios a los cuales conectar esas cosas. Más aún, la consola posee puertas y ranuras para que pueda acceder en forma directa a elementos importantes ubicados en el interior de ella. Al igual que una cobertura de frutos secos sobre una copa helada, la consola tiene interesantes botones para presionar e interruptores para accionar. Las siguientes secciones reflexionan sobre este asunto.

✔ Intente encontrar en su PC los elementos que se mencionan a continuación. Sepa cuál es su ubicación, así como también, su término oficial en la jerga informática.

✔ No todas las consolas son iguales. Consulte esta sección como guía general.

Principales puntos de interés en la consola, frente

El frente de la consola es para usted, estimado usuario. Allí es donde usted interactúa directamente con el sistema de computación, al insertar o quitar discos, observar luces, pulsar botones y quizás incluso conectar uno o dos objetos especiales en la pancita de la PC.

Consulte la Figura 2-2 como referencia mientras va a la caza de los siguientes elementos:

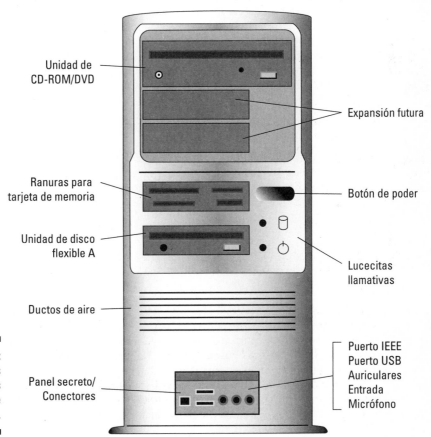

Unidad de CD-ROM/DVD

Expansión futura

Ranuras para tarjeta de memoria

Botón de poder

Unidad de disco flexible A

Lucecitas llamativas

Ductos de aire

Figura 2-2: Cosillas importantes al frente de la consola.

Panel secreto/ Conectores

Puerto IEEE
Puerto USB
Auriculares
Entrada
Micrófono

Unidad de DVD: Al igual que un reproductor de video o de música, su computadora digiere CDs y DVDs a través de una ranura o bandeja ubicada en el frente de la consola. La unidad de DVD consume tanto CDs como DVDs, aunque es posible que su PC tenga sólo una unidad de CD. Si desea saber más sobre este tema, consulte el Capítulo 9.

Expansión futura: Hay ciertos espacios al frente de la consola que parecen unidades de disco o de DVD, ¡pero no lo son! Son simplemente espacios vacíos que cubren orificios, en los cuáles usted podrá algún día agregar todavía más cosas a su computadora.

Ranuras para tarjeta de memoria: En muchas PCs se encuentran varias ranuras para insertar tarjetas de memoria digital, como las que utilizan las cámaras digitales u otros dispositivos electrónicos portátiles.

Unidad de disquete: Esta ranura se come los disquetes flexibles. Cierto software viene en disquetes *floppy*, y usted puede utilizar estos discos para trasladar información de una PC a otra. No todas las PCs que se venden en la actualidad tienen una unidad de disquete flexible.

Ductos de aire: Bueno, esto realmente no es impresionante, pero la mayoría de las consolas lucen algún tipo de ducto de aire en el frente. ¡No los bloquee con libros o notas adhesivas! La máquina tiene que respirar.

El panel secreto: Algunas PCs, especialmente los modelos hogareños, tienen un panel secreto o compuerta desprendible. Detrás de ésta, usted encontrará conectores para *joysticks*, micrófonos, audífonos, video digital u otros objetos útiles que necesite conectar y desconectar de vez en cuando. Tener el panel secreto es más cómodo que estar buscando detrás de la computadora, tanteando los cables y orificios.

Botones y luces: La mayoría de los botones de una computadora están en el teclado. Algunos de los más importantes están en la consola, y estos botones, en las PCs más sofisticadas, van acompañados de muchas lucecitas llamativas. Estos botones y luces incluyen lo siguiente:

✔ **Botón de poder:** Ya no es sólo el simple botón de encendido/apagado; es el *Botón de poder,* y puede hacer mucho más que apagar o encender la computadora. Si desea conocer más detalles, consulte el Capítulo 4.

✔ **Botón de reinicio:** Raro, pero aún puede encontrarse en ciertas computadoras. Es un botón que obliga al sistema a reiniciarse en situaciones trágicas. Considérelo una ventaja si su PC cuenta con ese botón.

- **Botón de hibernación:** Este extraño botón está específicamente diseñado para que su computadora entre en coma (consulte el Capítulo 4). En algunas computadoras, este botón y el Botón de poder son el mismo.

- **Luces de la unidad de disco:** Estas luces brillan cuando el disco duro, la unidad floppy o la unidad de DVD está funcionando. Para un disco duro, la luz es su garantía de que está vivo y haciendo su trabajo. Para todos los demás tipos de unidades (con discos removibles), la luz indica que la computadora está utilizando la unidad.

Otras cosas inusuales y divertidas pueden vivir en la parte delantera de su computadora, la mayoría de las cuales son específicas de una marca de computadora determinada.

- El frente de la consola puede jactarse de lucir una etiqueta de marca o el tatuaje de un fabricante.

- Algunas computadoras más nuevas tienen pegatinas que muestran el número secreto de instalación de Windows o proclaman tonterías como "Fui desarrollada para ejecutar Windows Optimus Prime" o "Un Pentium acecha dentro de esta caja".

- Para obtener información más específica acerca de los conectores que merodean detrás del panel secreto, consulte la sección "El panel de E/S" más adelante en este capítulo.

- No bloquee los conductos de aire en el frente de la consola. Si lo hace, la computadora puede literalmente sofocarse. (Se calienta demasiado).

- Una luz de disco duro puede ser roja, verde o amarilla, y parpadea cuando el disco duro está en uso. ¡No deje que esto lo espante! No es una alarma; el disco duro sólo está haciendo su trabajo.

Una visita al lado oscuro de la consola

La parte trasera de la consola está llena de movimiento. Ahí es donde puede encontrar variadas conexiones para los muchos otros dispositivos de su sistema de computación: un lugar donde conectar el monitor, el teclado, el mouse, los parlantes y casi cualquier otra cosa que venga en la caja de una PC.

Consulte la Figura 2-3 para ubicar los siguientes elementos importantes que se encuentran en la parte posterior de la consola de su PC. Tenga en cuenta que algunos elementos pueden verse diferente, otros pueden faltar y otros muy modernos pueden no figurar aquí.

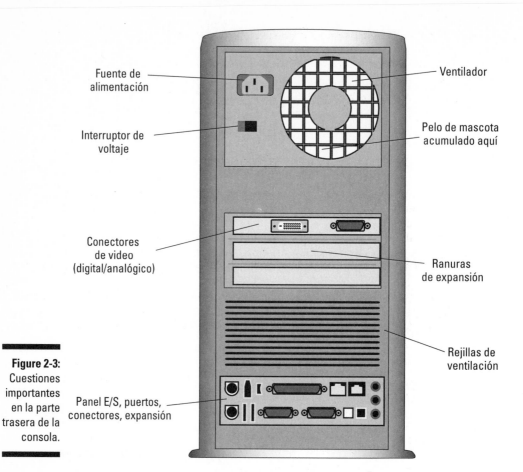

Fuente de alimentación

Interruptor de voltaje

Conectores de video (digital/analógico)

Panel E/S, puertos, conectores, expansión

Ventilador

Pelo de mascota acumulado aquí

Ranuras de expansión

Rejillas de ventilación

Figure 2-3:
Cuestiones importantes en la parte trasera de la consola.

Conector de energía: Aquí es donde la PC se conecta a un cable que se conecta a la pared.

Ventilador: Este succiona el aire, lo distribuye por el interior de la consola para mantener todo refrigerado y luego lo saca al exterior por las rejillas.

Interruptor de voltaje: Regule mediante esta tecla la frecuencia de energía de acuerdo a las especificaciones de su país, región o planeta.

Ranuras de expansión: Estas ranuras sirven para agregar nuevos componentes a la consola mediante *tarjetas de expansión* y expandir de este modo el hardware de su PC. En esta área aparecen todos los conectores de las tarjetas de expansión, tales como los conectores de video digital de una tarjeta de expansión de gráficos de alta gama.

Rejillas de ventilación: Otra vez, la cosa que respira.

Panel de E/S: Además del cable de energía, y todo lo relacionado con una tarjeta de expansión, el resto de las opciones de expansión de su PC y los módulos tipo plug-in se ubican en un área central que yo llamo el panel de E/S. En la sección que sigue se detallan los elementos que podrá encontrar allí.

En detalle: El panel de E/S

Ya sea para ayudar a mantener todos los conectores en un mismo lugar o simplemente para crear un espacio que ostente la mayor maraña de cables en su consola, es muy probable que su PC tenga un panel de E/S, que normalmente se encuentra en la parte posterior de la consola. Aquí es donde usted agrega variadas opciones de expansión a la PC, así como también conecta los dispositivos estándar, que muestra la Figura 2-1.

Consulte la Figura 2-4 para saber qué es cada cosa. Es posible que los elementos que encuentre en el panel de E/S de su PC estén rotulados con texto, o incluyan los símbolos que se enumeran más adelante, en la Tabla 2-1.

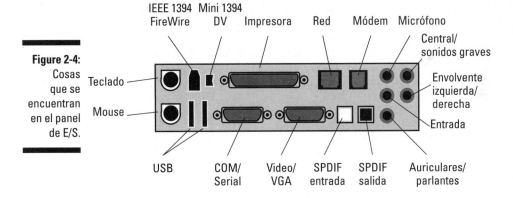

Figure 2-4: Cosas que se encuentran en el panel de E/S.

Teclado: El teclado se conecta en este orificio.

Conector del mouse: Es generalmente del mismo tamaño y forma que el conector del teclado, aunque este hueco tiene un icono de mouse al lado para hacerle saber que el mouse se conecta allí.

Puerto USB: Conecte vistosos dispositivos en estas ranuras Universal Serial Bus (USB). Si desea obtener mayor información sobre el Puerto USB, consulte el Capítulo 7.

Puertos serials o COM: Las PCs tienen, por lo menos, uno de estos conectores.

Conector de Video/VGA [Video Graphics Array (Norma de Visualización de Gráficos)]: En este orificio puede conectar el monitor de su PC. El conector de video tiene aproximadamente el mismo tamaño que el conector serial COM, pero en lugar de 9, tiene 15 orificios. Puede disponer además de un segundo conector de monitor digital para conectar monitores LCD. Algunas veces estos conectores se ubican en una tarjeta de expansión en lugar de en el panel de E/S (refiérase a la Figura 2-3).

SPDIF Entrada, SPDIF Salida [Sony/Philips Digital Interface Format-Formato de Interfaz Digital Sony/Philips de Entrada (In) y de Salida (Out)]: Estos conectores se utilizan para audio digital. Se necesita un cable de fibra óptica especial: el audio que entra a la computadora se conecta al orificio de entrada (In); el sonido que la computadora genera sale por el orificio de salida (Out).

Auriculares/parlantes: En este orificio se conectan los parlantes externos de su PC o auriculares, o puede conectar también un sistema de audio a su PC. (Verifique también el "panel secreto" en el frente de la consola para comprobar si hay un conector de auriculares).

Enchufe de línea de entrada: Este enchufe es donde usted conecta el tradicional reproductor de sonido (estéreo, tocadiscos, VCR, etc.) a la PC para capturar sonido.

Sonido envolvente izquierda/derecha: Para un sistema de audio de sonido envolvente conecte en este enchufe los parlantes posteriores de derecha e izquierda.

Parlante central o de sonidos graves: Para un sistema de audio de sonido envolvente, conecte el parlante central o subwoofer, o ambos, a este enchufe.

Micrófono: El micrófono de la computadora se conecta a este orificio.

Módem: Aquí es donde usted conecta el módem de marcación al enchufe telefónico de su pared. Si en el panel de E/S hay dos orificios para teléfono o módem, el segundo sirve para una extensión telefónica. Tenga en cuenta que aquí *no* debe conectar un módem de banda ancha (DSL o cable).

Conector de Red: Aquí es donde usted coloca un conector de *Local Area Network* (LAN) o el módem de banda ancha de su PC.

Puerto de impresora: Las antiguas impresoras pueden enchufarse a este conector.

Mini 1394: Esta versión especial del conector IEEE 1394 está específicamente diseñada para video digital y para la conexión de cámaras digitales.

IEEE 1394 (FireWire): Este es otro tipo de conector versátil, similar al USB. Consulte el Capítulo 7.

¿Cuáles son las buenas noticias? Usted conecta todos estos artefactos solamente una vez. Después, el trasero de su PC queda contra la pared por el resto de su vida, y usted nunca tendrá que verlo de nuevo (bueno, a no ser que usted agregue algo en el futuro o disfrute de mirar el trasero de las PCs).

- ✔ Su PC puede lucir también una salida de S-Video (Video Separado), lo que le permitirá conectar un monitor de S-Video, una grabadora de video o un televisor a su computadora.

- ✔ Las PCs más viejas pueden lucir un puerto específico para joystick, al que se hace referencia en la Tabla 2-1. En las PCs modernas el joystick se conecta al puerto USB.

- ✔ ¡Los conectores del teclado y el mouse *son* diferentes! Asegúrese de conectar el aparato adecuado en el hueco correspondiente, de lo contrario, ¡el teclado y el mouse no funcionarán!

- ✔ Vea el Capítulo 7 para más información sobre estos huecos y lo que se conecta a ellos.

- ✔ Vea el Capítulo 14 para más detalles sobre los módems.

Colores, jeroglíficos y consejos útiles

A pesar de que la mayoría de los conectores de PC son distintos, los fabricantes utilizan un conjunto de símbolos y colores característicos para rotular los diversos orificios, conectores y puertos en la parte posterior de su consola. Éstos se enumeran en la Tabla 2-1 y le servirán para encontrar cosas, en caso de que alguna vez surja la necesidad.

Tabla 2-1	Formas, Conexiones, Símbolos y Colores		
Nombre	*Conector*	*Símbolo*	*Color*
Central/subwoofer			Marrón
Puerto serial COM			Cian
Video digital			Blanco
Red			Ninguno
IEEE 1394			Ninguno
IEEE 1394 mini			Ninguno
Infrarrojo			Ninguno
Joystick			Mostaza
Teclado			Morada
Entrada (audio)			Gris
Micrófono			Rosado
Módem			Ninguno

Nombre	Conector	Símbolo	Color
Monitor			Azul
Mouse			Verde
Encendido			Amarillo
Impresora			Violeta
SPDIF Entrada		IN	Rosado o blanco
SPDIF Salida		OUT	Negro
Parlantes/auriculares			Lima
S-Video			Amarillo
Envolvente derecha/izquierda			Negro
USB			Ninguno

Capítulo 3

Instalación de la PC

. . . .

En Este Capítulo

▶ Ensamblar su sistema de computación

▶ Entender los cables de la computadora

▶ Conectar cosas a la consola

▶ Usar un tomacorriente múltiple

▶ Arreglárselas con una UPS

. . . .

*L*a PC es ya un antiguo miembro del Panteón de los Dispositivos Increíblemente Difíciles de Ensamblar. Pasó a engrosar las filas de la parrilla de jardín, el estéreo, los muebles escandinavos de madera prensada, las bicicletas, los columpios y los juguetes para niños, como uno de los proyectos de ensamblaje más temidos por la humanidad. De hecho, me atrevería a decir que la computadora es quizás el dios supremo del panteón.

No le voy a mentir: instalar una PC no es simple. Por otro lado, en realidad no es tan difícil. La mayoría de las cosas que deberá conectar están codificadas por color y encajan de una sola manera. Sí, es prácticamente tan simple como insertar la proverbial ficha A en la primordial ranura B — pero igual tuve que escribir todo este capítulo para ayudarle en este proceso.

✔ Este capítulo cubre la instalación básica de una computadora. Cómo encender la computadora se explica en el Capítulo 4.

✔ Consulte el Capítulo 7 para obtener información adicional acerca de qué hacer después, en especial después de haber agregado USB, IEEE u otras opciones de expansión a su computadora.

Desembalar las Cajas

Las computadoras vienen en uno, dos o múltiples conjuntos de cajas. Si tiene suerte, una de las cajas dirá Ábrame Primero. Abra primero ésa. De lo contrario, intente localizar la caja que contiene la consola. Abra primero ésa.

Asegúrese de verificar todo el contenido. A veces, los fabricantes ponen artículos importantes dentro de cajas, dentro de otras cajas o prácticamente ocultos en medio del material de embalaje. Inspeccione bien todo.

A medida que abra las cajas, verifique que tengan todas las piezas necesarias para su equipo. (Consulte el Capítulo 2 para una revisión de las piezas). Si le falta algo ¡llame a alguien!

✔ Su computadora anda más rápido cuando la saca de la caja.

✔ Conserve el albarán de compra, la garantía, el recibo y todos los otros papeles importantes.

✔ No rellene la tarjeta de garantía hasta que la computadora esté instalada y funcionando correctamente. (Si tiene que devolver la computadora, la tienda preferirá que Ud. *no* haya completado la tarjeta de garantía).

✔ Guarde las cajas y todo el material de embalaje. Los necesitará si tiene que devolver la computadora. Además, las cajas son la mejor manera de transportar su computadora si tiene que mudarse. Algunas empresas de mudanza no aseguran una computadora si no está en su embalaje original.

✔ Su computadora seguramente vino con una guía u organigrama explicando cómo instalar todo. De ser así, siga primero esas instrucciones y consulte estas instrucciones a modo de sugerencia.

Instale Primero la Consola

La *consola* es la caja fundamental de la computadora, el lugar de confluencia de todas las actividades de la PC, así que debería instalarla primero. Colóquela sobre su escritorio o en el lugar donde siempre soñó que debería estar. Si está pensando en colocarla debajo de su escritorio, hágalo ya.

No apoye todavía la consola contra la pared. Antes necesitará conectar cosas en la parte de atrás de la consola. No querrá empujarla contra la pared hasta no haber terminado de conectar todo. (Aún así, deje un poco de espacio como para no torcer los cables).

✔ La consola necesita respirar. No instale la computadora en un espacio reducido o dentro de un armario donde no circule el aire.

✔ Evite ubicar la consola cerca de una ventana donde el sol podría calentarla. A las computadoras no les gusta trabajar bajo temperaturas extremas — ya sea calor o frío.

✔ No coloque la consola en un armario a menos que el armario esté bien ventilado.

✔ Las computadoras cerca de una ventana son también un blanco perfecto para un robo relámpago.

Manual de Instrucciones para Enchufar Cosas en la Consola

Todas las partes importantes de su sistema de computación se enchufan directamente en la consola, por lo tanto, una vez que haya instalado la consola, el próximo paso del ensamblaje de su computadora es desembalar las otras piezas y conectarlas a la consola.

¡No enchufe nada a la pared todavía! Es más, a medida que arme su equipo y le conecte diversos aparatos, asegúrese de que los dispositivos con interruptor estén en la posición Off (Apagado).

Esta sección cubre las nociones básicas para conectar muchos de los elementos más populares a la consola. Utilice esta información para instalar su computadora por primera vez, también más adelante cuando quiera expandir o agregar cosas a su equipo.

A menos que vea escrito lo contrario, puede enchufar casi todos los aparatos informáticos cuando la computadora está encendida. Esta regla tiene algunas excepciones así que ¡lea atentamente esta sección!

Audio

El audio para PC implica una entrada y una salida — el famoso E/S sobre el cual habrá leído en el Capítulo 1 o habrá cantando canciones cuando iba a la colonia de computación de niño.

La entrada de audio es proporcionada por un micrófono. El micrófono se conecta al enchufe para micrófono de la computadora mediante un conector de audio estándar *mini-DIN*. La salida de audio es proporcionada por los auriculares o por los parlantes izquierdo y derecho o por uno de esos potentes sistemas de sonido envolvente hechos para despertar a los vecinos. No importa cuán sofisticado sea el sistema de sonido de la PC, las conexiones de audio se resuelven al conectar las cosas en el enchufe apropiado de la consola.

- ✔ Consulte el Capítulo 13 para más información sobre audio para PC, así como algunas instrucciones para la disposición de los parlantes.

- ✔ Tanto los auriculares como los parlantes usan el enchufe de Line Out (Línea de Salida), para auriculares o para parlantes. Los parlantes a veces necesitan además ser enchufados a la pared para más potencia. Consulte la sección "La Conexión Final: Energía" más adelante en este capítulo.

- ✔ Asegúrese de verificar también el frente de la consola para ver si hay otros puntos donde enchufar los auriculares o el micrófono. Es mucho más práctico que usar los conectores en la parte de atrás.

✔ El conector Line In (Línea de Entrada) se usa para conectar toda fuente de sonido no amplificado, como un estéreo, VCR, un tocadiscos, un perrito esperando dentro de un auto estacionado o cualquier dispositivo generador de ruido.

✔ Sí, la diferencia entre el enchufe de Line In (Línea de Entrada) y de micrófonos es que los dispositivos de Line In no están amplificados.

✔ Los parlantes USB se enchufan en uno de los puertos USB de la PC. Ídem para un casco USB, que es una combinación de auriculares y micrófono. Consulte "USB" más adelante en este capítulo.

✔ Si su equipo de audio no tiene un conector mini-DIN, puede comprar un adaptador en cualquier tienda de audio o Radio Shack.

✔ Algunas PCs vienen con hardware especial para audio, que puede reconocer buscando conectores de audio en la tapa de una ranura de expansión en la parte de atrás de la consola. Si su PC está configurada de este modo, asegúrese de conectar los parlantes en los enchufes de salida de la tarjeta de audio y no en los enchufes de audio estándar del panel E/S.

Si su equipo tiene conectores SPDIF, usted tiene la opción de usar dispositivos digitales de audio para el sonido de la computadora. Los dispositivos digitales de audio también deben tener conectores SPDIF y deberá usar cables de fibra óptica especiales (y no baratos) para conectar estos juguetes de lujo.

✔ Enchufe los cables de fibra óptica de entrada de audio en la conexión In (Entrada) SPDIF de la computadora. Para usar la salida de audio óptica de la computadora, enchufe el cable dentro del conector SPDIF Out (Salida).

✔ Tenga cuidado de no golpear, tocar o alterar los filamentos de vidrio en los extremos del cable de fibra óptica. Los cables de mejor calidad vienen con pequeños tapones protectores que puede colocar en los extremos cuando el cable no está conectado.

✔ SPDIF significa Sony/Philips Digital Interconnect Format (Formato de Interfaz Digital Sony/Philips). También se escribe S/PDIF o S/P-DIF.

IEEE, 1394, FireWire

En una PC, el puerto IEEE se usa principalmente para conectar dispositivos de audio o video a la consola, en particular una cámara de video digital. También es posible que un escáner o una unidad de disco externo usen un puerto IEEE. (Consulte el Capítulo 7).

Puede conectar cualquier dispositivo IEEE a la computadora en cualquier momento. La computadora o el dispositivo pueden estar apagados o encendidos cuando conecte o retire cosas. Asegúrese de verificar en la documentación del dispositivo que no haya una excepción a esta regla.

✔ Existen dos tipos de conectores IEEE: regular y mini. El pequeño, mini conector se usa específicamente con video digital y está a menudo etiquetado como DV. Asegúrese de buscar uno de estos en el panel secreto al frente de la consola (si es que la consola posee dicho panel).

✔ Los dispositivos IEEE requieren un cable IEEE, que podría o no venir con el dispositivo.

✔ Consulte el Capítulo 7 para más información sobre todo lo referente a IEEE.

Joystick o controlador de juegos

Si todavía lo llama joystick, usted es un veterano. No, es un *gamepad* (mando de juegos) o, a menudo, un *game controller* (controlador de juegos). Joystick suena tan años ochenta. . . . Los modernos videojuegos de hoy en día necesitan al menos tres joysticks, un conmutador, varios botones de disparo, botones de control — toda la enchilada. Si usted es un fanático de los videojuegos y tiene un controlador de juegos preferido para usar con su PC, es muy probable que se trate de un aparato USB y se conecte a cualquier puerto USB de la consola.

Teclado y mouse

Instale el teclado justo enfrente de donde se sentará cuando use la computadora, entre usted y el lugar donde irá el monitor. El mouse vive a la derecha o a la izquierda del teclado, dependiendo de si usted es diestro o zurdo.

El teclado de la PC se enchufa en el puerto del teclado, en la parte de atrás de la consola. El mouse se enchufa en el puerto del mouse. Fíjese que los dos puertos se ven idénticos pero son diferentes. No enchufe el teclado o el mouse en el puerto equivocado o ninguno de los dispositivos funcionará.

✔ Si usa un teclado o un mouse USB, enchufe el teclado o el mouse en cualquier puerto USB.

✔ Algunos teclados o mouse USB vienen con un pequeño adaptador, diseñado para convertir el puerto USB en un conector de puerto de teclado o mouse.

✔ No enchufe el teclado o el mouse en el puerto del teclado o del mouse cuando la computadora está encendida. Esto podría dañar el teclado, el mouse o la computadora. Esta advertencia no se aplica cuando se enchufa un teclado o un mouse en un puerto USB.

Módem

El módem de marcación se conecta al enchufe de pared de la compañía de teléfono usando un cable telefónico estándar. (El cable probablemente vino con la PC). Es exactamente lo mismo que enchufar un teléfono y se deja el cable conectado todo el tiempo. (El módem "corta la comunicación" después de una conexión, como un teléfono.)

Puede utilizar la segunda toma de teléfono del módem, si es que hay una, para conectar un teléfono real a la computadora y así poder usar el teléfono cuando la computadora no está en línea. La segunda toma de teléfono está marcada como Phone (Teléfono) y es posible que tenga un símbolo de teléfono al lado. (La primera toma está etiquetada como Line [Línea]).

Es posible que tenga también un módem de discado externo, que se conecta tanto al puerto USB como al puerto serial. En este caso también necesita un cable de teléfono para conectar el módem externo al enchufe de pared de la compañía telefónica. Fíjese que los módems externos tienen un interruptor de encendido.

- ✔ Los módems de banda ancha — ya sea cable, DSL o satélite — se enchufan en la toma de conexión de red de la computadora. Consulte la sección "Red" un poco más adelante en este capítulo.
- ✔ Tenga cuidado de no confundir la toma del módem con la toma de conexión de red. Se ven parecidas, pero la toma de conexión de red es ligeramente más ancha.

Monitor

Instale el monitor sobre su escritorio, generalmente a una distancia relativa de donde se va a sentar, de modo de dejar espacio para el teclado.

El monitor se enchufa en la toma del VGA, o Graphics Adapter (Adaptador Gráfico), en la parte de atrás de la consola. Se conecta de un solo lado. Si tiene un monitor digital, busque y utilice el enchufe digital. Algunos monitores digitales vienen con un adaptador digital-VGA, en el caso de que su consola no tenga un enchufe digital.

Si la consola tiene dos conectores VGA, deberá usar el que se encuentra en la tarjeta de expansión y no el que está en el panel E/S.

El monitor también necesita corriente eléctrica. Consulte la sección "La Conexión Final: Energía" más adelante en este capítulo.

Red

Enchufe el cable de red, o Cat 5, en el enchufe de red en la parte de atrás de la consola. Así es como se conecta su PC a una red, o como se conecta a un módem de banda ancha.

- ✔ Otro nombre para la toma de red es RJ-45. Su tamaño es parecido al de la toma del módem así que intente no confundirlas.

- ✔ Instalar una red implica algo más que conectar un cable de red a la consola. La Parte IV de este libro trata sobre redes informáticas.

Impresora

Instale la impresora al alcance de la consola. Esto no es indispensable; es simplemente más cómodo tener la impresora cerca para poder alcanzar fácilmente lo que sea que esté imprimiendo.

La impresora necesita corriente, por lo tanto tiene que conectarla a un enchufe de pared. Consulte la sección "La Conexión Final: Energía" más adelante en este capítulo.

Para que la impresora y la consola se comuniquen entre sí, debe presentarlas formalmente. No hace falta una invitación; lo que necesita es un cable, ya sea un cable USB o el tradicional cable de impresora. Si tiene la suerte de poseer una impresora inalámbrica, manténgala bastante cerca de la consola para asegurarse de que esté en el radio de la señal.

Se trate de un cable USB o el tradicional cable de impresora, el cable tendrá extremos únicos. Uno va en la impresora, el otro va en la consola. No puede conectar la cosa al revés.

- ✔ Para las impresoras que tengan tanto el cable de impresora como el USB, escoja la opción USB.

- ✔ Si utiliza un cable de impresora estándar, asegúrese de que sea un cable bidireccional. A menudo es necesario para que el software de la impresora funcione correctamente.

- ✔ También se puede acceder a las impresoras a través de la red informática. Consulte la Parte IV de este libro para más información sobre redes.

S-Video

El conector del *S-Video* está diseñado para facilitar la salida de video de la computadora hacia un monitor o una pantalla de televisor o hacia cualquier aparato de video que tenga una entrada S-Video. Puede, por ejemplo, conectar la consola a un televisor con pantalla grande para jugar a un videojuego, en lugar de conectar un monitor estándar a su PC.

✔ El S-Video sirve sólo para la salida de video, no transmite audio.

✔ Consulte el Capítulo 10 para más información sobre monitores para computadora.

Serial

El puerto serial, o COM, ya no es tan popular como antes, aunque todavía puede encontrar algún módem externo o mouse que se conecte a este puerto. De lo contrario, no le preste atención

✔ COM es la abreviatura de *com*unicación.

✔ Cuando hay dos puertos seriales, el primero es COM1 y el segundo es COM2.

✔ Otro término para el puerto serial es RS-232.

USB

Los dispositivos USB se enchufan en los puertos USB — cualquier puerto USB. Es posible que el cable USB esté conectado directamente al aparato, de lo contrario tendrá que usar (o comprar) un cable USB por separado. Por suerte, el cable USB tiene extremos distintos; no se puede equivocar al enchufar.

Algunos ejemplos de aparatos USB que se conectan a la consola incluyen impresora, escáner, cámara digital, cámara web o videocámara, parlantes, auriculares, unidades de disco, teclado, mouse y otros tantos.

Fíjese que algunos dispositivos USB deben conectarse directamente a la consola o a un concentrador USB alimentado por corriente eléctrica. Por ejemplo, una unidad de disco externa o un dispositivo USB deberá conectarse directamente a la consola y no a otro dispositivo USB en una cadena tipo margarita. Consulte el Capítulo 7 para más información sobre este tema, así como algunas consideraciones sobre el fenómeno USB.

Aparatos inalámbricos

Que el aparato se presente como inalámbrico, no implica que no tenga cables. Por ejemplo, puede ser que un teclado o un mouse inalámbrico no se conecte a la consola mediante un cable, pero *sí* se conectará un transmisor inalámbrico a la consola, por el puerto USB o el puerto del teclado/mouse. Pero, más allá de este cable, usted no encontrará otro cable.

La conexión de red inalámbrica es, en realidad, más o menos inalámbrica. El adaptador de red en la consola tiene una antenita; no cables. Pero el resto de la red precisará, en algún momento, uno que otro cable. Consulte el Capítulo 19 para más tonterías sobre la conexión de red inalámbrica.

La Conexión Final: Energía

Lo último que necesita hacer, después de haber conectado e instalado todos los componentes de su computadora a la consola, es enchufar todos estos aparatos a la pared. ¡Las cosas necesitan energía!

El poderoso tomacorriente múltiple

Habrá notado seguramente que tiene muchos más dispositivos para conectar que enchufes de pared disponibles. ¡Ningún problema! ¡Para eso se inventaron los tomacorrientes múltiples! La idea es enchufar todo allí y después conectarlo al enchufe de pared, como se muestra en la Figura 3-1.

Siga estos pasos.

1. **Asegúrese de que todos los aparatos que tengan interruptor de encendido estén en la posición Off (Apagado).**

2. **Asegúrese de que el tomacorriente múltiple esté en la posición Off.**

3. **Enchufe todo al tomacorriente múltiple.**

4. **Ponga sus aparatos en la posición On (Encendido).**

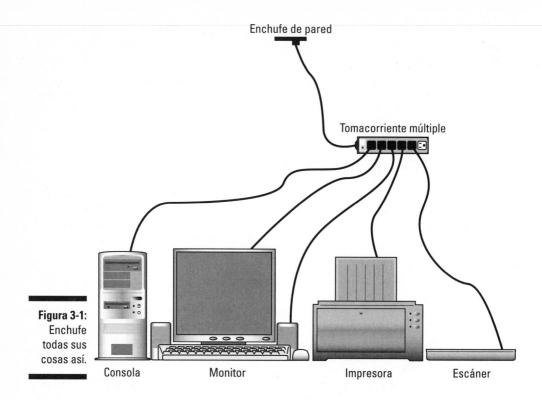

Enchufe de pared

Tomacorriente múltiple

Figura 3-1:
Enchufe
todas sus
cosas así.

Consola   Monitor   Impresora   Escáner

Ahora puede encender su equipo, simplemente encendiendo el
tomacorriente múltiple. ¡Pero aún no! La información oficial sobre
apagado/encendido está en el Capítulo 4. Consulte ese capítulo para más
información, aunque le sugiero que termine todo este capítulo antes de
curiosear más adelante.

✔ La mayoría de los tomacorrientes múltiples tienen seis enchufes,
suficientes para un típico sistema de computación. Si no, compre un
segundo tomacorriente múltiple, conéctelo en su propio enchufe en la
pared, y úselo para el resto de los dispositivos de su computadora.

✔ Trate de conseguir un tomacorriente múltiple con filtración de ruido.
Mejor aún, pague más y ¡compre un tomacorriente múltiple con
acondicionamiento de línea! Esto es genial para sus juguetes
electrónicos.

✔ Yo recomiendo el tomacorriente múltiple Kensington SmartSockets. A
diferencia de otros más baratos, el SmartSockets alinea los enchufes
perpendicularmente, cosa que facilita conectar los transformadores
voluminosos.

🗸 No enchufe un tomacorriente múltiple en otro; ¡es eléctricamente peligroso!

🗸 No conecte su impresora láser en un tomacorriente múltiple. La impresora láser chupa demasiada energía y podría ser poco eficaz — o poco seguro. Mejor, conéctela directamente al enchufe de la pared. (Eso mismo dice el manual de la impresora láser, por si alguna vez llega a leerlo).

La poderosa solución UPS

UPS es la sigla de *U*ninterruptible *P*ower *S*upply (Sistema de Alimentación Ininterrumpida), y es lo mejor que existe para conectar su computadora al enchufe de pared. Básicamente, una *UPS* es un tomacorriente múltiple combinado con una batería que mantiene su computadora en funcionamiento cuando hay un corte de energía.

La utilidad de tener una UPS no es la de seguir usando la computadora cuando se va la electricidad. La UPS está más bien pensada para que pueda mantener los componentes básicos de su computadora — la consola y el monitor — funcionando el tiempo suficiente para que pueda guardar su trabajo y apagar la computadora en la forma correcta. De este modo, no perderá nunca nada a causa de un corte de luz.

La Figura 3-2 ilustra un enfoque de cómo podría funcionar una UPS con un tomacorriente múltiple para encender su sistema de computación. No está ilustrado el cable USB, que se usa en algunos sistemas UPS para advertir a la computadora sobre un corte de luz. Consulte el Capítulo 15 para más información acerca de cómo funciona.

🗸 Ignore lo que dice en la caja: una UPS le brinda *quizás* cinco minutos de energía para la computadora. Sea expeditivo y guarde sus cosas en el disco, luego cierre Windows y apague la computadora. Puede imprimir, escanear, usar el módem o hacer lo que quiera cuando regrese la energía.

🗸 Algunos sistemas UPS también tienen enchufes que no están respaldados por baterías, de este modo puede enchufar todo directamente en la UPS. Solo asegúrese de enchufar el monitor y la consola en los enchufes respaldados con baterías.

🗸 Mantenga la UPS encendida todo el tiempo. Sólo deberá apagarla cuando haya un corte de energía y la computadora haya sido apagada correctamente.

🗸 Además de la energía de emergencia, una UPS también brinda niveles más altos de protección eléctrica para su equipo. Muchos modelos ofrecen protección contra sobrevoltaje, picos y caídas de voltaje, lo cual hace que su PC opere sin problemas, a pesar de todas las inmundicias que su compañía de electricidad pueda causarle.

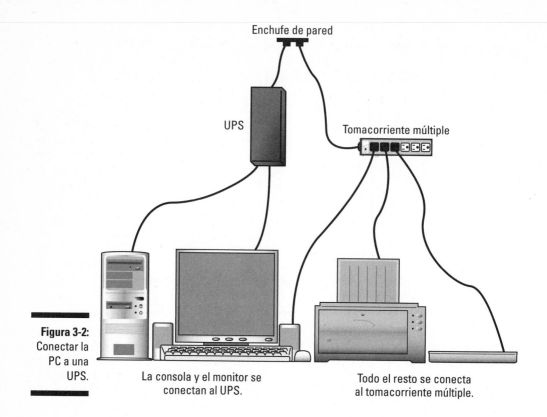

Enchufe de pared

UPS

Tomacorriente múltiple

Figura 3-2:
Conectar la
PC a una
UPS.

La consola y el monitor se
conectan al UPS.

Todo el resto se conecta
al tomacorriente múltiple.

Usar la UPS (obra de teatro breve)

Se oye un trueno. Las luces parpadean y luego se apagan. ROGER *queda
sentado en la oscuridad, pero su computadora sigue funcionando. La UPS emite
un pitido cada pocos segundos.* FELICIA *entra corriendo.*

FELICIA: ¡Se cortó la luz! ¡La *brioche* que puse en el horno se echó a
perder! ¿Perdiste ese urgente garabato que estabas creando en Paint?

ROGER: No, querida, aún estoy trabajando en ello. ¿Ves? Nuestra UPS
ha mantenido la consola y el monitor de la computadora encendidos
durante este breve apagón.

FELICIA: ¡Ah! Eso explica el pitido.

ROGER: Sí, la UPS emite un pitido cuando hay un corte de luz. Hace
esto en caso de que yo no me haya dado cuenta de que estamos en la
oscuridad total.

FELICIA: ¡Bueno, apúrate e imprime tu garabato!

ASPECTOS TÉCNICOS

Sobrevoltajes transitorios, picos de voltaje y golpes de relámpago

La energía que sale de los enchufes de la pared hacia su computadora no es pura como la nieve. Ocasionalmente, puede estar corrupta por alguno de los pequeños monstruos eléctricos que de vez en cuando entran sin invitación a su casa u oficina. Este es el detalle:

Ruido en la línea: Interferencia eléctrica en la línea de potencia, comúnmente se ve como estática en el televisor cuando alguien usa la licuadora.

Sobrevoltaje transitorio: aumento gradual de la energía.

Serge: algún muchacho europeo.

Pico de voltaje: aumento repentino de la energía, tal como sucede cuando cae un rayo.

Apagón parcial: Lo opuesto a un sobrevoltaje transitorio, una disminución de energía. Algunos motores eléctricos no funcionan y las luces de la habitación son más oscuras de lo normal. Esto se conoce también con el nombre de *caída*.

Corte de luz: Ausencia de energía en la línea. En la década del sesenta la gente lo llamó *blackout (apagón)*.

Si fuese posible, trate de comprar un tomacorriente múltiple con protección contra picos de voltaje para su computadora. Esto tiene su precio, pero vale la pena. Para que su tomacorriente múltiple sea aún mejor, busque uno que tenga tanto protección contra picos de voltaje como filtración de ruido o acondicionamiento de línea.

La forma de protección más cara es la protección contra sobrevoltaje. Esto significa que su tomacorriente múltiple daría su vida para absorber todo el golpe del sobrevoltaje, y salvaría su equipo.

Tenga en cuenta que los picos de voltaje llegan no sólo por medio de las líneas de alta tensión, sino también por medio de las líneas telefónicas. Así que, si es común que caigan rayos en su área, compre un tomacorriente múltiple con protección para la línea telefónica, y también protección de red si usa un módem de banda ancha.

Para más información sobre los pequeños monstruos que pueden entrar en su casa por medio de los enchufes en las paredes, contacte a su compañía eléctrica. Ésta puede ofrecerle sus propias soluciones para ayudarle a mantener su valioso equipo electrónico a salvo, tal como protección contra sobrevoltajes justo en la caja de los disyuntores.

ROGER: ¡No! No lo imprimiré. La impresión puede esperar, por eso no conecté la impresora a la UPS. Es tan impotente como el horno.

FELICIA: ¿Qué puedes hacer? ¡Apresúrate! ¡La batería de la UPS no durará para siempre!

ROGER: Relájate, dulce esposa. Lo guardaré en disco así. [Ctrl+S] Ahora puedo apagar la computadora, convencido de que mi garabato está almacenado en forma segura en el disco duro interno. Ahí está. *(Apaga la computadora y el monitor. Apaga la UPS y se acaba el pitido).* Ahora podemos esperar a que pase la tormenta en paz.

Dos horas más tarde, después de que la electricidad ha vuelto, FELICIA y ROGER están bebiendo una copa de vino.

FELICIA: Cariño, eres realmente muy listo por la forma en que usaste esa UPS.

ROGER: Bueno, tan sólo estoy agradecido de haber leído el libro de Dan Gookin *PCs Para Dummies*, publicado por Wiley Publishing, Inc. Pienso que voy a comprar más de esos libros.

FELICIA: ¡Quién hubiera dicho que íbamos a encontrar tanta felicidad gracias a un libro sobre computadoras!

Se besuquean.

Capítulo 4

El Botón Más Poderoso (Encendido)

*L*a forma más sencilla de darse cuenta si su computadora es malvada es notar cómo se enciende y se apaga. Las computadoras realmente benévolas tienen un interruptor de encendido de verdad. Cuando esa cosa se le da vuelta y se decide a dominar al mundo, puede, despreocupadamente o con aplomo dramático, apagar a la muy incauta. Sin embargo, y por desgracia, no todas las PC vienen con un botón de encendido de verdad. Si esto significa que la computadora es maliciosa depende, por supuesto, de qué versión de Windows está ejecutando.

Hablando en serio, muchas computadoras que se venden hoy en día no tienen un botón de encendido de verdad. En vez de eso, la PC moderna tiene un *botón de poder*. Usted utiliza ese botón para encender la PC, por supuesto. El botón de poder también apaga la computadora, pero eso no es una garantía. Nuevamente, el propósito aquí no es permitir que la computadora comience su campaña maléfica. No, por suerte la humanidad está a salvo de su PC y también lo estará usted si sigue los dulces consejos para el uso del botón de poder que se ofrecen en este capítulo.

Encender Su PC

Cuando todo está conectado y listo para usar (consulte el capítulo 3), encienda la computadora de esta forma:

1. **Encienda todo menos la consola.**

2. **Por último, encienda la consola.**

O, si todo está conectado a un tomacorriente múltiple, simplemente enciéndalo.

Si la consola y el monitor están conectados a una UPS (que debe mantenerse encendida todo el tiempo) y todo lo demás está conectado a un toma-corriente múltiple, haga esto:

1. **Encienda el tomacorriente múltiple, lo que enciende todos los dispositivos externos de la computadora, o *periféricos*.**

2. **Presione el botón de poder de su monitor.**

3. **Presione el botón de poder de la consola.**

El éxito de esta acción se verá reflejado en que el sistema cobra vida; puede escuchar el ventilador que chilla y las unidades de disco que ronronean mientras entran en acción, además de varias luces en la consola, el teclado y otros dispositivos que pueden parpadear o brillar dulcemente para usted. El escáner y la impresora pueden hacer zumbar y rechinar los servo-mecanismos. ¡Prepárese para computar!

✔ Al encender por último la consola, le da tiempo a los otros dispositivos del sistema de computación a iniciarse y prepararse para trabajar. De ese modo, la consola los reconoce y le deja utilizar esos dispositivos en su sistema.

✔ No todos los dispositivos de computadora tienen interruptores de encendido. Por ejemplo, algunos dispositivos USB (escáneres y unidades de disco) utilizan la energía que le proporciona el puerto USB. Para apagar estos dispositivos, debe desconectar el cable USB (aunque no es necesario, a menos que el dispositivo no se esté comportando apropiadamente).

✔ No necesita encender todo cuando se inicia la computadora. Por ejemplo, si no tiene planeado imprimir, no necesita encender la impresora. De hecho, ni siquiera necesita encender la mayoría de las impresoras hasta que esté listo para imprimir, de todos modos.

✔ Algunos dispositivos pueden dejarse encendidos todo el tiempo. Por ejemplo, su impresora puede tener un modo especial de bajo consumo que le permita mantenerla encendida todo el tiempo, pero utiliza poca corriente (o simplemente no usa). Suele ser preferible que mantenga estos dispositivos encendidos todo el tiempo en vez de encenderlos o apagarlos varias veces al día.

✔ Por lo general es una buena idea mantener el cablemódem o el módem DSL encendido todo el tiempo. Lo mismo para el enrutador o conmutador de red.

✔ Consulte también más adelante la sección "¿Debo dejar la computadora encendida todo el tiempo?" para obtener información sobre mantener su computadora encendida todo el tiempo.

✔ El botón más grande en el frente de su monitor es el que lo enciende. Algunos modelos más antiguos tienen el interruptor de encendido y apagado en la parte trasera. De hecho, muchos dispositivos de computación tienen interruptores en la parte trasera, generalmente junto a las conexiones de los cables de corriente.

✔ Cuando la computadora no se enciende, compruebe si está conectada a la corriente eléctrica. Confirme que todos los cables estén debidamente conectados.

El programa Setup (Configuración)

En algún punto durante el proceso de inicialización, se ve un mensaje en el monitor acerca de presionar determinada tecla, o una combinación de teclas, para ingresar al programa Setup (Configuración) *¡Preste atención a esas teclas!*

No siempre necesita ejecutar o ingresar al programa Setup (Configuración), pero es bueno saber cómo llegar ahí. Por ejemplo, cuando está agregando más memoria a la PC, actualizando algunos tipos de hardware, o deshabilitando funciones del circuito de chips. Son cuestiones técnicas y poco comunes, pero a veces necesarias.

✔ Escriba en la hoja de referencia de este libro las teclas que se utilizan para acceder al programa *Setup* (Configuración).

✔ Las teclas que suelen utilizarse para ingresar al programa *Setup* de la PC incluyen Del o Delete (Supr o Suprimir), F1, F2, F10, F11 y la barra espaciadora.

✔ El programa *Setup* es parte del hardware de su computadora. No es parte de Windows.

✔ El programa *Setup* también se conoce como BIOS Setup utility (utilidad de configuración del BIOS).

✔ Una característica del programa *Setup* es que puede aplicar una contraseña de sistema a su computadora. Aunque recomiendo ampliamente el uso de contraseñas en Internet y para las cuentas de la computadora, recomiendo no configurar una contraseña del sistema en el programa *Setup* (Configuración). A diferencia de esas otras contraseñas, si olvida la contraseña del sistema, no podrá hacer nada y su computadora quedará prácticamente inútil.

¡Problemas en Iniciolandia!

Con suerte, Windows iniciará de inmediato y usted podrá empezar a trabajar. Puede experimentar algunos desvíos inoportunos en el camino. El mensaje de error más común al iniciar habla de un archivo perdido, algo que Windows esperaba encontrar pero no pudo localizar. Para arreglar ese tipo de error de inicio, al igual que otros errores, como iniciar en el curiosamente llamado Modo seguro, por favor consulte mi libro *Troubleshooting Your PC For Dummies* (Wiley Publishing, Inc.).

¡Aquí Está Windows!

Iniciar una computadora es tarea del hardware. Pero el hardware es tonto, ¿recuerda? Necesita el software para mantener la cosa en marcha, y la pieza más importante del software es el sistema operativo de su computadora. Para la mayoría de las PCs, ese sistema operativo es *Windows*. Así que, luego de iniciar el hardware de su computadora, deberá enfrentarse a Windows.

Ignore estos otros términos para "iniciar la computadora"

Cualquiera de los siguientes términos es un equivalente aproximado a "iniciar la computadora". Úselos bajo su propio riesgo, generalmente en presencia de un profesional técnico especializado y altamente calificado.

Butear	Arranque en frío	Iniciar un ciclo de energía
Disparar	Encender	Poner en marcha
Rebutear	Resetear	Reiniciar
Butear el soft	Arranque en caliente	

¿Quién demonios eres tú?

La primera vez que ejecute Windows en su PC, deberá hacer un poco de instalación y configuración extra. Parte de la configuración incluye crear un usuario en la computadora.

La *cuenta de usuario* identifica quién es y mantiene su información separada de cualquier otro que pueda estar usando la misma computadora. Al agregar una contraseña, usted se asegura de que la información de la computadora se mantiene segura y protegida. Recomiendo ampliamente que cree una contraseña.

Sólo debe configurar Windows una sola vez. Después de eso, el inicio de su PC continúa como se describe en la siguiente sección.

Inicie sesión, invitado misterioso

Lo primero que debe hacer en Windows es *iniciar sesión* (log in) e identificarse. En una computadora con varios usuarios, deberá primero seleccionar su cuenta de usuario de una lista. Luego de ese paso, o cuando su computadora solo tiene una cuenta, debe escribir su contraseña en el momento en que se la solicite, como se muestra en la Figura 4-1. Estos son los detalles:

1. **Seleccione su cuenta entre las múltiples cuentas que muestra la pantalla.**

   Este paso es opcional cuando tiene registrada solamente su propia cuenta en la computadora. En ese caso, vaya al paso siguiente.

2. **Ingrese su contraseña en el recuadro, si aparece.**

   Cuidadosamente digite su contraseña en el recuadro.

3. **Haga clic sobre la flecha azul o presione la tecla *Intro* (Enter) para que Windows verifique su contraseña.**

Si todo sale bien, verá el *escritorio* de Windows, que es donde puede comenzar a usar su computadora. (Lea la sección siguiente).

Cuando meta la pata al escribir su contraseña, escríbala otra vez. Puede usar el vínculo *Password Hint* (Ayuda de contraseña) para que le recuerde su contraseña. ¡Pero debe ingresar una contraseña para entrar al sistema!

> ✔ El término inglés *login* (iniciar sesión) viene de la palabra *log* (registro), como el de una lista de actividades o experiencias. El inicio de sesión es como ingresar su nombre en un registro.

✔ ¡Acostúmbrese a escribir esa contraseña! Puede que se las haya arreglado sin una contraseña en versiones anteriores de Windows, pero Windows Vista se concentra en la seguridad. Y para tener seguridad, debe tener una contraseña. ¡Hablo en serio! ¡Basta de quejarse por escribir contraseñas!

Bienvenido al escritorio

El escritorio es el *home plate* de Windows, el punto de inicio, la puerta principal, el lobby, el vestíbulo. El Capítulo 5 describe información específica sobre el escritorio, cosas muy explosivas para revelar en esta parte del libro.

Lo que haga a continuación depende de la razón por la cual compró su computadora. Este libro tiene algunas ideas dentro, pero recuerde que es una *referencia*, no un manual de instrucciones. En ese aspecto, se acabó la referencia sobre cómo encender su computadora.

Figura 4-1:
Hola,
¿computa-
dora?
¡Soy yo!

Apagar la Computadora (Shutdown)

El sentido común dicta que el botón que utiliza para apagar la computadora sería lógicamente el mismo botón que utiliza para encenderla. Pero las computadoras no se preocupan por la lógica, y menos aún por el sentido común.

La PC rompe orgullosamente con la larga tradición de los dispositivos electrónicos que tienen un interruptor de encendido. Esto es porque hay más de una manera de apagar una computadora. De hecho, el término correcto ni siquiera es "apagar la computadora". No, usted *cierra* la computadora. Resulta ser que apagar la computadora es apenas una de las muchas formas en las que puede cerrar una computadora.

Opciones para apagar su PC

Aquí están sus opciones para apagar la computadora. . . . Digo, cerrar la computadora.

Mantener la computadora encendida todo el tiempo: Esta opción es viable, teniendo en cuenta el exceso de oferta de otras opciones. Lea la sección "¿Debería dejar la computadora encendida todo el tiempo?" hacia el final de este capítulo.

Log Off (Cerrar sesión): Le dice a Windows que terminó sin tener que apagar la computadora y volver a encenderla.

Lock the computer (Bloquear el equipo): Utilice esta forma rápida de suspender las operaciones de la computadora y presentar la pantalla de inicio de sesión, pero sin cerrar la sesión realmente.

Switch User (Cambiar usuario): Permitir que otro usario en la misma computadora tenga acceso a su cuenta sin cerrar sesión en su propia cuenta.

Sleep Mode (Modo Dormir): La computadora entra en un modo especial de ahorro de energía llamado *Sleep* (Dormir), que es como ponerla en un coma de bajo consumo.

Hibernate (Hibernar): La computadora se apaga, pero cuando la vuelve a encender, cobra vida mucho más rápido. Imagínese una "animación suspendida".

Restart (Reiniciar): Apaga la computadora y la vuelve a encender en un solo paso, principalmente cuando instala o actualiza software, o a veces para corregir cuestiones menores . . . Como darle un golpe a Windows en la cabeza para que se comporte.

Shut Down (Apagado): Esta es la verdadera opción que apaga la condenada cosa.

Arrancar el cable de corriente de la pared: Este método da mucha satisfacción, pero no se recomienda.

Muchas de estas opciones se encuentran en el menú oficial *Shutdown* (Apagado), que se ubica en el menú del botón Inicio, como se muestra en la Figura 4-2. Para llegar al menú *Shutdown* (Apagado), siga estos pasos:

1. **Abra el menú del botón Inicio.**

   Puede abrir el menú haciendo clic en el botón Inicio con el Mouse o presionando la tecla Windows del teclado.

2. **Haga clic en el botón con forma de triángulo del menú *Shutdown* (apagado) en el extremo inferior derecho del botón Inicio.**

El uso de las distintas opciones del menú *Shutdown* se cubre en las siguientes secciones:

Figure 4-2:
En donde se esconde el menú Shutdown (Apagado).

Panel de Inicio
(Start menu)

Botón de Inicio
(Start buttom)

Botón de menú Apagar
(Shutdown menu button)

Menú de apagado
(Shutdown menu)

Botón de encendido del menú Inicio
(Start menu power button)

Bloquear equipo
(Lock computer)

Cerrar sesión

Cerrar la sesión es una pérdida de tiempo total, especialmente cuando es la única persona que está usando la computadora. Una mejor opción cuando solamente quiere tomarse un descanso es bloquear la computadora, como se detalla en la siguiente sección. Pero cuando muchas personas tienen cuentas en la misma computadora, puede cerrar la sesión para mantener la computadora encendida, en el punto justo y lista para que la utilice otra persona. Para hacerlo, siga estos pasos:

1. **Haga clic en el botón Inicio.**

2. **Haga clic en el botón del menú *Shutdown* (Apagado) en el panel de Inicio.**

    Consulte la Figura 4-2.

3. **Seleccione el comando *Log Off* (Cerrar sesión).**

A medida que la computadora cierra la sesión, le solicitará que guarde los archivos sin guardar y cerrará los programas o ventanas que estén abiertos. Eso es todo por hoy. Windows nuevamente muestra su pantalla inicial, en la que muestra una lista de todas las cuentas disponibles. Hora de que alguien más use la PC.

Bloquear el equipo

Cuando cierra la sesión, deja de usar Windows. En vez de cerrar la sesión completamente, piense en bloquear la computadora.

Para bloquear la computadora presione la combinación de teclas Win+L, en la que Win es la tecla de Windows del teclado de la computadora y L es la tecla L. Inmediatamente verá una pantalla de inicio de sesión. Nadie puede acceder a la computadora en ese momento, a menos que tenga una cuenta y conozca la contraseña de dicha cuenta. La computadora está bloqueada.

✔ Bloquear la computadora es algo bueno y seguro de hacer cuando necesita alejarse de la computadora en un entorno desprotegido, como cualquier lugar público.

✔ También puede bloquear la computadora haciendo clic en el botón con el candado que se encuentra en la esquina inferior derecha del botón Inicio.

✔ Presione Win+L, en donde L se refiere a *lock* (bloquear).

Cambiar usuario

El comando Cambiar usuario del menú *Shutdown* (Apagado), como se muestra en la Figura 4-2, le permite cerrar la sesión temporalmente y dejar que otro usuario inicie sesión en la misma computadora. Esta opción es más fácil que cerrar la sesión, ya que no necesita salvar sus cosas o cerrar programas. Cuando regresa (inicia sesión nuevamente), todas sus cosas lo están esperando igual que como las dejó.

Modo Dormir

Modo Dormir, antes conocido como *Stand By* (En espera) o *Suspend* (Suspender), es un modo de ahorro de energía que no termina de apagar la PC. En modo Dormir, Windows guarda lo que está haciendo y luego pone a la computadora en un modo especial de bajo consumo. La computadora no está exactamente apagada y se recupera rápidamente, lo que hace que el modo Dormir sea más efectivo para cerrar la computadora.

Para poner a su PC a dormir, seleccione el comando *Sleep* (Dormir) del menú *Shutdown* (Apagado), divinamente ilustrado en la Figura 4-2.

Para despertar a la computadora de su letargo, puede mover el mouse o presionar una tecla en el teclado. ¡Tenga paciencia! A veces le toma a la PC unos segundos para despertarse. [El tiempo de reacción es una de las diferencias más importantes entre el viejo modo *Stand By* (En espera) y el modo *Sleep* (Dormir) del Windows Vista.]

✔ También puede programar el botón de poder del menú Inicio para poner la computadora a dormir. Vea la sección "Configurar la función del botón de poder del menú Inicio", más adelante en este capítulo.

✔ El modo *Sleep* (Dormir) se controla en la ventana *Power Options* (Opciones de energía) que puede ver en el Windows Control Panel (Panel de Control de Windows): Abra el botón Power Options directamente en la vista Clásica o desde la página principal del panel de control seleccione System and Maintenance (Mantenimiento y Sistema) y luego Power Options (Opciones de energía).

Hibernar

La forma más dramática de ahorrar energía y no apagar realmente la PC es utilizar el comando *Hibernate* (Hibernación). Lo que la Hibernación hace es guardar toda la memoria de la computadora (todo lo que está haciendo el sistema) y luego apagar la computadora (realmente apagarla, no "dormirla").

Cuando enciende nuevamente la computadora, las cosas vuelven a como estaban anteriormente. Así que la hibernación no solo ahorra electricidad, sino que también ofrece una forma más rápida de apagar y volver a encender la computadora.

Para poner a hibernar a su computadora, debe programar uno de los botones de poder: el botón de poder de la consola, el botón con la luna (si tiene uno) o el botón de poder del menú Inicio. Para programar un botón de poder para que ponga a hibernar a la computadora, lea la sección "Botón de poder, ¿cuál es tu función?" más adelante en este capítulo. Después de programar uno de estos botones, al presionar (o hacer clic) en él, la computadora entra en hibernación.

Para despertar una computadora que está hibernando, simplemente enciéndala, como encendería la computadora normalmente.

✔ No todas las PC pueden hibernar.

✔ La Hibernación ahorra electricidad porque la computadora está realmente apagada, y ahorra tiempo porque tarda menos en volver a encender la computadora. También lea el Capítulo 15 para obtener más información sobre la administración de energía de la PC.

✔ Si tiene una PC con sistemas operativos múltiples (un sistema *multiboot* o "multibuteo"), primero deberá seleccionar Windows XP del menú. Después de eso, Windows sale de la hibernación y vuelve a poner las cosas como estaban antes.

Reiniciar Windows

Necesitará reanudar o reiniciar Windows en dos casos: Cada vez que Windows le indique reiniciar después de instalar algo nuevo o hacer algún cambio o en cualquier momento que ocurra algo extraño. Por alguna razón, un reinicio limpia la cabeza de la computadora como cuando uno se suena bien la nariz y las cosas vuelven a la normalidad.

Para reiniciar Windows, seleccione el comando *Restart* (Reiniciar) del menú *Shutdown* (Apagado), como se muestra en la Figura 4-2. Windows se cierra . . . casi como si estuviera apagando la computadora. Pero, justo en el momento en el que sistema se habría apagado, vuelve a encenderse. Eso es un reinicio.

✔ Si hay archivos sin guardar, le pedirá que los guarde antes de cerrar el sistema.

✔ Windows puede ejecutar un reinicio por su cuenta; o, cuando actualiza, puede que tenga que hacer clic en un botón de una ventana para reiniciar la computadora.

Apagar la maldita cosa

Abandone toda duda: realmente puede apagar la computadora. ¡Póngase a cargo! Desde el menú *Shutdown* (Apagado), seleccione el comando Shut Down (Apagar), como se muestra en la Figura 4-2. Después de unos momentos mágicos, la computadora se apaga.

Si tiene documentos o archivos sin guardar, Windows le pedirá que los guarde antes de apagarse totalmente.

Después de que la consola se apaga, siga adelante y apague los otros componentes de su sistema: el monitor, el escáner y otros dispositivos externos. O, si tiene un tomacorriente múltiple, simplemente active el interruptor para apagar todo.

Sin embargo, si tiene una UPS, *no* la apague, ya que querrá dejarla encendida para que la batería permanezca cargada.

✔ ¿Ve? No necesita presionar el botón de poder para apagar la computadora, pero puede hacerlo si así lo desea. Lea la sección siguiente.

✔ Si la computadora se cierra y luego se reinicia inmediatamente, tiene un problema. Remítase al proveedor o al fabricante de la computadora para conseguir ayuda, o consulte mi otro libro sobre PCs, *Troubleshooting Your PC For Dummies*, publicado por Wiley.

Botón de Poder, ¿Cuál Es Tu Función?

Se llama botón de poder y no interruptor de encendido porque el botón de poder es *programable*. Puede decirle a la computadora qué hacer cuando presiona el botón de poder, desde "no hacer nada" hasta "silbar un aria". La elección es suya.

Configurar las funciones del botón de poder de la consola

¿Qué hace el botón de poder de la consola? Para saberlo con seguridad, además de cambiar la función del botón de poder, necesita acceder a la ventana *Power Options* (Opciones de energía) de la ventana *System Settings* (Configuración del sistema), como se muestra en la Figura 4-3. Llegar a esa ventana depende de cómo ve el panel de control de Windows.

Cuando está usando Control Panel Home (Página principal del panel de control), seleccione System and Maintenance (Sistema y mantenimiento) y, en la siguiente ventana, seleccione el elemento Change What the Power Buttons Do (Cambiar lo que hacen los botones de encendido) que se encuentra bajo el encabezado Power Options (Opciones de energía)

Desde la vista Clásica del Panel de control, haga doble clic en el icono Opciones de energía para activar la ventana Power Options (Opciones de energía). En el lado izquierdo de la ventana, haga clic en el vínculo marcado como Change What the Power Buttons Do (Cambiar lo que hacen los botones de encendido).

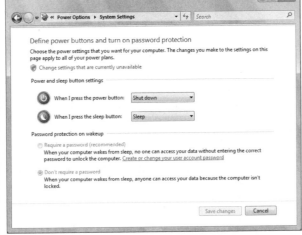

Figura 4-3:
Cambie las funciones de los botones de poder en esta ventana.

Encontrará un botón de menú junto al elemento When I press the Power Button (Cuando presiono el botón de encendido). Desde ese botón, puede seleccionar lo que hace el botón de poder de la consola cuando lo presiona. Tiene cuatro opciones:

- **Do nothing (No hacer nada):** Esta opción desactiva el botón de poder. Al presionarlo, no ocurre nada.
- **Sleep (Dormir):** La computadora entra en modo Dormir.
- **Hibernate (Hibernar):** La computadora entra en hibernación.
- **Shut Down (Apagar):** La computadora se apaga.

Acerca del botón de poder adicional (el secreto)

Algunos gabinetes de PC tienen un interruptor de encendido real además del botón de poder. Puede encontrar el interruptor de encendido en la parte trasera de la consola, generalmente cerca del lugar en el que el cable de energía se conecta con la fuente de alimentación de la PC. El interruptor suele tener las marcas I y O, que son encendido y apagado, respectivamente. Utilice este botón en vez del botón de poder solamente en casos de emergencia extrema. También tenga en cuenta que el interruptor de encendido debe estar en la posición "on" para que pueda encender la computadora (con el botón de poder).

Por ejemplo, si desea que la computadora solamente se apague cuando presiona el botón de poder, seleccione la opción que dice Shut Down (Apagar).

Luego de tomar su decisión, haga clic en el botón Save Changes (Guardar cambios). En forma opcional, puede cerrar la ventana System Settings (Configuración del sistema).

✔ Sin importar cómo programe el botón de poder, puede utilizarlo siempre para apagar la PC en un caso de pánico. Simplemente presione y mantenga presionado el botón de poder dos o tres segundos y la computadora se apagará. Aunque este es un truco que resulta muy útil saber, debe utilizarlo solo en caso de desesperación. Si no es así, cierre la PC de la forma apropiada, como se describe en este capítulo.

✔ Remítase al Capítulo 5 para obtener más información sobre el Panel de control de Windows.

Configurar las funciones del botón de la luna

Si la consola de su PC tiene un botón con una luna, puede programar su función igual que puede programar el botón de poder de la consola. Para programar el botón de la luna, siga el proceso que se describe en la sección anterior, pero seleccione la configuración para el botón dormir (luna): Utilice el botón menú junto a la opción *When I press the sleep button* (cuando presiono el botón Dormir).

Configurar las funciones del botón de poder del menú Inicio

El otro botón de poder que puede programar es el que se encuentra en el menú de inicio. Ese botón de poder del software puede programarse para dormir, poner en hibernación o apagar la PC. Los pasos son un poco técnicos, así que sígalos con atención:

1. **Abra el *Control Panel* (Panel de control).**

   Remítase al Capítulo 5 para obtener más información sobre el Panel de control de Windows.

2. **Abra la ventana *Power Options* (Opciones de energía)**

   Abrir la ventana depende de cómo ve el *Control Panel* (Panel de control): Desde Control Panel Home (Página principal del panel de control), seleccione System and Maintenance (Sistema y mantenimiento) y luego Power Options (Opciones de energía). Desde la vista clásica del Panel de control, seleccione el icono Power Options (Opciones de energía).

3. **Seleccione cualquiera de las opciones que diga *Change Plan Settings* (Configuración de cambio de plan).**

   No importa cuál de las tres opciones de Change Plan Settings elija.

4. **Haga clic en el vínculo con el nombre *Change Advanced Power Settings* (Cambiar configuración de energía avanzada).**

   Se abre el cuadro de diálogo Power Options (Opciones de energía).

5. **Recorra la lista y encuentre la opción *Power Buttons and Lid* (Botones de energía y tapa).**

6. **Haga clic en el signo más (+) junto a la opción *Power Buttons and Lid* (Botones de encendido y tapa) para que muestre el contenido.**

7. **Haga clic en el signo más (+) junto a la opción *Start Menu Power Button* (Botón de encendido del menú Inicio).**

8. **Haga clic en la opción junto a la palabra *Setting* (Configuración) para que muestre un botón de menú.**

9. **Utilice el menú *Setting* (Configuración) para seleccionar la función del botón de poder del menú Inicio.**

   Las opciones son Dormir, Hibernar y Apagar.

10. **Haga clic en el botón OK (Aceptar) para confirmar su elección y cerrar el cuadro de diálogo *Power Options* (Opciones de energía).**

11. **Cierre la ventana *Edit Play Settings* (Editar configuración de ejecución).**

El botón de poder del menú Inicio cambia su apariencia y color según la opción que haya programado. Pero la apariencia y los colores son fáciles de olvidar. En vez de eso, simplemente apunte el mouse al botón de poder del menú Inicio y aparecerá un cuadro de información emergente que describe la función del botón.

¿Debería Dejar la Computadora Encendida Todo el Tiempo?

He estado escribiendo sobre computadoras por más de 20 años, y este debate todavía no se ha terminado: ¿Debería dejar la computadora encendida todo el tiempo? ¿Gasta mucha electricidad? ¿Es mejor que la PC esté encendida todo el tiempo... como el refrigerador o la lámpara de noche de Spiderman? ¿Alguna vez sabremos *la verdad*? ¡Por supuesto que no! Pero a la gente le gusta opinar.

"Quiero dejar mi computadora apagada todo el tiempo"

¡Bravo! Estoy con usted.

"Quiero dejar mi computadora encendida todo el tiempo"

Yo digo que Sí. Si usa su computadora con frecuencia, tiene su oficina en el hogar o descubre que está encendiéndola y apagándola varias veces en el día, simplemente déjela encendida todo el tiempo.

La única vez que yo apago mis computadoras es cuando estoy lejos de ellas por más de un fin de semana. Incluso entonces hago hibernar a mis computadoras (bueno, aquellas computadoras que tienen la función Hibernar) en vez de apagarlas.

¿Este método desperdicia electricidad? Es posible, pero la mayoría de las computadoras tienen un modo de *Stand By* (En espera) y ahorran energía cuando no se las usa. Las PC modernas no consumen tanta electricidad, especialmente cuando tiene un monitor LCD (lea el capítulo 10), y tener una PC encendida todo el tiempo no sube significativamente su cuenta de electricidad, no como un Jacuzzi o un Transformador de Tesla.

Además, las computadoras disfrutan al estar encendidas todo el tiempo. Tener ese ventilador funcionando mantiene las entrañas de la consola a una temperatura constante, lo que evita algunos de los problemas que puede causar apagar el sistema (enfriamiento) y volverlo a encender (calentamiento).

- ✔ Si utiliza su PC solamente una vez al día (durante la tarde para el correo electrónico, el chat e Internet, por ejemplo), apagarla el resto del día está bien.

- ✔ La mayoría de las empresas dejan sus computadoras encendidas todo el tiempo.

- ✔ No importa lo que usted haga con su PC, siempre es una buena idea apagar el monitor cuando está lejos. Algunos monitores pueden *dormir* como las PC, pero si no lo hacen puede ahorrar algo de electricidad apagándolos.

- ✔ Si deja su computadora encendida todo el tiempo, no la cubra con un protector de polvo. Éste provoca en la computadora su propio efecto invernadero y sube la temperatura interna del sistema muy por encima del punto de sofocación, como un drama legal sureño de esos que lo hacen transpirar a uno.

- ✔ Otra buena idea: apague la computadora durante una tormenta eléctrica. Aún si tiene protector contra picos o una UPS, *no* permita que ese pico de voltaje entre a su computadora durante una tormenta con relámpagos. Desconecte la computadora del tomacorriente. Y recuerde desconectar la línea telefónica. Nunca está de más ser precavido.

Capítulo 5

Normas de Windows

*P*uede que ese hardware sea muy llamativo y seguramente habrá pagado un buen dinero por él, pero cuando se trata de tomar el mando de una computadora es el software que lleva la batuta. De todo el software instalado en su computadora, el Líder Supremo es el *sistema operativo*. En una PC, ese sistema operativo es Windows.

Este capítulo echa un vistazo general a los lugares más populares de Windows, hacia dónde dirigirse para hacer ciertas cosas y cuáles son las áreas importantes según los contenidos de este libro. Verá, este no es un libro sobre Windows, sino un libro sobre las PCs. Pero como no es posible escribir nada interesante acerca de la PC sin por lo menos mencionar a Windows, un capítulo como éste resulta necesario.

Para obtener más información acerca de las diversas partes de Windows, remítase al libro complementario *PCs For Dummies Quick Reference*. Para una mirada más detallada y atenta de la pieza de software más importante de su PC, puede consultar mi libro *Find Gold in Windows Vista* (ambos publicados por Wiley).

La Cara Sonriente de Windows

Parte del trabajo del sistema operativo consiste en la interrelación con usted, el humano. (Lea el Capítulo 1). En el sistema operativo de Windows, esta interfaz se maneja a través del escritorio, o de la pantalla principal que aparece cuando Windows se inicia, como se muestra en la Figura 5-1.

Junto con el escritorio encontrará muchas otras características importantes de Windows que podrá utilizar para realizar determinadas tareas o para administrar la computadora. Estas incluyen el botón de Inicio, el Panel de Inicio, la barra de tareas y el área de notificaciones. Las siguientes secciones hablan sobre cada uno de estos temas.

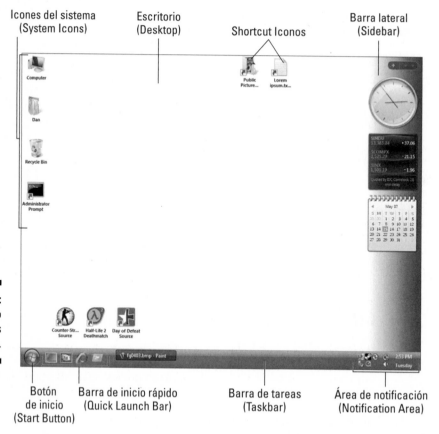

Figura 5-1:
El escritorio y sus accesorios.

El escritorio

La pantalla principal de Windows es el *escritorio*. Allí es donde aparecen las verdaderas ventanas, que son aquellas que contienen los programas que utiliza o que le muestran un listado de archivos o iconos. El escritorio también puede tener sus propios iconos tales como iconos de acceso directo a programas, archivos o carpetas de uso frecuente. También puede estar decorado con una imagen o fondo elegante como la famosa imagen "Helado de vainilla en una Tormenta de Nieve" que muestra la Figura 5-1.

También puede verse en la Figura 5-1 la barra lateral de Windows, un divertido dispositivo que presenta distintos programas informativos o *gadgets* (artilugios) diminutos. La barra lateral puede ocultarse o permanecer en la parte izquierda o derecha del escritorio, y los artilugios pueden desplazarse por la parte superior del escritorio. (Consulte material específico de Windows para más información sobre la barra lateral).

✔ El escritorio es meramente el fondo sobre el cual Windows despliega su material; al igual que la sábana celeste utilizada como telón fondo en la clásica producción de las escuelas primarias *Come tus Vegetales*.

✔ Los iconos son figuras pequeñas que representan los archivos o programas existentes en su computadora. Lea el Capítulo 24 para obtener más información sobre los iconos.

✔ Se puede cambiar este fondo y poner cualquier imagen. Consulte el Capítulo 10.

✔ También puede leer el Capítulo 10 para obtener información sobre cómo cambiar el tamaño o la resolución del escritorio.

✔ El escritorio se llama escritorio por tradición. Hace varias generaciones de computadoras, realmente se veía como un escritorio, e incluso tenía una libreta, un reloj, goma, tijeras y otros instrumentos pertinentes.

La barra de tareas

El escritorio está más cerca de la pizarra de corcho en la que sujetamos los iconos que del lugar en el que puede agarrar a Windows con firmeza y estrangularlo, si así lo quiere. Si realmente quiere adquirir un buen manejo de Windows, ponga su atención en la barra de tareas.

En general, la barra de tareas está en la parte inferior del escritorio, como se muestra en la Figura 5-2. Observará cuatro elementos importantes, aunque la Barra de Inicio Rápido *(Quick Launch Bar)* puede no estar visible en la barra de tareas de su PC.

Figure 5-2:
La barra de
tareas.

Botón de inicio
(Start Button)

Barra de tareas
(Windows Button)

Área de notificatión
(Notification Area)

Barra de inicio rápido
(Quick Launch Bar)

La barra de tareas sirve para controlar las ventanas que tiene en pantalla, le permite pasar rápidamente a cada una de esas ventanas o *tareas* con sólo hacer clic en el botón de dicha ventana. Además, la barra de tareas alberga al botón de Inicio, desde donde *realmente* controlará a Windows y otras cosillas que iremos explicando a lo largo de este capítulo.

El botón Inicio

Desde el botón Inicio (Start) puede empezar varias actividades en Windows. Es el lugar definitivo al que debe ir cuando quiera iniciar algún programa, comenzar con alguna actividad, ajustar el modo en que trabaja Windows o incluso apagar la computadora.

El botón de Inicio se encuentra en un extremo de la barra de tareas, por lo general en el margen inferior izquierdo del escritorio. Al hacer clic con el mouse en el botón Inicio se despliega el Panel de Inicio. ¡Ahí empieza la diversión (o la angustia)!

✔ A diferencia de las versiones anteriores de Windows, el botón Inicio no tiene la palabra *Start* (Inicio) en él.

✔ También puede desplegar el Panel de Inicio con sólo presionar la tecla Win del teclado de su computadora. Si su teclado no tiene la tecla Win, presione Ctrl+Esc para desplegar el Panel de Inicio.

✔ El panel de Inicio se cerrará con solo presionar la tecla Esc del teclado.

El Panel de Inicio

El Panel de Inicio le permite abrir programas y visitar lugares fundamentales de Windows. La Figura 5-3 muestra un ejemplo de la apariencia que puede tener este menú.

En la figura se observan elementos importantes que puede encontrar en el Panel de Inicio. Si lo prefiere, puede personalizar este panel, y en ese caso lo que verá en su pantalla puede diferir de lo que muestra la figura.

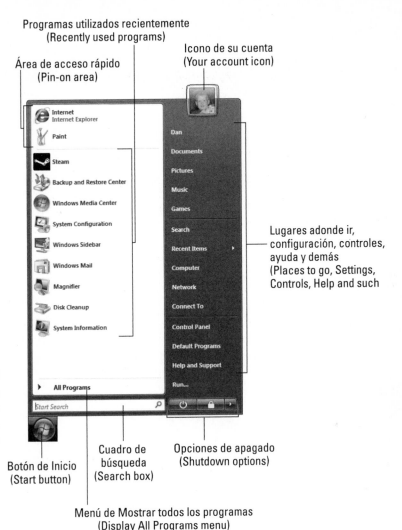

Programas utilizados recientemente
(Recently used programs)

Icono de su cuenta
(Your account icon)

Área de acceso rápido
(Pin-on area)

Lugares adonde ir,
configuración, controles,
ayuda y demás
(Places to go, Settings,
Controls, Help and such

Figura 5-3:
El Panel de
Inicio.

Botón de Inicio
(Start button)

Cuadro de
búsqueda
(Search box)

Opciones de apagado
(Shutdown options)

Menú de Mostrar todos los programas
(Display All Programs menu)

Uno de los elementos más importantes del Panel de Inicio es el menú *All Programs* (Todos los Programas). Al hacer clic en el triángulo de Todos los Programas (ver Figura 5-3), la parte izquierda del Panel de Inicio se reemplaza por un listado de programas y carpetas. Esto le permitirá escoger un programa de la lista para ejecutarlo o una carpeta para ver programas adicionales. El Capítulo 27 ofrece más información sobre el menú *All Programs* (Todos los programas).

✔ Para personalizar el Panel de Inicio, haga clic con el botón derecho del mouse en el botón Inicio y escoja *Properties* (Propiedades) en el menú que se desplegará. Use el botón *Customize* (Personalizar) en el cuadro de diálogo que aparece y encontrará muchas opciones para ajustar la apariencia y el modo de ejecutarse del panel de inicio.

✔ La Figura 5-3 muestra el Panel de Inicio tal como aparece en la interfaz Aero de Windows Vista. Hay un menú de Inicio clásico disponible, que se ve similar al menú de Inicio de las versiones anteriores de Windows.

El Área de notificaciones

En el extremo opuesto al botón de Inicio de la barra de tareas (Consulte la Figura 5-2) figuran la hora y fecha actuales, pero también pequeños iconos que representan programas especiales que están ejecutándose en Windows. Esa es el *Área de notificaciones*.

✔ Puede encontrar más información sobre los programas especiales haciendo doble clic o haciendo un clic con el botón derecho sobre estos pequeños iconos.

✔ Algunos iconos abren globos de diálogo con mensajes que notifican acerca de diversas actividades que están ocurriendo en Windows.

✔ Hace algún tiempo, el área de notificaciones se conocía con el nombre de *bandeja del sistema*. Aún hoy puede encontrarla con ese nombre en otra documentación.

El Panel de Control

Un lugar importante para visitar en Windows, especialmente en lo que se refiere al hardware de su PC es la ventana de *Control Panel* (Panel de Control). La ventana del Panel de Control muestra las diferentes partes de Windows y le permite acceder a ventanas específicas y a cuadros de diálogo desde los que podrá realizar ajustes y controlar el modo en que opera la computadora. Sin lugar a dudas, una buena noticia.

La mala noticia es que hay *dos* formas de visualizar el Panel de Control. Lo que ve en la Figura 5-4 es la ventana principal del Panel de Control que muestra todas las actividades y ubicaciones por tema. Seleccione un tema para visualizar los temas adicionales o haga clic en un vínculo para realizar una actividad específica.

La otra forma de ver el Panel de Control es la Vista Clásica del Panel de Control. En esa ventana podrá ver todos los elementos del Panel de Control presentados en forma de iconos. La Vista Clásica es preferida por los usuarios veteranos y por los más avanzados debido a que les resulta más rápida para trabajar que la Página principal del Panel de Control.

Figura 5-4:
Ventana
principal del
Panel de
Control

Para visualizar cualquiera de las ventanas del Panel de Control, siga los siguientes pasos:

1. **Haga clic en el botón Inicio.**

2. **Haga clic en *Control Panel*, opción que aparece sobre el lado derecho del menú que despliega el botón Inicio.**

Luego de abrir la ventana del Panel de Control, siga las instrucciones (tanto en la página Principal del Panel de Control como en la Vista Clásica) para acceder a cualquiera de las ventanas o cuadros de dialogo necesarios para modificar el hardware, software o la configuración de su computadora.

✔ Para pasar de la Vista clásica a la Página principal del Panel de Control, haga clic en el enlace correspondiente sobre el lado izquierdo de la ventana Panel de Control.

✔ También puede acceder a la ventana *Control Panel* desde cualquier carpeta. Haga clic en el triángulo situado en el extremo derecho de la Barra de direcciones. Escoja *Control Panel* (Panel de Control) en el menú desplegable.

Control de Redes

El trabajo en red forma parte de utilizar una PC ahora más que nunca, especialmente debido a la popularidad que ganaron las conexiones a Internet de banda ancha. Afortunadamente, Windows Vista dispone tal vez de la forma más sencilla posible para administrar la red. Para lograrlo, es fundamental conocer donde están las dos ubicaciones clave dentro de Windows: el *Network and Sharing Center* (Centro de redes y recursos compartidos) y la ventana *Network* (Conexiones de Red).

Consulte también la Parte IV de este libro que trata específicamente el tema de las conexiones de red.

El centro de redes y recursos compartidos

La ventana más importante para las conexiones de red en Windows Vista es *Network and Sharing Center* (Centro de redes y recursos compartidos) que muestra la Figura 5-5. La ventana permite ver claramente sus conexiones de red, muestra todas las conexiones inalámbricas y contiene las distintas opciones de red en un formato colapsable.

Desde el Panel de Control puede acceder al Centro de redes y recursos compartidos. Debido a las dos apariencias del Panel de Control, existen dos maneras de acceder a la ventana:

Desde la página principal del Panel de Control abajo del título *Network and Internet* (Conexiones de red e Internet), haga clic en el vínculo *View Network Status and Tasks* (Ver estado de conectividad y tareas).

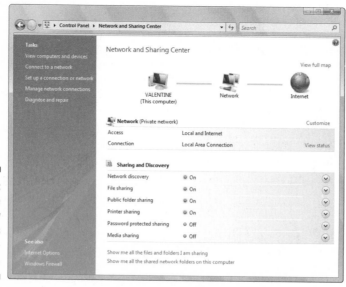

Figura 5-5: Centro de redes y recursos compartidos.

Desde la Vista clásica del Panel de Control, abra el icono de *Network and Sharing Center* (Centro de redes y recursos compartidos).

La ventana de conexiones de red

 Otro lugar para acceder a la conexión de redes es la ventana *Network* (Conexiones de red), a la que se puede ingresar abriendo el icono *Network* del escritorio (si es que existe), o eligiendo *Network* en el Panel de Inicio. La ventana *Network* muestra todas las computadoras disponibles en red, así como también los otros dispositivos de conexión de red. En la Parte IV de este libro se brinda más información acerca de esta ventana.

Lugares para Sus Cosas

Windows tiene carpetas especiales donde puede almacenar sus archivos personales y guardarlos en la computadora (archivos y carpetas). El Capítulo 24 trata sobre los archivos, pero por el momento hay ciertos lugares específicos que merecen ser mencionados:

 Computer (PC): Este icono principal detalla todo lo almacenado en su computadora, lo que incluye las unidades de disco, CD/DVD, almacenamiento de medios y todas las unidades de red que utilice. Para visualizar la ventana *Computer*, abra el icono *Computer* (PC) del escritorio o acceda al mismo a través del Panel de Inicio.

 User profile (Perfil del usuario): La carpeta más importante para guardar sus cosas lleva el nombre de su cuenta y se conoce oficialmente como la carpeta *User Profile* (Perfil del usario). Yo prefiero llamarla mi carpeta de cuenta. Dentro de esta carpeta principal, encontrará varias subcarpetas que le ayudarán a organizar sus archivos. Las subcarpetas incluyen:

> *Documents* **(Documentos):** Para archivos y cosas en general
>
> *Music* **(Música):** Para música y archivos de audio
>
> *Pictures* **(Imágenes):** Para archivos gráficos y fotografías digitales
>
> *Video***:** Para animaciones y videos digitales

Además, la carpeta Perfil del usuario tiene otras carpetas útiles y específicas; incluyendo aquellas carpetas que usted mismo creó.

 Recycle bin (Papelera de Reciclaje): Este icono representa el lugar al que se envían los archivos que usted borra; algo así como el Infierno de los archivos, aunque no pertenece a una confesión religiosa concreta. En general, este icono se encuentra en el escritorio.

Ayuda de Windows

Hace millones de años que Microsoft abandonó la práctica de incluir un manual con Windows. De hecho, Windows nunca trajo manuales completos, apenas se podía obtener ayuda en línea (o de la misma computadora). El resultado de esa evolución es el sistema *Windows Help* (Ayuda de Windows), que es una especie de cruza entre un manual en línea y un robot insulso.

Para acceder al sistema de Ayuda de Windows, presione la tecla F1 del teclado. Sí, ya lo sé: "¿F1? ¿Qué es eso? ¿Fayuda?¿La Fórmula 1 de la ayuda?" Me rindo, pero esa es la tecla que hay que usar.

Al presionar F1 mientras está utilizando Windows, se mostrará información útil acerca de lo que esté haciendo.

Para obtener ayuda en general, seleccione el comando *Help and Support* (Ayuda y soporte técnico) del Panel de Inicio y podrá visualizar el *Help and Support Center* (Centro de ayuda y soporte técnico). Allí podrá escribir su pregunta o elegir un tema para pedir ayuda.

Tenga en cuenta que Windows puede conectarse a Internet para completar su pedido de ayuda. Esto es normal (y sólo lo notará si tiene una conexión a Internet de acceso telefónico).

El sistema de ayuda es un programa individual. Cuando haya terminado de utilizar la ayuda, recuerde salir: haga clic sobre el botón X de cerrar, en la esquina superior derecha de la ventana.

Parte II
Las Tripas de la Computadora

The 5th Wave — Por Rich Tennant

"Bueno, aquí está el problema. No han gastado suficiente 'lana' en este equipo".

En esta parte . . .

El comentador social y cómico George Carlin decía que no tenía miedo de las alturas . . . Tenía miedo de *caerse* de esas alturas. Creo que algo similar se aplica a la alta tecnología. Verá, la tecnología involucra muchos componentes electrónicos: las tripas de su computadora. No tiene nada que temer de la electrónica, pero tener miedo a electrocutarse es útil.

Por suerte, utilizar una computadora no implica tocar nada eléctrico directamente. Las posibilidades de morirse electrocutado utilizando una PC son moderadamente bajas. Pero eso no lo excusa de conocer los nombres de esas exquisiteces electrónicas que le permiten a la PC hacer lo que hace. En esta parte del libro, descubrirá cómo reconocer, usar, ajustar y abusar de todas las cosas que hacen que funcione su PC. Puede ponerle los pelos de punta, pero esa es solamente su reacción ante los precios.

Capítulo 6

Misterios de la Consola

. . . .

. . . .

*B*ajo el elegante y ultra-futurista exterior de la consola, yace un caos enmarañado de entrañas electrónicas. Es una selva tropical de cables retorcidos cual enredadera que conectan varias placas de circuitos con los sistemas de alimentación y las unidades de disco, mezclados en una ensalada de alta tecnología cuyos ingredientes son circuitos, transistores, capacitores, resistencias y otros componentes, muchos de los cuales son filosos y puntiagudos. ¿Aterrado? No es para tanto, aunque, en verdad, tampoco suena muy tentador.

A pesar de la compleja naturaleza que habita el interior de la consola, éste no es un lugar prohibido. La mayoría de las consolas se abren fácilmente y esto tiene un porqué: Algunas veces, usted necesita llegar al interior para agregar piezas nuevas a su computadora. No es muy común, pero puede suceder. Sin embargo, aunque nunca tenga que aventurarse al interior de una computadora, es útil estar familiarizado con los misterios que alberga su interior. Este capítulo explicará todo ese asunto.

Una Mirada al Interior de la Consola

A pesar de las opciones de expansión disponibles dentro de la consola, la mayoría de la gente usa una computadora hasta que se acaba su vida útil y nunca la abre. Aun así, "ojos que no ven" no debería significar "corazón que no siente". Vale la pena conocer algunas partes que se encuentran en el interior de la consola. Conocer los nombres oficiales y las funciones, aun de aquellas partes que nunca llegará a ver con sus propios ojos, lo ayudará a posicionarse mejor como usuario de computadora.

Descubrir las partes más íntimas de su PC

La Figura 6-1 destaca las partes más importantes del interior de la consola de su PC. La figura muestra una vista lateral de una típica PC mini-tower (mini-torre), como si se hubiera quitado el lado derecho de la consola para mirar su interior. (En la figura, el lado izquierdo representa el frente de la consola).

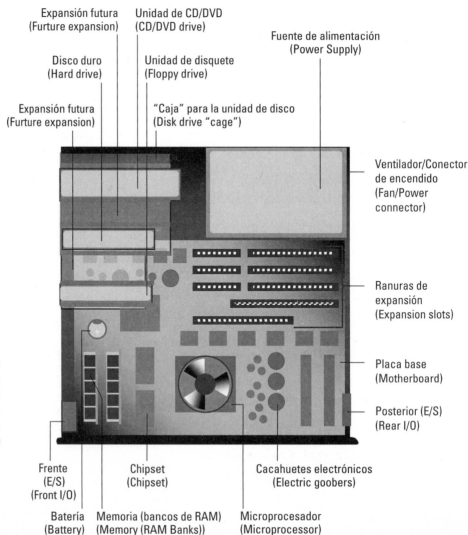

Expansión futura
(Furture expansion)

Unidad de CD/DVD
(CD/DVD drive)

Fuente de alimentación
(Power Supply)

Disco duro
(Hard drive)

Unidad de disquete
(Floppy drive)

Expansión futura
(Furture expansion)

"Caja" para la unidad de disco
(Disk drive "cage")

Ventilador/Conector
de encendido
(Fan/Power
connector)

Ranuras de
expansión
(Expansion slots)

Figura 6-1:
Un vistazo al
interior de la
consola.

Placa base
(Motherboard)

Posterior (E/S)
(Rear I/O)

Frente
(E/S)
(Front I/O)

Chipset
(Chipset)

Cacahuetes electrónicos
(Electric goobers)

Batería
(Battery)

Memoria (bancos de RAM)
(Memory (RAM Banks))

Microprocesador
(Microprocessor)

En la Figura 6-1 no aparece la maraña de cables que decora el interior de la consola; la consola de una PC típica tiene mucho menos espacio. Y si hace rato que compró esa computadora, seguramente también encontrará polvo en el interior, y hasta ¡pelos de gato!

Las tres partes principales del vientre de la consola son:

- ✔ La caja para la unidad de disco
- ✔ La fuente de alimentación
- ✔ La placa base

La *caja para la unidad de disco* es un dispositivo que se usa para sostener las unidades internas de disco, una unidad óptica (DVD), una unidad de disco duro más, tal vez, una unidad de disquete. La caja también tiene espacio para más unidades de disco (la llamada "expansión futura"), generalmente justo debajo de algunos paneles removibles en el frente de la consola.

La *fuente de alimentación* alimenta la consola con eso tan importante llamado electricidad. Puede leer más sobre el sistema de alimentación en la sección "La fuente de energía de la PC" al final de este capítulo.

Finalmente, la *placa base* es la placa de circuitos principal de la compu-tadora. Como es importante, hablaremos sobre ella más adelante, cuando comencemos con la sección "La madre de todas las placas".

Todo lo que se encuentra dentro de la caja de la PC es un componente *modular:* Las piezas individuales pueden reemplazarse sin tener que deshacerse de toda la consola. La modularidad es uno de los puntos claves del éxito de las PC en el tiempo.

Abrir la caja (si se atreve)

En la actualidad, no es común que una persona abra la consola de su PC; pocas opciones requieren expansión interna, especialmente con las nuevas PC. No recomiendo abrir la consola sólo para ver qué hay adentro. Sólo debe abrirla cuando actualice su computadora. Especialmente, si no puede distinguir un destornillador de un cuchillo de cocina, o cuando su seguro de vida no está al día. Recomiendo enfáticamente que un profesional se encargue de hacer la actualización. De todas maneras, estos son, a modo general, los pasos que recomiendo seguir para abrir la consola:

1. **Apague la computadora.**

    Consulte el Capítulo 4.

2. **Desconecte la consola; desenchufe el cable de la energía eléctrica.**

   No basta con apagar la consola. Debe desenchufar el cable de la energía eléctrica. No hace falta desconectar otros cables, salvo que necesite hacerlo para mover la consola de lugar.

3. **Separe la consola de la pared o colóquela en un lugar donde haya espacio suficiente para trabajar.**

4. **Abra la caja de la consola.**

   Los pasos para abrir la caja dependen de cada caso en particular. Algunas veces, hace falta un destornillador para retirar algunos tornillos. Otras veces, basta con levantar una tapa, desplazarla de lugar o abrirla con la mano.

Cuando la caja esté abierta y están visibles las entrañas de la computadora, ya podrá trabajar dentro de la consola. Use la Figura 6-1 como una referencia general, pero tenga cuidado con los cables.

✔ Nunca enchufe la consola mientras la caja esté abierta. Si necesita probar algo, ¡no se olvide de cerrar la caja!

✔ En general, la caja se abre para hacer una de las siguientes tres cosas: Agregar más memoria, agregar una tarjeta de expansión o reemplazar la batería de la PC.

✔ Mientras esté trabajando en la consola, trate de mantener una mano sobre la caja o, mejor, sobre algo metálico, como la caja para la unidad de disco. De esta forma, su potencial eléctrico es el mismo que el de la consola y se reducen las posibilidades de generar corriente estática, que puede dañar su computadora.

Cerrar la caja

Cuando haya terminado el trabajo que lo motivó a abrir la consola, ¡ciérrela bien! Preste atención a estos pasos como medida de precaución:

1. **Controle todos los alambres y cables para asegurarse de que fueron correctamente reconectados.**

2. **Confirme que no hayan quedado herramientas ni partes sueltas dentro de la caja.**

3. **Vuelva a colocar la tapa o la cubierta de la consola.**

4. **Vuelva a conectar el cable de la energía eléctrica a la consola.**

5. **Encienda la computadora.**

6. Rece para que todo funcione correctamente.

Este paso es opcional si no cree en un ser superior y divino. Pero, ¿para qué arriesgarse ahora?

La Madre de Todas las Placas

La placa de circuito más grande de la computadora es la *placa base*. Aquí están los circuitos electrónicos más importantes de la computadora. En la placa base se encuentran los siguientes componentes esenciales de la PC, muchos de los cuales se mostraron en la Figura 6-1 de este capítulo:

- Microprocesador
- Chipset o circuito integrado auxiliar
- Memoria
- Batería
- Ranuras de expansión
- Conectores E/S
- Cacahuetes electrónicos

El microprocesador, el chipset, la batería y la tarjeta de expansión tienen sus propias secciones en este capítulo. Consúltelas para obtener mayor información. La memoria de la computadora es un tema importante, por eso hablamos sobre ella exclusivamente en el Capítulo 8.

Los *conectores E/S* son simplemente lugares en la placa base donde se conectan diferentes opciones internas y se comunican con el resto del sistema de la computadora. Por ejemplo, en la placa madre, puede encontrar un conector E/S donde se enchufan unidades de disco internas y un conector de energía E/S para obtener electricidad de un sistema de alimentación.

Los cacahuetes electrónicos son piezas varias de tecnología que los ingenieros colocan en la placa base para impresionar.

El Microprocesador No Es el Cerebro de la Computadora

No, el microprocesador *no* es el cerebro de la computadora. El software es el cerebro. El microprocesador es simplemente hardware y sólo hace lo que le dice el software. A pesar de esto, el microprocesador es una parte muy importante del sistema de su computadora. En realidad, el microprocesador es el chip principal de su PC. Casi todo lo demás que existe en la placa base está al servicio del microprocesador.

A pesar de su importancia, lo que hace el microprocesador es bastante simple: Más allá de la matemática básica (suma, resta, división y multiplicación), el microprocesador puede buscar y colocar información en la memoria y hacer operaciones básicas de entrada/salida (E/S). Esto no parece digno de admiración; sin embargo, la clave del éxito del microprocesador es que, a diferencia de su hijo adolescente, puede hacer las cosas muy rápido.

✔ Cuando su mandíbula este cansada, puede referirse al microprocesador como *procesador*.

✔ Otra palabra para designar un microprocesador es CPU. *CPU* es la sigla de *c*entral *p*rocessing *u*nit (unidad central de procesamiento).

✔ Los microprocesadores de las PC modernas se calientan mucho y, por lo tanto, necesitan una ventilación especial. Si alguna vez mira dentro de la consola de su PC, verá que el microprocesador usa un ventilador pequeño como sombrero. Esto lo ayuda a mantenerse frío.

Ponerle nombre al microprocesador

Había una vez en que a los microprocesadores de las computadoras se los llamaba con números famosos, por ejemplo, 386 y 8088. La tendencia actual es usar nombres, pero no de personas, como Juan o María, o de perros, como Fluffy o Chomps. No, ahora a los microprocesadores se los designa con nombres de héroes de ciencia ficción, de productos farmacéuticos o de sonidos emitidos por las crías de los rinocerontes cuando sienten dolor.

Fuera de broma, el microprocesador más importante es el Pentium, desarrollado por la empresa líder de la industria, Intel. Otros nombres de microprocesadores son Celeron, Athlon, Opteron, Duron y Xenon. (Seis nombres más y ya tiene un panteón galáctico).

La tendencia número-nombre es difícil de romper definitivamente para la industria informática, es por eso que también encuentra nombres de microprocesadores seguidos de números y otras palabras extrañas. Honestamente, el nombre y el número del microprocesador sólo importan cuando usted compra la computadora; inclusive, en ese momento, los únicos números que verdaderamente importan son los dólares que pagó por ella.

Más allá del nombre, el criterio verdaderamente importante para juzgar un microprocesador (además del precio) es su velocidad, sobre la que hablaremos en la sección siguiente.

✔ Los dos tipos más populares de chips Pentium que se venden en la actualidad son el Pentium 4 y el Pentium dual core, o Core 2 Duo. De los dos, el mejor es el chip dual core.

✔ Intel es el fabricante líder de microprocesadores del mundo. La empresa desarrolló el 8088 original, que moraba en el seno de la primera PC IBM.

✔ Otra forma de describir un microprocesador es por el tipo de enchufe en la placa base. Esta información es importante sólo para las personas que eligen armar su propia PC.

✔ Existe poca diferencia entre un microprocesador Intel y uno de otra marca. Para el software de su PC, el microprocesador es el mismo, sin importar quién lo hizo. Sin embargo, debo recalcar que los fanáticos de las computadoras prefieren microprocesadores AMD.

Músculo y velocidad del microprocesador

Los microprocesadores se miden por dos factores: la potencia muscular y su velocidad.

La potencia muscular de los microprocesadores se mide en bits; específicamente, según la cantidad de bits que puede masticar simultáneamente. Cuántos más bits estén involucrados a la vez, mejor será el microprocesador. Para un microprocesador de una PC típica, los valores son 32, 64 ó 128 bits. El más común es de 64 bits.

Una buena analogía para los bits en un microprocesador son los cilindros en el motor de un auto. Cuantos más haya, más potencia tendrá el motor. Otro ejemplo aún mejor son los carriles de una autopista. Cuantos más carriles haya, más rápido se podrán mover los bloques de datos (tráfico).

La velocidad de los microprocesadores actuales se mide en *gigahertz (GHz),* o miles de millones de ciclos por segundo. Cuanto más alto sea el valor, más rápido será el microprocesador, con velocidades promedio entre 2.0 GHz (la más lenta) y 4.0 GHz (la más rápida).

Lamentablemente, la velocidad no es un parámetro real de la rapidez con que trabaja un microprocesador. La velocidad es una medida relativa cuando se aplica a las computadoras, pero aun así, un Pentium que trabaja a 2.4 GHz es más lento que un Pentium que trabaja a 3.0 GHz, aunque usted no lo note.

¿Qué procesador vive en su PC?

Al llegar a su casa, no es fácil confirmar qué microprocesador tiene la PC que acaba de comprar. Aun cuando rompa la caja, no podrá ver el micro-procesador ya que está oculto bajo el pequeño sombrero ventilador. Y, aun cuando le sacara el sombrero, los números y los nombres impresos en el chip tampoco le resultarían muy útiles.

Una forma de descubrir qué tipo de microprocesador habita en el interior de su PC es usar Windows. La ventana *System window* (Propiedades del sistema) presenta un informe del microprocesador y de la memoria RAM, similar al que aparece en la Figura 6-2.

Figura 6-2:
Ventana de Propie-
dades del sistema

Para convocar a la ventana de Propiedades del sistema, presione Win+ Break en el teclado (es la tecla de Windows más la tecla rotulada Break (Interrumpir) o Pause Break (Pausa Interrumpir). También puede abrir este cuadro de diálogo si hace clic con el botón derecho del mouse en el icono *Computer* (Computadora) del escritorio y luego elige *Properties* (Propiedades) en el menú desplegable.

En la Figura 6-2, puede ver que la PC tiene un microprocesador Pentium D con una velocidad de 3.00 GHz. La computadora tiene una memoria RAM de 1022 MB. Coincide con lo que pagué, así que el vendedor queda liberado.

✔ No todas las ventanas de Propiedades del sistema muestran información tan completa como la que aparece en la Figura 6-2. Cuando Windows realmente no sabe, puede decir algo tan vago como *"x86 Family"*.

✔ Consulte el Capítulo 8 para obtener mayor información sobre memoria RAM.

Ranuras de Expansión

El éxito de la PC IBM original se debe a que es abierta. Parte de esa naturaleza consiste en su capacidad de expandir la computadora internamente al agregar placas de circuitos adicionales. Dichas placas, o *tarjetas de expansión*, se insertan directamente en las *ranuras de expansión* en la placa base. La idea es que puede expandir su sistema al agregar opciones no incluidas en la PC básica.

Lamentablemente, si bien la mayoría de las PC vienen con ranuras de expansión, las tarjetas de expansión se necesitan cada vez menos. Las PC modernas ya vienen con cualquier opción que usted necesite disponible en la placa base. Otras opciones pueden agregarse mediante un puerto USB (Consulte el Capítulo 7). Las tarjetas de expansión aún se consiguen, pero no son tan solicitadas como alguna vez lo fueron.

✔ La cantidad y el tipo de ranuras disponibles en su computadora dependen de la medida de la caja de la consola y del diseño de la placa base. Las PC de pequeño porte y bajo consumo *(Small footprint)* tienen la menor cantidad de ranuras de expansión. Algunos sistemas hogareños (y casi todas las laptops) carecen de ranuras de expansión. Los modelos de computadoras con gabinete de torre son las que tienen la mayor cantidad de ranuras, que algunas veces llegan ¡hasta 8!

✔ Las tarjetas de expansión a veces se llaman *daughterboards* o placas hijas. ¿Capta la idea? ¿Placas madre, placas hijas? ¿Qué nos espera . . . *placas tía* o tal vez *placas primo segundo*?

✔ La mayoría de las tarjetas de expansión vienen cargadas de cables. Este enredo de cables hace que la placa madre, en principio compacta y limpiecita, luzca como un plato de pasta electrónico. Algunos cables se trenzan dentro de la PC; otros cuelgan fláccidamente de la parte trasera. Los cables dificultan el proceso interno de actualización e instalación.

✔ La parte de atrás de la mayoría de las tarjetas de expansión se adhiere a la parte posterior de las consolas. La parte trasera de la tarjeta reemplaza la cubierta metálica de la ranura para dejar al descubierto conectores o accesorios especiales.

El PCI Express

El mejor tipo de ranura de expansión para su PC es el PCI Express, que también se escribe PCIe. No quiero aburrirlo, pero el tipo de ranura de expansión PCI Express se comunica con la placa base y, por lo tanto, con el microprocesador, en forma rápida y eficiente. Esto lo hace ideal para agregar circuitos adicionales a su computadora.

- ✔ Cuando su PC tiene ranuras de expansión PCI Express, deberá asegurarse de comprar solamente tarjetas de expansión PCI Express. Por ejemplo, si elige agregar un adaptador para TV interno, deberá comprar un adaptador para TV PCI Express.

- ✔ Un tipo común de tarjeta PCI Express que se puede agregar a una PC es una tarjeta gráfica de alta gama. Consulte el Capítulo 10 para obtener mayor información sobre gráficos.

- ✔ PCI es la sigla de Peripheral Component Interconnect (Interconexión de Componentes Periféricos). Como si le importara saberlo . . .

Ranuras de expansión más antiguas

Además de las PCI Express, o en su reemplazo, su PC puede usar una de las ranuras de expansión más antiguas, aunque todavía populares. Estas ranuras vienen en varios deliciosos sabores:

PCI: La ranura PCI es la forma más común de expansión interna para una PC (para una Macintosh también, pero ese no es el tema aquí). Algunas PC tienen mezclas de ranuras PCI y PCI Express. En ese caso, prefiera PCI Express mientras tenga la opción.

AGP: Este tipo de ranura de expansión fue diseñada específicamente para adaptadores gráficos. En realidad, AGP es la sigla de *Accelerated Graphics Port* (Puerto de Gráficos Acelerado). Las PC más antiguas pueden tener ranuras de expansión de este tipo, pero las mejores tarjetas de video usan PCI Express.

ISA: El tipo de ranura de expansión más antiguo es el ISA, que son las siglas de (ahí va) *Industry Standard Architecture* (Arquitectura Estándar de la Industria). Esto es así porque, en realidad, nunca tuvo un nombre hasta que apareció otro tipo mejor de ranura de expansión. Las ranuras ISA aún permanecen en circulación por ser compatibles con tarjetas de expansión más antiguas.

Otros estándares que ya no se encuentran disponibles, pero que nombramos ahora para divertirnos un rato, son MCA, VESA Local Bus, NuBus, EISA y Lego. La conclusión que podrá sacar de todo esto es que en el mundo de la computación aparecen y desaparecen con bastante frecuencia nuevos estándares de ranuras de expansión.

El Latido de la PC: Tic Tac

Su computadora es, entre nosotros, un reloj muy caro y de dudosa precisión. En efecto, cada computadora viene con un reloj interno, aun las primitivas de comienzos de la era del vapor, allá por la década del setenta. Las computadoras actuales tienen el circuito del tiempo en la placa base. Una batería especial lleva el registro de la fecha y de la hora si la PC está enchufada. Y el mismo sistema Windows mantiene el reloj, muestra la hora o le permite cambiarla cada vez que el reloj de la computadora se desconecta (con frecuencia).

- ✔ Windows muestra el reloj de la computadora en el Área de notificación *(Notification Area)*. Consulte el Capítulo 5.

- ✔ Las computadoras necesitan relojes al igual que los humanos: para llevar un registro del tiempo. Las computadoras usan relojes para planificar y poder determinar cuándo se guardan los archivos, para rastrear información y, generalmente, para evitar que las cosas sucedan todas juntas de golpe.

- ✔ El formato fecha-y-hora se basa en su país o región, y queda establecido la primera vez que usted configura Windows. El formato fecha/hora puede cambiarse mediante el Panel de control *(Control Panel)*: En *Control Panel*, haga clic en *Clock* (Reloj), *Language* (Idioma) y *Region* (Región) y luego busque el vínculo *Change the Date, Time or Number Format* (Cambiar la fecha, hora o formato de número). Desde *Control Panel Classic view* (Vista clásica del Panel de control), haga doble clic para abrir el icono *Regional and Language Options* (Opción Regional e Idioma).

"¡Mi reloj está chiflado!"

Las computadoras son pésimos relojes. Una PC típica atrasa cerca de uno o dos minutos por día. ¿Por qué? ¡Quién sabe!

En general, el reloj atrasa o adelanta en función de todo lo que sucede dentro de la computadora. Cuantas más cosas suceden, más atrasa o adelanta el reloj. Especialmente si pone a su computadora a dormir o hibernar, el reloj puede volverse loco. (Consulte el Capítulo 4 para obtener más información acerca de la hibernación).

Por otro lado, el reloj de la computadora sabe muy bien lo del cambio de hora estacional. Windows automáticamente adelanta o retrasa el reloj, y lo hace sin necesidad de conocer el dicho "Adelantamos en primavera, retrasamos en otoño". ¿O es al revés? No importa; la computadora sabe y obedece.

¿Qué debe hacer usted si el reloj no está en hora? Corregirlo, por supuesto. ¡Siga leyendo!

Poner el reloj en hora

Para ajustar la fecha y la hora de su PC, siga estos pasos:

1. **Haga clic con el botón derecho donde aparece la hora en el Área de notificación: Clic, clic.**

2. **Desde el menú desplegable, elija el comando *Adjust Date/Time* (Ajustar Fecha/Hora).**

   Aparece el recuadro de diálogo *Date and Time Properties* (Propiedades de Fecha y hora).

3. **Haga clic en el botón *Change Date and Time* (Cambiar Fecha y hora).**

   Para cambiar la hora hace falta la aprobación del administrador.

4. **Aprobación del administrador: Si está conectado como administrador, haga clic en el botón *Continue* (Continuar); si no, escriba la contraseña del administrador para continuar.**

   Aparece el cuadro de diálogo *Date and Time Settings* (Ajustes de Fecha y hora), tal como se muestra en la Figura 6-3.

5. **Mueva los controles del cuadro de diálogo *Date and Time Properties* (Propiedades de Fecha y hora) para cambiar o configurar la fecha o la hora.**

   Por ejemplo, digite **10:00 AM** si son las 9:58, o algo así. Luego, cuando la dama de la hora (o quien sea) diga que son las 10:00 en punto, haga clic sobre OK para configurar la hora en ese preciso instante.

6. **Haga clic sobre OK cuando haya terminado.**

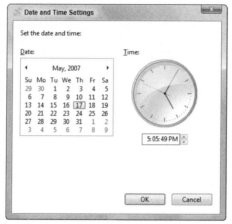

Figura 6-3:
Cuadro de
diálogo
*Date and
Time
Settings*
(Ajustes de
Fecha y
hora).

¡El tiempo de Internet al rescate!

Una forma de domesticar el salvaje reloj de su computadora es sincronizar su computadora con la hora de uno de los tantos servidores horarios de Internet. Un *servidor horario* es una computadora diseñada para soltar la hora precisa a cualquier computadora conectada a Internet.

Para configurar su PC para usar el servidor horario y sincronizarla con la hora en Internet, abra al cuadro de diálogo *Date and Time Properties* (Propiedades de Fecha y hora), como se describió en la sección anterior. Luego, siga estos pasos:

1. **Haga clic en la pestaña *Internet Time* (Hora en la Internet) del cuadro de diálogo *Date and Time Properties* (Propiedades de Fecha y hora).**

   Aparecerán las configuraciones horarias actuales de Internet.

2. **Haga clic en el botón *Change Settings* (Cambiar configuración).**

   Es necesaria la aprobación del administrador para continuar.

3. **Haga clic en el botón *Continue* (Continuar) o escriba la contraseña del administrador para continuar.**

4. **Tilde la opción *Synchronize with an Internet Time Server* (Sincronizar con un servidor horario de la Internet).**

5. **(Opcional) Elija un servidor horario de la lista desplegable.**

6. **Haga clic en el botón *Update Now* (Actualizar ahora) para asegurarse de que todo funcione.**

   Si hay algún problema, repita los Pasos 5 y 6, y elija otro servidor horario.

7. **Haga clic en OK, y luego OK otra vez para cerrar todos los cuadros de diálogo.**

Windows automáticamente ajusta el reloj de la PC cada vez que usted se conecta a Internet. ¡No tendrá que hacer nada más — nunca!

Sobre la Batería de la PC

Todas las computadoras tienen una batería interna que forma parte de la placa base. Su objetivo principal es ayudar a que el reloj de la PC funcione aun cuando la computadora esté apagada o desenchufada.

La batería típica de una PC dura cerca de seis años o, posiblemente, más. Usted se dará cuenta de cuándo se agota porque la fecha y la hora de la computadora no coinciden con la fecha y la hora reales o, quizás, la PC misma le muestre un mensaje que diga que necesita cambiar la batería de la placa base. Podrá conseguir una batería de repuesto en cualquier *Radio Shack*.

✔ Sí, hay que abrir la caja de la consola para llegar hasta la batería. ¡Pero no crea que le va a resultar fácil encontrarla!

✔ La batería de la PC también puede usarse para respaldar información especial del sistema, como por ejemplo el número de unidades de disco, la configuración de la memoria, y cualquier otra información que la computadora necesite conocer en todo momento, pero que no pueda recordar si no hace una copia de seguridad.

✔ La batería de la placa base es igual que cualquier otra batería de la computadora, cumple la misma función que la batería principal que se usa para cargar la laptop.

El Chipset o Circuito Integrado Auxiliar

En vez de referirse a los diversos y diferentes chips de computadora de la placa base con el nombre de "Diversos y diferentes chips de computadora de la placa base", los científicos informáticos han inventado un singular término descriptivo. Todos esos chips forman el *chipset*.

El *chipset* es lo que constituye la personalidad de su computadora. Contiene instrucciones para operar el hardware básico de la computadora: teclado, mouse, interfaz de red, sonido y video, por ejemplo.

Existe una serie de diferentes *chipsets* disponibles según las características de cada computadora. Por ejemplo, algunas placas base pueden venir con gráficos avanzados en el chipset o una red inalámbrica. Lamentablemente, no es fácil distinguirlos con los raros nombres o números que tienen. Usted deberá consultar la documentación del chipset para saber qué es lo que tiene. (Aun así, la información sólo es de interés para *nerds* informáticos duros de matar).

- ✔ Diferentes PC usan distintos *chipsets*, según la empresa que fabricó la placa base.

- ✔ Un término más antiguo para el *chipset,* especialmente, el chip principal de la memoria ROM de una PC, es BIOS. *BIOS* es la sigla de *Basic Input/Output System* (Sistema Básico de Entrada/Salida). Existe un BIOS para el teclado y el mouse, uno para el sistema de video, otro para la red, etc. Todos juntos forman el *chipset* o circuito integrado auxiliar. (Consulte el Capítulo 8 para obtener mayor información sobre la memoria ROM).

La Fuente de Energía de la PC

Oculto en el interior de la consola de su PC hay algo que no piensa y no se usa para almacenar datos. Es el *suministro de energía*. Cumple diferentes funciones maravillosas para la Sra. Computadora:

- ✔ Toma electricidad del enchufe de la pared, y la convierte de salvaje corriente alterna (AC) en afable corriente continua (DC).

- ✔ Provee electricidad a la placa base y a cada elemento que la habita.

- ✔ Brinda energía a las unidades de disco internas.

- ✔ Contiene ventiladores que ayudan a mantener refrigerado el interior de la consola.

- ✔ Contiene o está directamente conectado al botón de poder de la PC.

El sistema de alimentación está diseñado además para soportar la peor parte del daño si su computadora sufre un percance eléctrico, como un rayo o un sobrevoltaje. En esas circunstancias, el sistema de alimentación está diseñado para morir y para sacrificarse en beneficio de su PC. *¡No entre en pánico!* Puede reemplazar fácilmente el sistema de alimentación y descubrir que el resto de su PC todavía funciona bien.

- ✔ Gracias a los ventiladores, el sistema de alimentación es la parte más ruidosa de cualquier PC.

- Los sistemas de alimentación se gradúan en *watts* (vatios). Cuanto más hardware interno tenga su PC — discos duros, memoria y tarjetas de expansión, por ejemplo — mayor será el número de vatios que deberá suministrar el sistema de alimentación. Una PC típica tiene un sistema de alimentación que oscila entre 150 y 200 vatios. Sistemas más poderosos podrían requerir un sistema de alimentación de más de 300 vatios.

- Una manera de evitar que el sistema de alimentación — y su computadora — desvanezcan (incluso si cae un rayo) es invertir en un protector contra sobrevoltajes o UPS. Vea el Capítulo 3 para obtener más detalles.

Capítulo 7

Caja de Conectores Sorpresa

*U*no de los factores claves que explica el éxito de la PC en este último cuarto de siglo es su capacidad de expansión. No solo es posible expandir una computadora en el interior de su consola (a través de las ranuras de expansión) sino que también es posible agregar una infinidad de dispositivos a su sistema de computación en la parte externa de la consola. Esto se logra conectando el dispositivo a uno de los tantos conectores que hay en la consola de la computadora.

Este capítulo trata de esos conectores, y toda la panoplia de dispositivos o *periféricos*, que se pueden usar para expandir el equipo.

¿Es un Puerto, un Enchufe o Tan Solo un Orificio?

Si se encuentra en una computadora, se supone que ese sitio donde se enchufa algo tiene un nombre oficial. Quédese tranquilo. Tiene un nombre. En vez de decir "ese sitio donde se conecta un cable", hay varias opciones:

La primera opción es *orificio*. Esta no es una buena alternativa ya que hay muchos orificios en una consola de computadora, y muchos de ellos no son adecuados para enchufar algo.

Otra alternativa es *conector*, pero es un término impreciso.

En la industria del audio, se usa mucho el término *enchufe*. Por suerte, el lugar donde enchufa su equipo de sonido en la PC — los auriculares, parlantes y el micrófono, por ejemplo — es un enchufe. Pero no suena mucho a término "computacional".

Finalmente, está el término *puerto*. Sí, puerto es el término oficial, que no solo describe la conexión sino también la tecnología que hace que esta conexión funcione.

Por razones tanto tecnológicas como históricas, la típica PC tiene una variedad de puertos. Tiene puertos tradicionales, originalmente diseñados para dispositivos específicos, como la impresora, el mouse y el teclado. Pero los puertos modernos son más versátiles y soportan diversos dispositivos. Estos incluyen los puertos USB y los IEEE 1394 FireWire. El resto de este capítulo explica cuál es cual y qué función tiene cada puerto.

✔ Oficialmente, un *puerto* es un lugar en la computadora donde se puede recibir o enviar información o ambas cosas. Muchas veces, se lo llama *puerto E/S* porque se usa tanto para entrada como salida. La información sale de la computadora a través del puerto, y entra en la computadora por el aparato que está conectado al puerto.

✔ Consulte el Capítulo 3 para obtener más información sobre cómo conectar cosas en los diversos puertos de la PC.

Alabado Sea el Puerto USB

El puerto más versátil de su PC es el USB, en el que la *U* es por *u*niversal, y significa que este puerto se puede utilizar para enchufar una gama infinita de periféricos, reemplazando así en sus funciones a muchos otros puertos individuales de la computadora.

La diversidad de dispositivos USB es inmensa. Aquí va, a modo de muestra, una lista de lo que se puede conectar en un puerto USB: parlantes, auriculares, joysticks, escáneres, cámaras digitales, videocámaras, webcams, unidades de disquete, teclados, unidades de CD y DVD, unidades de disco duro, unidades flash, lectores de tarjeta multimedia, dispositivos de redes, dispositivos señaladores, pequeños ventiladores, lámparas, camas solares, máquinas para viajar en el tiempo — y la lista continua. Aparecen cada día más dispositivos USB.

¿La mejor noticia acerca del USB? Es *fácil*. Basta con enchufar el dispositivo. A menudo, ¡es lo único que necesita hacer!

✔ USB es la sigla de *Universal Serial Bus* (Bus Serial Universal). Se pronuncia "u-ese-be".

✔ Los puertos USB, así como los dispositivos USB, exhiben el símbolo USB, como se muestra en el margen.

✔ Consulte el Capítulo 2 para obtener más información sobre cómo encontrar el puerto USB en la consola de su PC.

Confraternizar con los cables USB

Si bien ciertos dispositivos USB se conectan directamente a la computadora, como las pendrive o llaves USB, la mayoría de los dispositivos USB necesitan cables. Ese cable se llama, sorprendentemente, *cable USB*.

Los cables USB se distinguen por su longitud y por el tipo de conector que tienen en cada extremo.

Respecto a la longitud, se consiguen cables USB de hasta 3 ó 4 metros de largo. Una longitud mayor pondría en riesgo la señal.

El cable USB estándar tiene dos extremos distintos, marcados A y B. El extremo A es chato, y se conecta a la consola o en un *hub* USB (hub USB). El extremo B tiene forma de trapecio y se conecta al dispositivo USB. Existen también cables de extensión A-A, así que trate de no confundirlos con los cables estándar A-B.

Conectar un dispositivo USB

Una razón por la cuál el puerto USB conquistó el mundo, es que es muy listo. Las cosas tontas nunca conquistan el mundo. Mire el caso del Tablet PC. Pero me estoy apartando del tema.

Agregar un dispositivo USB a su computadora es fácil: simplemente enchúfelo. No hace falta apagar antes la computadora, y la mayoría de las veces ni siquiera necesita instalar un software especial. Cuando conecta un dispositivo USB a la consola, Windows instantáneamente lo reconoce y lo configura.

Por supuesto, ¡siempre es mejor leer las instrucciones! Algunos dispositivos USB requieren que instale un software previo a su conexión. La única forma de saberlo es leer la información para su configuración rápida o sumergirse en el manual que acompaña al dispositivo USB.

¿Dónde está el cable de alimentación?

Otra ventaja del USB es que muchos dispositivos USB ni siquiera necesitan un cable de alimentación. En su lugar, utilizan la energía suministrada por el mismo puerto USB. Se conocen como dispositivos *USB-powered* ("alimentados por USB").

A cierta gente le incomoda que los dispositivos alimentados por USB carezcan de un interruptor de encendido. No hay ningún problema; el dispositivo puede permanecer encendido mientras la computadora esté encendida. Pero si realmente insiste y quiere apagar el aparato, basta desenchufar el cable USB.

✔ Los dispositivos USB que consumen mucha energía, como las impresoras y algunas unidades de disco externas, tienen su propio cable de alimentación.

✔ Los dispositivos USB que necesitan energía tal vez insistan en ser conectados a un *hub* USB (hub USB). Esto significa que la conexión USB puede establecerse directamente con la computadora o a través de un hub USB que suministra energía. Consulte la sección "Expandir el universo USB" más adelante en este capítulo, para obtener más información sobre concentradores con alimentación versus concentradores sin alimentación.

Extraer un dispositivo USB

Esto es pan comido. Para retirar un dispositivo USB, simplemente desenchúfelo. ¡Ya está! Bueno, a menos que el dispositivo sea una unidad de disco o un dispositivo de almacenamiento multimedia. En ese caso, debe oficialmente *desmontar* el aparato antes de desenchufarlo. Consulte el Capítulo 9 para obtener más información sobre cómo extraer una unidad de disco o de almacenamiento multimedia USB.

Expandir el universo USB

Parecería que nunca alcanzan los puertos USB cuando uno los necesita. Afortunadamente, cuando necesite más puertos USB, puede rápidamente agregar otros conectando un *hub* USB (hub USB) a su equipo.

Un *hub* USB le permite expandir considerablemente el universo USB de su PC. Un típico hub USB, como se muestra en la Figura 7-1, se conecta a un puerto USB de su PC. Al hacerlo instantáneamente le proporciona aún más puertos USB para aquellos dispositivos que los necesiten.

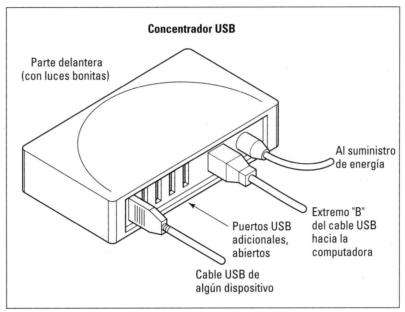

Concentrador USB

Parte delantera
(con luces bonitas)

Al suministro
de energía

Extremo "B"
del cable USB
hacia la
computadora

Puertos USB
adicionales,
abiertos

Cable USB de
algún dispositivo

Figura 7-1:
USB Hub.

- Si un *hub* no es suficiente, ¡compre otro! Puede conectar un concentrador a otro concentrador, si lo desea. Siempre y cuando los cables salgan en forma de abanico de la PC, y ninguno se enrede en sí mismo, todo funcionará.

- A veces, no hace falta comprar otro hub USB. Algunos dispositivos USB actúan como concentradores, proporcionando conectores para enchufar dispositivos USB adicionales.

- Al utilizar *hubs*, puede expandir el universo USB de su PC hasta un máximo de 127 dispositivos USB. Antes de llegar a eso, es probable que ya no disponga de espacio en su escritorio.

- Algunos dispositivos USB prefieren estar conectados directamente a la consola. Lo encontrará especificado en sus cajas y en el manual.

- Al concentrador que también se conecta al enchufe de pared se lo conoce como hub USB *con alimentación*. (La consola es también un hub USB con alimentación). Algunos dispositivos USB necesitan este tipo de concentrador para poder funcionar.

- Un ejemplo de concentrador sin alimentación es un teclado provisto de puertos USB. Estos puertos están pensados para conectar dispositivos alimentados por USB, como el mouse.

- El primer concentrador (en realidad su PC) es el concentrador *raíz*.

El Puerto con Muchos Nombres, IEEE

Para la misma época en que el puerto USB estaba conquistando el mundo de la computación, apareció otro estándar de puerto "universal" para computadoras. El *puerto IEEE* funciona en forma similar al USB, puede conectarse y desconectarse y tiene concentradores como el USB. Hubo un momento en que el IEEE era más veloz que el USB, por lo cual era ideal para dispositivos de alta velocidad, como unidades de disco y videocámaras.

Hoy en día, el puerto IEEE no aventaja al USB. Con el nuevo estándar 2.0, los dispositivos USB son tan veloces como los dispositivos IEEE. De hecho, las únicas conexiones IEEE que puede ver hoy en día en una PC son para algunos dispositivos de procesamiento de imagen de alta velocidad, como videocámaras. Hecha esta excepción, el mundo de los periféricos de computadora está dominado por el USB.

✔ Al puerto IEEE 1394 a menudo se lo llama IEEE ó 1394. Otro término es *FireWire* (cable de fuego), aunque este término se usa principalmente para computadoras Macintosh. De todos modos, sigue siendo el mismo puerto.

✔ El puerto IEEE viene en dos tamaños: regular y Mini DV. Consulte el Capítulo 2 para obtener más información sobre los diferentes tamaños de conectores.

✔ Muchas PCs no cuentan con un puerto IEEE. No se haga mala sangre si su PC no tiene uno; se le puede agregar un IEEE instalando una tarjeta de expansión en la consola. Consulte el Capítulo 6.

✔ Si su PC tiene puertos IEEE y USB y el dispositivo que quiere instalar usa tanto conectores IEEE como USB, opte por el USB. En mi opinión, el USB es más confiable que el IEEE, al menos para las unidades de disco externas que ofrecen ambas alternativas.

✔ El IEEE usa sus propios cables, que no son iguales a los cables USB. Además, contrariamente a los cables USB, los cables IEEE tienen el mismo tipo de conector en ambos extremos.

✔ A diferencia de los cables USB, los cables IEEE son bastante caros. ¿Será ése el momento en que se lo pronuncia "¡Ayii! (por sus siglas en inglés)?

✔ Algunos puertos IEEE están marcados con el símbolo FireWire, como se muestra al margen.

✔ Otro término para el IEEE es I.Link. Oficialmente, el modelo es conocido como *High Performance Serial Bus* (Bus Serial de Alto Rendimiento).

Puertos Tradicionales

Cuando se diseñó la primera PC, los chirimbolos externos se conectaban a la consola por medio de puertos específicos con nombres acertados. Si quería conectar un teclado, mouse o impresora, por ejemplo, tenía que usar un puerto específico para teclado, mouse o impresora.

Desde aquel entonces, estos puertos antiguos o *tradicionales*, han sido paulatinamente retirados de las PCs y reemplazados por el más versátil puerto USB. Por ejemplo, hoy existen PCs en las que el mouse, el teclado y la impresora se conectan en un puerto USB. Pero en la mayoría de las PCs, estos viejos puertos aún existen y se siguen utilizando como en la primera IBM PC.

El mouse y el teclado

Los puertos del mouse y del teclado están diseñados exactamente para lo que su nombre indica. El mouse se conecta en el puerto del mouse y el teclado en el puerto del teclado. Y a pesar de que ambos puertos sean parecidos, son únicos y si se equivoca al conectarlos ocurren cosas extrañas.

Algunos teclados y mouse inalámbricos siguen usando los puertos tradicionales del teclado y del mouse. El transmisor base inalámbrico se conecta en el puerto del mouse o del teclado (o ambos), para luego poder utilizar el mouse o teclado inalámbrico.

El mágico interruptor KVM

KVM es la sigla de *keyboard (teclado), video y mouse*. El *interruptor KVM* es una caja que se usa para conectar un único teclado, monitor y mouse a dos (o más) computadoras. De este modo, puede usar dos computadoras sin tener que comprar un teclado, un monitor o un mouse para cada una de ellas. A menudo se utiliza el interruptor KVM para usar la computadora actual y a su vez acceder a una vieja computadora o a un segundo sistema de cómputo.

Desgraciadamente, no existe un interruptor inverso, o algún dispositivo que permita que una única computadora tenga dos teclados, monitores o mouse conectados para que dos personas puedan usar una sola computadora al mismo tiempo. Esto es posible con los sistemas operativos Linux y Unix, pero no con Windows.

El puerto de la impresora

No le sorprenderá saber que la impresora se conecta al puerto de la impresora. Pero seguramente no sabía que ése puerto al principio se llamó Puerto LPT. LPT era algo así como una sigla de Line Printer (Impresora de Línea). También puede llamarse puerto PRN, que es como se lee la palabra *printer (impresora)* cuando el teclado está roto.

- ✔ Recomiendo ampliamente usar el conector USB (del cual se trata más adelante en este capítulo) en vez del tradicional puerto de impresora y cable de impresora, para conectar la consola de su PC a una impresora. Es simplemente mejor.

- ✔ Quienes disponen de dos computadoras usan a menudo un dispositivo llamado *interruptor* A-B para compartir una sola impresora entre las dos computadoras. Aún se consiguen interruptores A-B, aunque la mejor solución es poner las computadoras y la impresora en red, lo cual es también más práctico para compartir una conexión Internet de alta velocidad. Consulte la parte IV de este libro para obtener más información sobre conexiones de red.

El puerto serial

El puerto serial original de la PC fue alguna vez el puerto *versátil*. A diferencia de los otros puertos tradicionales, permitía conectar diversos dispositivos: impresora, mouse, módem y escáner, por ejemplo. Desafortunadamente, los dispositivos seriales requerían una configuración adicional y la comunicación era lenta. Por eso, pese a su versatilidad, la función del puerto serial de PC fue delegada al puerto USB, claramente superior.

- ✔ El puerto serial también se conoce con el nombre de puerto COM o COM1. Algunos veteranos pueden llamarlo puerto RS-232C.

- ✔ El conector del puerto serial es casi del mismo tamaño que el conector de video estándar ubicado en la parte posterior de la PC. La diferencia es que un puerto serial tiene 9 orificios mientras que el conector de video tiene 15. ¡Trate de no confundirlos!

Capítulo 8

Almacenamiento Temporario (Memoria)

*L*a memoria integra uno de los recursos básicos de la computadora: el almacenamiento temporario. Cuanta más memoria tenga su computadora, más feliz será. No tener memoria suficiente es como tratar de meter demasiadas personas en un autobús: está atestado, caliente y huele mal; avanza lentamente y sin lugar a dudas, usted sabrá quién almorzó pescado picante. Pero, tener suficiente memoria es como nadar en el océano, sin medusas ni tiburones alrededor. Y tacos gratis. Pero, me estoy yendo por las ramas . . . Más memoria es mejor. Este capítulo le dirá porqué.

¿Por Qué la Memoria?

Si su computadora fuera un deporte, la memoria sería el campo de juego. La memoria es el lugar de la acción.

Y, de eso, se ocupa el software. Le dice al microprocesador qué tiene que hacer. Pero el microprocesador es apenas una minicalculadora. Es rápido pero, como el profesor distraído, no recuerda muchas cosas. Tiene capacidad de almacenamiento, pero no es muy grande.

Para disponer de esos Campos Elíseos donde el microprocesador pueda jugar y danzar, su computadora necesita vastas franjas de memoria. El microprocesador usa esa memoria para almacenamiento, pero también puede manipular el contenido de la memoria. Básicamente, así administran los datos sus programas: los datos se almacenan en la memoria y el microprocesador manipula el contenido de la memoria.

La memoria es almacenamiento temporario ya que necesita electricidad para preservar su contenido. Es por eso que usted guarda información en un almacenamiento a largo plazo (una unidad de disco o medio de almacenamiento) cuando termina de crear algo en la memoria. Las unidades de disco o medios de almacenamiento son seguros y a largo plazo. Cuando necesita acceder a la información nuevamente, se abre y se vuelve a cargar en la memoria desde el disco. Cuando la información está cargada, el microprocesador puede trabajar con ella otra vez.

✔ Todas las computadoras necesitan memoria.

✔ La memoria es el lugar donde trabaja el microprocesador.

✔ Cuanta más memoria haya en su PC, mejor. Con más memoria en la computadora, usted puede trabajar con documentos y hojas de cálculo más grandes, disfrutar de aplicaciones que usan gráficos y sonido y presumir de toda esa memoria ante sus amigos.

✔ El término *RAM* se usa indistintamente con la palabra *memoria*. Son la misma cosa. (Es más, RAM quiere decir *Random Access Memory* (memoria de acceso aleatorio), por si ha estado rellenando crucigramas últimamente).

✔ Apagar la computadora hace que los *contenidos* de la memoria digan adiós. Los chips de la memoria no se destruyen, pero necesitan electricidad para conservar su contenido.

✔ La memoria de la computadora es *rápida*. El microprocesador puede escanear millones de bytes de memoria — el equivalente de todas las obras de Shakespeare — en fracciones de segundo, que es mucho menos tiempo del que le llevó a usted terminar *Hamlet* en octavo grado.

✔ Las unidades de disco proporcionan almacenamiento a largo plazo para la información. Esto es necesario, porque la memoria de la computadora se pierde cuando ésta se apaga o cuando Windows se reinicia. Consulte el Capítulo 9.

✔ *Guardar* un archivo es el proceso de copiar información desde la memoria al almacenamiento a largo plazo (en disco).

✔ *Abrir* un archivo es el proceso de copiar información en la memoria desde el almacenamiento a largo plazo. Esta copia es necesaria ya que el microprocesador sólo puede trabajar con información en la memoria; no puede tener acceso a la información almacenada en una unidad de disco o en una tarjeta de medios.

✔ La memoria es reutilizable. Después de crear algo y guardarlo en el disco, la computadora limpia la memoria y le permite comenzar nuevamente desde cero.

Deliciosos Chips de Memoria de Chocolate

Físicamente, la memoria habita en la placa base de la PC, muy cerquita del microprocesador para un rápido acceso y despacho de la información. La memoria viene en forma de láminas diminutas llamadas chips *DRAM*. En la PC, los chips DRAM se usan en grupos de nueve, y esos nueve chips están permanentemente adheridos a tarjetas de expansión de memoria ultra pequeñitas llamadas *DIMM*.

La Figura 8-1 muestra cómo se vería una DIMM, aunque en la vida real es un poco más pequeña de lo que muestra la figura y con frecuencia está cubierta por una pieza de metal. Una DIMM tiene chips a ambos lados, razón por la que se la llama DIMM, o sea *Dual-Inline-Modular Memory* (memoria modular en línea *doble*) y no SIMM, es decir *Single-Inline-Modular-Memory* (memoria modular en línea *simple*).

Cada tarjeta DIMM contiene una porción determinada de RAM, medida en uno de los valores mágicos de memoria de computadora: 1, 2, 4, 8, 16, 32, 64, 128, 256 ó 512 megabytes o gigabytes (consulte el recuadro "¿Por qué números mágicos?" más adelante).

ASPECTOS TÉCNICOS

Detalles aburridos acerca de la memoria RAM, ROM y flash

RAM significa *Random Access Memory* (memoria de acceso aleatorio). Se refiere a aquella memoria que el microprocesador puede leer y grabar. Cuando usted crea algo en la memoria, lo hace en RAM. RAM es la memoria y viceversa.

ROM significa *Read-Only Memory* (memoria de lectura únicamente). El microprocesador puede leer desde la ROM, pero no puede grabar ni modificar nada. La memoria ROM es permanente. Con frecuencia, los chips ROM contienen instrucciones especiales para la computadora: cosas importantes que nunca cambian. Por ejemplo, el *chipset* de la placa base está en la memoria ROM (consulte el

Capítulo 6). Como esa información se almacena en un chip ROM, el microprocesador puede acceder a ella. Las instrucciones siempre están allí porque no son borrables.

La *memoria flash* es un tipo especial de memoria, que funciona como la RAM y la ROM. Se puede grabar información en la memoria flash, como si fuera RAM, pero no se borra si se corta la corriente eléctrica, como en la RAM. Lamentablemente, la memoria flash no es tan veloz como la RAM, así que pierda las esperanzas de que pueda reemplazar la memoria de la computadora estándar en el corto plazo.

Figura 8-1:
Una DIMM
agridulce.

Cada una de esas ranuras de memoria donde están conectadas las tarjetas DIMM es un *banco* de memoria. Así que, una PC con 2 GB de memoria RAM puede tener instalados cuatro bancos de DIMM de 512 MB o dos bancos de DIMM de 1 GB. Pero no deje que los números y las abreviaturas le quiten el sueño; todo esto está explicado en la sección siguiente.

- ✔ DRAM significa *Dynamic Random Access Memory* (memoria dinámica de acceso aleatorio). Se pronuncia "de-ram" y es el tipo más común de chip de memoria instalado en una PC.

- ✔ Existen otros tipos de chips de memoria, cada uno con un nombre parecido a DRAM, como EDORAM, NIFTYRAM o DODGERAM. Y también hay DDR2, GDDR2, WRAM y etc, etc. La mayoría son simples términos comerciales, concebidos para que un determinado tipo de memoria suene más atractivo.

- ✔ Y, sí, lo del sabor a "chocolate" de la memoria RAM era un chiste. La memoria no tiene sabor, aunque se dice en la Internet que los chips de memoria no son fáciles de digerir, generalmente son amargos y con frecuencia saben a sangre.

Un Byte por Aquí, un Byte por Allá, Bytes por Todas Partes

La memoria se mide en bytes. Un *byte* puede almacenar un solo carácter. Por ejemplo, la palabra *oboe* tiene 4 caracteres de largo y requiere 4 bytes de almacenamiento de memoria de la computadora. La palabra *viajero* tiene 7 caracteres de largo y requiere 7 bytes de memoria para su almacenamiento. ¿Cuántas letras tiene su nombre? Esa es la cantidad de bytes de almacenamiento que su nombre ocuparía en la memoria de su computadora.

Aunque útiles, los bytes son endebles. En los días de las microcomputadoras, allá por la década de los setenta, tener algunos cientos de bytes era *lo máximo*. En la actualidad, la mayoría de las PC necesitan *miles de millones de* bytes sólo para correr el sistema operativo. Y está bien que sea así por muchas razones; la primera de todas es que la memoria de la computadora ahora es relativamente barata. Más importante aún es que resulta fácil mencionar grandes cantidades de memoria gracias a la útil aunque confusa jerga informática. Observe la Tabla 8-1.

Tabla 8-1		Cantidad de Memoria	
Término	*Abreviatura*	*Aproximadamente*	*Real*
Byte		1 byte	1 byte
Kilobyte	K o KB	Mil bytes	1.024 bytes
Megabyte	M o MB	1 millón de bytes	1.048.576 bytes
Gigabyte	G o GB	mil millones de bytes	1.073.741.824 bytes
Terabyte	T o TB	1 billón de bytes	1.099.511.627.776 bytes

Aunque es práctico decir "kilobyte" en vez de tener que articular "1.024 bytes", es difícil visualizar cuántos datos incluye esa cantidad. Para poder comparar, piense en un kilobyte (KB) como si fuera una página de texto de una novela. Se requiere un *megabyte* (MB) de información para almacenar un minuto de música en un CD o la misma información de texto de una enciclopedia completa.

ASPECTOS TÉCNICOS

¿Por qué números mágicos?

La memoria de la computadora viene en determinados tamaños. Usted verá los mismos números una y otra vez:

1, 2, 4, 8, 16, 32, 64, 128, 256, 512, 1024, 2048, 4096 y así sucesivamente.

Cada uno de estos valores representa *una potencia de dos*; un concepto matemático tenebroso que cuando lo escuchó en la escuela secundaria, siguió durmiendo. Para hacer una revisión rápida: $2^0 = 1$, $2^1 = 2$, $2^2 = 4$, $2^3 = 8$, y hasta $2^{10} = 1024$ y así sucesivamente hasta que le salga humo de la cabeza.

Estos valores específicos se dan porque las computadoras cuentan de a dos — unos y ceros — la legendaria base de conteo binaria. Así, la memoria de la computadora, que es binaria, se mide en esas mismas potencias de dos. Los chips RAM vienen en cantidades de 256 MB ó 512 MB, por ejemplo, o quizás 2 GB.

Fíjese que si comenzamos con 1024, los valores adoptan un patrón predecible: 1024 bytes es en realidad 1K; 1024 K es en realidad 1M, y 1024 M es 1G. De esta forma, sólo los primeros 10 valores, del 1 al 512, son los mágicos.

El *gigabyte* (GB) es una cantidad enorme de almacenamiento: mil millones de bytes. El *terabyte* (TB) tiene 1 billón de bytes, o suficiente memoria RAM como para debilitar las luces cuando usted inicie su computadora.

Un *trilobite* es un artrópodo extinto que pobló los océanos durante la era Paleozoica. ¡Pero esto no tiene nada que ver con la memoria de su computadora!

Cada término relacionado con la memoria indica una magnitud de aproximadamente 1.000 veces. Así, 1.024 KB equivalen a 1 MB; y 1.024 MB equivalen a 1 GB. Consulte también el siguiente recuadro "¿Por qué números mágicos?"

Más datos curiosos:

- El término *giga* es griego y significa *gigante*.
- El término *tera* también es griego. ¡Significa *monstruo*!
- Una ubicación específica en la memoria es una *dirección*.
- El almacenamiento en el disco duro también se mide en bytes.
- Una PC con Windows Vista requiere por lo menos 1GB de memoria para funcionar adecuadamente.
- El disco duro típico almacena entre 50 y 400 *gigabytes* de datos. Las unidades de disco más sofisticadas guardan 1.024 GB o un terabyte de información. ¡Cielos!

- Los bytes se componen de 8 bits. La palabra *bit* es una contracción de *binary digit* (dígito binario). El binario es de base 2, es decir, un sistema de conteo que utiliza solo unos y ceros. Las computadoras cuentan en binario, y sus bits se agrupan en conjuntos de ocho por razones de conveniencia en el consumo de bytes.

Algunas Preguntas y Respuestas Sobre la Memoria

No importa dónde esté, comprando en una licorería, haciendo trabajo comunitario o saliendo de una discoteca local, la gente sigue parándome y preguntándome sobre la memoria de la computadora. Con los años, he recopilado todas las preguntas y depurado el material para crear las siguientes sub-secciones. Deberían cubrir cualquier cabo suelto o pensamiento de acceso aleatorio que usted pueda tener sobre la memoria de la computadora.

"¿Cuánta memoria hay en mi PC en este preciso momento?"

Esta información puede ser un misterio para usted, pero no es un secreto para su computadora. La ventana de Propiedades del sistema *(System window)* le muestra cuánta memoria hay dentro de la bestia: Presione Win+Break (Win+Interrumpir) en el teclado de la computadora para que aparezca la ventana de Propiedades del sistema. (Consulte la Figura 6-2 en el Capítulo 6).

La cantidad de memoria (RAM) aparece justo debajo del tipo de microprocesador (procesador) que vive en su PC. La Figura 6-2 indica que la computadora tiene 1022 MB de memoria RAM, cerca de la mitad de lo que me hubiese gustado tener en Windows Vista (pero soy avaro). Cierre la ventana de Propiedades del sistema *(System window)* cuando haya verificado la memoria de su PC.

"¿Tengo suficiente memoria?"

Depende de si responde las preguntas antes o después de ser interrogado por un juez.

"¿Tiene mi PC suficiente memoria?"

Saber cuánta memoria hay en su PC es una cosa, pero saber si esa cantidad es suficiente ¡es completamente distinto!

La cantidad de memoria que necesita su PC depende de dos cosas. Lo primero y más importante son los requerimientos de memoria de su software. Algunos programas, como los de edición de fotos, requieren mucha memoria. En la misma caja indican cuánta memoria se necesita. Por ejemplo, el programa para editar fotos Photoshop requiere 512 MB de RAM.

Para poner a prueba la memoria de su PC, es necesario que su computadora esté *muy* ocupada. Para hacerlo, tiene que cargar y ejecutar varios programas a la vez. Y estoy hablando de programas *pesados*, como Photoshop, Word o Excel. Mientras los programas se ejecutan, pase de uno a otro, presionando la combinación de teclas Alt+Esc.

Si puede pasar ágilmente de uno a otro programa en ejecución usando la tecla Alt+Esc, probablemente su PC tenga suficiente memoria. Pero, si presiona Alt+Esc y el sistema se vuelve lento, escucha retumbar a los discos duros y tarda un tiempito hasta que aparece la ventana del siguiente programa, entonces su PC debería usar más memoria.

Cierre todos los programas que haya abierto.

- ✔ En general, todas las PC deberían tener por lo menos 512 MB de RAM, que es lo que usted necesita, como mínimo, para hacer correr Windows Vista (aunque no corra bien).

- ✔ Una señal segura de que su PC necesita más memoria: Funciona lentamente, como si se arrastrara, especialmente durante las operaciones de memoria intensiva como el trabajo con gráficos.

- ✔ ¿No tiene suficiente memoria? ¡Puede actualizarse! Consulte la sección "Agregar más memoria a su PC" al final de este capítulo.

"¿Puede ser que la computadora se quede sin memoria alguna vez?"

No. A diferencia de la unidad de disco duro, que puede llenarse como un armario lleno de zapatos y de sombreros, la memoria de su PC nunca puede llenarse en realidad. En una época, allá por la edad oscura de la computación, era común que apareciera el aviso de error "Memoria llena". Pero eso ya no sucede en la actualidad gracias a la llamada memoria virtual.

"¿Qué es la memoria virtual?"

Windows utiliza una técnica inteligente para evitar que la memoria de su computadora se llene: crea una memoria virtual.

La memoria virtual es una trampa. Permite que la computadora finja tener mucha más memoria que la memoria RAM física. Y lo hace trasladando vastas cantidades de memoria hacia el disco duro. Debido a que Windows administra tanto la memoria como el almacenamiento en el disco duro, puede llevar un registro de las cosas bastante bien mediante el intercambio de datos de un lugar a otro. *Y ¡voilá!* Usted nunca verá un aviso de error por "Falta de memoria".

Pero no todo lo que reluce es oro. Un problema de la memoria virtual es que la acción de intercambio retrasa las cosas. Aunque puede suceder muy rápido y a menudo sin que usted lo note, cuando la memoria se vuelve estrecha, la memoria virtual toma el control y las cosas comienzan a moverse más lentamente.

- ✔ La solución para evitar el uso de la memoria virtual es tener tanta RAM en su PC como ésta pueda aguantar.

- ✔ Windows nunca dice que está "sin memoria". No; tan sólo notará que el disco duro está sonando frecuentemente, conforme la memoria se transfiere dentro y fuera de la unidad de disco. Ah, y todo se torna radicalmente lento.

- ✔ No hay razón para que deba ocuparse de la configuración de la memoria virtual de su computadora. Windows Vista hace un trabajo excelente al encargarse de dicha configuración por usted.

"¿Qué es la memoria de video?"

La memoria utilizada por el sistema de video de su PC se conoce como *memoria de video*. Puntualmente, son los chips de memoria que viven en la tarjeta adaptadora de video. Estos chips de memoria se utilizan específicamente para la salida de video de la computadora y le permiten ver con resoluciones más altas, más cantidad de colores, gráficos 3-D, alienígenas más grandes y más feos, y fotos de chicas que su marido baja de la Internet a la noche, aunque asegure que no lo hace.

Al igual que la memoria regular de computadora, usted puede actualizar la memoria de video si la tarjeta de video de su PC tiene espacio. Consulte el Capítulo 10 para obtener mayor información sobre adaptadores de video.

La memoria compartida de video se usa en algunas computadoras económicas para ahorrar costos. Sucede que a la computadora le falta memoria real de video y, a cambio, pide prestado una parte de la memoria principal para poder mostrar gráficos. Esto funciona bien para computadoras hogareñas simples, pero no es suficiente para jugar juegos de última generación o usar software para editar fotos.

"¿Qué es kibi, mebi y gibi?"

Viendo cómo se adoran los estándares en el mundo, hay un intento internacional de estandarizar el significado de K, M, G y otras letras en lo que se refiere a cifras. Específicamente, de acuerdo con el estándar, KB se referiría a 1.000 bytes y no a los verdaderos 1.024 bytes que son una referencia más precisa. Para diferenciar entre 1.000 y 1.024, quienes determinan dichos estándares proponen que para referirse a 1.024 bytes se use *kibi*, o *Ki*. Ídem para *mebi* y *Mi* y para *gibi y Gi*; por ejemplo:

1MB = 1.000.000 bytes

1 Mi = 1.048.576 bytes

Ambos valores son correctos, de acuerdo con el estándar. Un megabyte (MB) es un millón de bytes. Pero en una computadora, ellos quieren que usemos un *mebibyte (Mi)* para referirnos al valor real, es decir, 1.048.576 bytes.

¿Raro, no? Ya lo creo que sí. Y seguramente adivinará porqué este cambio tarda tanto en aceptarse y porqué muchos en la industria de la computación se muestran tan reacios a adoptar los nuevos términos. ¡Tranquilícese! Si alguna vez sucede y es importante conocer las diferencias, podrá leer sobre este tema en alguna edición futura de este libro.

Agregar Más Memoria a Su PC

Lo mejor que puede hacer por su PC es agregarle más memoria. Es como agregar ajo a una ensalada para condimentarla. *¡Bang!* Más memoria le da un empuje instantáneo al sistema.

Agregar memoria a su computadora es tan sencillo como jugar con los bloques LEGO. La única diferencia es que el típico set de bloques LEGO, como el Castillo Medieval o el Helicóptero de Rescate, cuesta menos de 100 dólares. Su computadora, por el contrario, puede costar de 5 a 20 veces más. Agregar memoria no es algo para tomar a la ligera. A menos que se sienta seguro actualizando a su PC, recomiendo enfáticamente que deje esta tarea a un distribuidor o experto en computación.

Antes de salir disparado a comprar memoria RAM, necesita saber algunas cositas sobre su computadora, concretamente, cómo se administra la memoria en la placa base. Necesita saber cuántos bancos de memoria, o ranuras DIMM, tiene la placa base y la capacidad máxima de memoria. También es útil saber cómo está configurada la memoria actual de su PC.

Supongamos que su computadora tiene 512 MB de RAM y usted quiere actualizarla a 1 GB. No es tan simple como agregar una DIMM de 512 MB a su computadora. Consulte la Figura 8-2.

Si su memoria está configurada como se muestra en el ejemplo A de la Figura 8-2, usted deberá tirar toda la memoria RAM y actualizarla usando cualquiera de las opciones D, E o F.

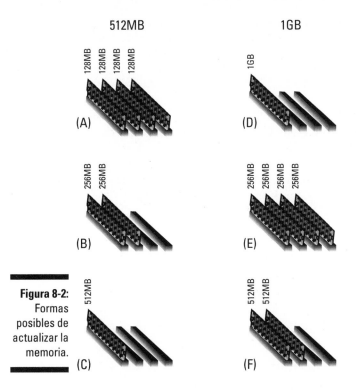

512MB   1GB

128MB 128MB 128MB 128MB   1GB

(A)   (D)

256MB 256MB   256MB 256MB 256MB 256MB

(B)   (E)

Figura 8-2:
Formas
posibles de
actualizar la
memoria.

512MB   512MB 512MB

(C)   (F)

Si su memoria de 512 MB está configurada como se muestra en el ejemplo B, usted puede actualizarla en forma económica usando el ejemplo E, aunque los ejemplos D y F siguen siendo viables (sin bien más caros).

Finalmente, si usted tiene una memoria de 512 MB configurada como en el ejemplo C (el mejor), puede actualizarla usando la opción F.

Si todo esto le resulta muy confuso, consulte al vendedor de su computadora para que lo ayude en la actualización. (Esto también explica porqué algunas veces usted debe tirar toda la memoria RAM existente para agregar más).

✔ Antes de comprar memoria, verifique cómo está configurada la memoria en la placa base. Los bancos de memoria abiertos, o vacíos, son *útiles.*

✔ Mi lugar favorito para conseguir chips de memoria en línea es Crucial, en `www.crucial.com`. Este sitio web le hace una serie de preguntas, y luego le brinda las soluciones de memoria para resolver su problema en forma exacta.

✔ Si desea actualizar la memoria usted mismo, adelante. Sé que Crucial, por ejemplo, ofrece folletos bien escritos para hacer la actualización, y vienen con la memoria que usted compra. No obstante, si tiene dudas, recomiendo enfáticamente que alguien haga el trabajo por usted.

Tributo a Gilbert y Sullivan

De todo el hardware computable
Una cosa es irrefutable
Para que todo funcione correctamente
Rápido y no lentamente
Su PC necesita algo de RAM.

Con memorias irrefutables
Y chips DRAM bien confiables
Sus programas volarán
Los discos no morirán
En una PC llena de RAM.

Los programas se cargan en modo de gráficos
Con colores más brillantes y mágicos;
Todo se ve y se siente bastante irreal
¡Con uno o cuatro gigabytes!

Ahora, la realidad es incuestionable
Y los datos son innegables
Puede hacer múltiples tareas
Todo corre tan rápido que marea
¡Pues la PC está llena de RAM!

Capítulo 9

Almacenamiento Permanente (Discos y Medios)

. . . .

En Este Capítulo

▶ Entender el almacenamiento permanente

▶ Descubrir cómo funciona una unidad de disco

▶ Reconocer el disco duro

▶ Usar la unidad de DVD

▶ Ignorar la unidad de disquetes

▶ Trabajar con tarjetas de memoria

▶ Agregar almacenamiento externo

▶ Utilizar medios de almacenamiento en Windows

. . . .

*E*l almacenamiento permanente, o a largo plazo, es un concepto relativamente nuevo cuando se trata de informática. En la antigüedad, las computadoras se programaban a mano y se preparaban específicamente para ejecutar un programa. Había memoria temporal disponible, aunque era escasa. A medida que evolucionaron las computadoras, los científicos notaron que era un poco tonto estar programando sus computadoras cada vez que se encendía el sistema. Así que, para ahorrar tiempo y para reducir el número de científicos malhumorados, se desarrolló el almacenamiento permanente de las computadoras.

Al utilizar almacenamiento permanente, su computadora puede recordar cosas mucho después de que se apague la corriente. En vez de escribir un programa que quiere ejecutar (y con 11 millones de líneas de código, tendría que estar terriblemente desesperado para ejecutar Excel), simplemente *carga* el programa en la memoria desde el almacenamiento permanente. ¿Y todas las cosas que crea? Están sanas y salvas, guardadas en el almacenamiento permanente de la computadora. Este capítulo cubre casi todo lo que necesita saber sobre el almacenamiento permanente.

Almacenamiento Hasta el Fin

Toda la acción puede ocurrir en el almacenamiento temporal (memoria), pero cuando quiere evitar hacer las mismas cosas una y otra vez (ya no digamos reprogramar su computadora cada vez que la inicia) necesita un poco de almacenamiento permanente.

El almacenamiento permanente proporciona un lugar para que la computadora ponga las cosas que seguirán ahí cuando se vuelva a encender la corriente. Esto no solo incluye todas las cosas que crea y atesora, sino también todo el software para computadora (programas) y el sistema operativo. Efectivamente, cargar el sistema operativo, o sea transferirlo del almacenamiento permanente al almacenamiento temporal, es una de las primeras cosas que hace una computadora cuando se inicia.

> ✔ El almacenamiento permanente se usa para guardar todas las cosas que crea, cosas que colecciona de Internet, canciones, videos y todo el software de su computadora, además del propio sistema operativo.

> ✔ El microprocesador funciona solamente con almacenamiento temporal, o memoria. Para utilizar la información que se almacena a largo plazo, esta información se debe transferir a la memoria de la computadora. En Windows, transferir información del almacenamiento permanente a la memoria se conoce como *abrir* la información.

> ✔ Cuando haya terminado de trabajar en algo dentro de la memoria, usted *guarda* los contenidos de la memoria en un archivo ubicado dentro del almacenamiento permanente. Lea también el Capítulo 22 para obtener más información sobre los *archivos*.

Síntesis de los medios de almacenamiento

La PC tiene muchos aparatos disponibles para brindar almacenamiento permanente. Estos aparatos entran en dos categorías:

Unidades de disco (Disk drives): Estos dispositivos proporcionan el tipo más tradicional de medios de almacenamiento para PC. Hay tres tipos populares: unidad de disco duro, unidad de CD/DVD y unidad de disco flexible o disquete.

Tarjetas de memoria (Memory cards): Estos dispositivos ofrecen un almacenamiento de estado sólido; la tarjeta de memoria no tiene partes móviles. Por lo general, las tarjetas de memoria se usan en cámaras digitales y otros aparatos portátiles, pero también se pueden leer en la PC y utilizarse como almacenamiento a largo plazo.

Las secciones posteriores de este capítulo tratan en detalle estas distintas formas de almacenamiento, dónde encontrarlas en Windows y cómo usarlas.

Todos los medios de almacenamiento miden su capacidad en bytes. Consulte el Capítulo 8 para obtener más información sobre bytes, megabytes, gigabytes y demás términos relacionados.

Pregúntele al Sr. Ciencia: ¿Cómo funciona una unidad de disco?

¡Qué buena pregunta, Billy!

Una *unidad de disco* es en realidad muchas cosas:

- ✔ Medios en los que se graba la información (el *disco* de la unidad de disco).
- ✔ La unidad, que gira el disco, lee información del mismo y graba información en él.
- ✔ La interfaz, que comunica la información entre la unidad de disco y la placa base de la computadora.

Los medios de disco varían según el tipo de unidad. Para un disco duro, el medio es un disco de metal recubierto con óxido magnético; es la misma sustancia que se utiliza para grabar en una cinta de casete o de video. El óxido magnético almacena impulsos electrónicos orientando sus partículas magnéticas en una u otra dirección.

Para una unidad de CD o DVD, el medio es el propio disco, que a diferencia de un disco duro, es removible. El medio propiamente dicho consiste en una película de metal fina hecha sándwich entre dos discos de plástico. El metal tiene pequeños huecos que se detectan con un rayo láser.

El mecanismo de la unidad gira el disco de modo que se puedan leer o escribir los datos con un mecanismo especial. En el disco duro, el mecanismo es un *cabezal de lectura-escritura*. Una unidad de CD o DVD, utiliza un láser para leer el disco. Para crear un CD o DVD, se utiliza un láser secundario de mayor poder para quemar pequeños huecos en la superficie grabable del disco.

La parte final de la unidad de disco es la *interfaz*, o los cables que se utilizan para enviar la información desde y hacia la placa base de la computadora y el microprocesador. La PC actualmente utiliza la interfaz popular Serial ATA para conectar las unidades de disco dentro de la consola. Externamente, se puede utilizar la interfaz USB.

✔ Los discos duros contienen, en secreto, más de un disco. La mayoría de los discos rígidos tiene discos múltiples o *platos*. Están sellados herméticamente, en un entorno cerrado sin aire. De este modo, el disco duro puede ser mucho más preciso y no tiene que preocuparse por los contaminantes o las horribles partículas del aire.

✔ Los discos flexibles se componen de Mylar recubierto con óxido magnético, básicamente el mismo material que un videocasete pero aplastado y plano como un panqueque. El disco está contenido en una cubierta de plástico duro.

✔ Serial ATA también se conoce como SATA.

✔ Otra interfaz interna para unidades de disco es ATA, o *Advanced Technology Attachment* (Anexo de tecnología avanzada). También se conoce con la sigla IDE o ATAPI. En la mayoría de las placas base modernas se utiliza Serial ATA, las placas base anteriores eran solamente ATA, y muchas placas base utilizan ambas interfaces.

La unidad de Disco Duro

El disco duro *(hard disk)* es el lugar fundamental para almacenar cosas en su PC. Es su fuente principal de almacenamiento permanente. Esto es porque el disco duro es capaz de almacenar la mayor cantidad de información y tener acceso a esta en la forma más rápida posible.

Hay dos varas de medición para discos duros. Una es la capacidad, la otra es la velocidad. Como las especificaciones de velocidad son más bien cosa de *nerds*, no me voy a molestar en mencionarlas aquí. Basta con decir que todos los discos duros son rápidos, pero algunos son más rápidos (y costosos) que otros.

Para la capacidad, los discos duros se miden como la memoria de la computadora, en bytes. El disco duro típico ahora almacena gigabytes de información, por lo general entre 40GB y 300GB o más. Los principales consumidores de espacio en el disco duro son los archivos multimedia: música y video.

A diferencia de otros medios de almacenamiento, el disco duro no puede quitarse de la computadora. Puede agregar otro disco duro a su PC, pero no puede quitar un disco duro y reemplazarlo por otro como puede hacer con otros medios. Por esta razón, su PC debe tener bastante espacio en el disco duro.

¿Cuál disco es el disco de *arranque* (buteo)?

La PC necesita software (concretamente, un sistema operativo) para poder funcionar. El sistema operativo habita en el almacenamiento permanente y debe cargarse en la memoria cada vez que se inicia la PC. Para encontrar el medio de almacenamiento o *disco de arranque* (también conocido como *disco de buteo*), la PC primero busca en el disco duro, luego en la unidad de DVD y luego quizás en el disco flexible o unidad USB para encontrar un sistema operativo. Sin importar cual sea la unidad que se utiliza para cargar el sistema operativo, esta se convierte en el disco de buteo.

Originalmente, la PC se configuraba para buscar un sistema operativo primero en la unidad de discos flexibles y luego en el disco duro. Ese orden no se podía cambiar. Pero cuando las unidades de CD-ROM se volvieron populares, los fabricantes cambiaron el proceso de inicialización, o buteo, de la PC para que pudiera cargarse un sistema operativo desde un CD, desde el disco rígido o la unidad de discos flexibles. También se alteró el orden en el que se buscaban las unidades; un usuario podría, por ejemplo, especificar que busque primero en la unidad de CD y luego en el disco duro, o indicarle a la computadora que *no* butee desde un disco flexible, siquiera.

Las PCs modernas continúan con la tradición de permitirle seleccionar no solamente el primer disco de buteo, sino también el orden en el que se buscan los distintos medios de almacenamiento en busca de un sistema operativo. Para establecer el disco de buteo o cambiar el orden, utilice el programa *Setup* (Configuración), como se describe en el Capítulo 4.

- ✔ En la mayoría de las PCs hay un disco duro físico instalado dentro de la consola.

- ✔ En casi cualquier PC, el disco duro recibe la letra C y se lo conoce como la "unidad C", o el "disco C" *(Drive C)*. Lea la sección "ABC del almacenamiento permanente" más adelante en este capítulo para obtener más información.

- ✔ El disco duro es donde vive Windows, donde instala el software y donde conserva las cosas que crea o guarda en su computadora. Para eso fue concebido el disco rígido.

- ✔ Se pueden agregar discos duros adicionales en su PC, para darle todavía más almacenamiento. Generalmente puede agregar un disco duro interno a la consola, además de una cantidad casi ilimitada de discos duros externos a través del puerto USB. Lea la sección "Almacenamiento externo" más adelante en este capítulo.

- ✔ Un solo disco duro físico se puede dividir en múltiples discos duros lógicos. La división se hace al *particionar* o crear particiones en la unidad. Por ejemplo, un disco duro de 350GB se puede particionar para dividirse en una unidad C de 300GB y una unidad D de 50GB. Muchos fabricantes de PC utilizan este esquema para designar a la unidad D como una unidad de "recuperación" que se utiliza en caso de que el disco sufra algún daño.

✔ Tenga en cuenta que crear particiones *no* es el trabajo de un principiante, y por lo general se hace únicamente cuando se instala un nuevo disco duro o se configura un segundo disco duro.

La Unidad de DVD

La principal forma de almacenamiento removible de la PC es la unidad de DVD. Solo se necesita una unidad de DVD, ya que las unidades de DVD pueden leer tanto CDs como DVDs.

La unidad de DVD sirve dos propósitos principales. Primero, usted instala la mayoría del software en su PC desde CDs o DVDs. Segundo, es muy probable que use los medios de estos discos (CDs de música y DVDs de video) como entretenimiento mientras utiliza la PC.

La unidad de DVD típica es de *sólo lectura*. La unidad de sólo lectura permite leer información únicamente, no puede utilizar una unidad de sólo lectura para crear un CD o DVD. Puede ver que la unidad tiene una inscripción con la sigla ROM, en la que RO es *read*-only (solo lectura). [La M es por *m*emory (*m*emoria), pero en realidad debería ser A, por *a*lmacenamiento].

Casi todas las unidades de DVD que se venden hoy en día no solamente pueden leer discos, sino también crearlos. Estas unidades generalmente llevan la inscripción DVD-/+/R/W, que es una forma elegante de especificar qué tipos de formatos de disco puede grabar esta unidad. Además, muchas unidades de DVD son unidades *combo* que también pueden crear CDs. Encontrará más información sobre todo este asunto de crear discos en el Capítulo 28.

✔ La PC típica tiene por lo menos una unidad de DVD instalada.

✔ DVD es la sigla de *d*igital *v*ersatile *d*isc (disco versátil digital), O puede ser *d*igital *v*ideo *d*isc (disco de video digital).

✔ CD significa *c*ompact *d*isc (disco compacto).

✔ Una unidad de DVD tiene el logotipo DVD. Si no ve el logotipo DVD, su PC tiene una simple unidad de CD-ROM.

✔ Se puede iniciar la PC desde un sistema operativo almacenado en un CD o un DVD. Para hacerlo, inserte un disco de buteo en la unidad de DVD y reinicie la PC (lea el capítulo 4). Cuando la computadora se reinicia, busque un indicador en la pantalla que le pregunte si desea iniciar, o butear, la computadora desde el disco que está en la unidad de DVD. También vea el recuadro "¿Cual disco es el disco de *arranque* (buteo)?"

✔ La forma británica de escribir disco como *disc* se utiliza por cuestiones históricas, principalmente porque se corre el rumor que Handel había grabado el *Mesías* en un prototipo antiguo de CD.

Capacidad de disco

Como con todos los tipos de almacenamiento de la computadora, los DVDs y CDs miden su capacidad en bytes.

✔ Un CD típico almacena 640MB de información.

✔ Un CD de música típico almacena hasta 80 minutos de música.

✔ La tecnología típica de un DVD es capaz de almacenar 4GB de información en un disco.

Hay distintas variantes disponibles, como discos de menor diámetro, discos de dos caras y discos de doble capa de alta capacidad, por no mencionar los discos HD-DVD y Blu-ray. Hasta que estos tipos de discos se vuelvan populares en la PC, no tiene sentido engalanarlos aquí.

Acerca de la clasificación de velocidad (el número X)

Las unidades de DVD y CD tienen clasificaciones de velocidad que se miden en *X*. El número antes de la *X* indica cuánto más rápida es la unidad comparada con la unidad de CD-ROM original de una PC (que se ejecuta con la velocidad de un reproductor de CD de música). Así, un valor de 52X significa que la unidad es 52 veces más rápida que una unidad de CD-ROM de PC original.

Es común que se muestre a una unidad CD-R/RW con tres X en su clasificación:

✔ La primera X representa la velocidad de escritura de la unidad, o cuán rápido se puede grabar un CD-R.

✔ La segunda X especifica cuán rápido se puede reescribir en un CD-RW.

✔ La X final indica cuán rápido se puede leer desde la unidad.

Las unidades de DVD, especialmente las unidades combo que pueden escribir en varios formatos de disco, vienen con clasificaciones de velocidad con múltiples X, una para cada uno de los distintos tipos de discos que crean.

Insertar un disco

En términos generales, el disco siempre se inserta con la etiqueta hacia arriba. Aparte de eso, cómo mete el disco en la unidad depende de cómo hace la unidad para comerse los discos:

Estilo bandeja: El tipo más popular de unidad de DVD utiliza una bandeja rebatible para sostener el disco. Empiece por oprimir el botón de expulsión de la unidad *(eject)*, que hará emerger la bandeja (generalmente llamado *posavasos* en los chistes de computación). Apoye el disco en la bandeja con la etiqueta hacia arriba. Empuje suavemente la bandeja hacia la computadora. La bandeja se desliza el resto del camino por su cuenta.

Estilo deslizable: Otro tipo de unidad de disco funciona como el reproductor de CD en la mayoría de los automóviles; la unidad es apenas una ranura en la cual se introduce el disco: Al insertar el disco (con la etiqueta hacia arriba) en la ranura, el duende que está adentro de la unidad agarra el disco y lo aspira hacia adentro. Sorprendente.

Después de insertar el disco, puede que se muestre en la pantalla un cuadro de diálogo de *AutoPlay* (reproducción automática). Utilice el cuadro de diálogo para elegir una forma especial de visualizar el contenido del disco, o presione simplemente la tecla Esc para descartar el cuadro de diálogo de reproducción automática.

Cuando el disco está en la unidad, úselo como cualquier otro disco en su computadora.

✔ Cuando inserta el disco al revés (con la etiqueta hacia abajo), la unidad no puede leerlo y es muy posible que expulse el disco automáticamente.

✔ Una excepción a la regla de la etiqueta hacia arriba es un DVD con datos grabados en ambos lados. Por ejemplo, algunas películas en DVD tienen la versión de TV en un lado y la versión de pantalla panorámica *(widescreen)* o buzón *(letterbox)* en otra. Si es así, asegúrese de poner el lado correcto hacia arriba en la unidad.

✔ Algunos CDs están recortados. Esto quiere decir que no son discos redondos, sino que tienen el tamaño de una tarjeta de presentación o alguna forma extraña. Estos discos funcionan bien en las unidades de CD/DVD-ROM de bandeja, pero no los inserte en una unidad deslizable.

Expulsar un disco

Siga estos pasos para expulsar un disco de una unidad de DVD:

1. **Abra la ventana *Computer* (PC).**

   Consulte el Capítulo 5 para ver las instrucciones para abrir esta ventana.

Otras unidades de discos raras

La historia de la PC está salpicada con las formas alternativas más diversas de unidades de disco. Hay un verdadero mostrador de ensaladas con opciones y variantes, según qué parte de la historia de la computadora esté viendo.

Durante mucho tiempo, las unidades de disco removibles fueron populares. Antes de que apareciera el CD-R, el disco magneto-óptico (MO) era popular. Distintas unidades de cartuchos removibles fueron y vinieron, como el disco Bernoulli, el disco Zip y el disco Jaz. El SuperDrive y su SuperDisk de alta capacidad fueron populares por un tiempo. Muchas de estas unidades de disco alternativas trataron de reemplazar el disco flexible estándar de la PC, pero ninguna tuvo éxito.

---

2. **Haga clic para seleccionar el icono de la unidad de DVD.**

3. **Haga clic en el botón *Eject* (Expulsar) de la barra de herramientas.**

   La unidad de DVD escupe el disco.

Puede que se sienta tentado a expulsar el disco presionando el botón de expulsión al frente de la unidad. ¡No lo haga! Si Windows está usando la unidad, verá un horrible mensaje de error en la pantalla cuando trate de expulsar un disco de esta manera.

En caso de emergencia, como cuando la computadora está bloqueada (o apagada), puede expulsar manualmente un disco si introduce un clip enderezado en un agujerito (el "lunar") ubicado en el frente de la unidad de DVD. Esa acción expulsa manualmente el disco cuando la computadora es demasiado estúpida para hacerlo por sí sola.

La Unidad de Discos Flexibles (Floppy Drive)

Ya no hay razón para utilizar discos flexibles en una PC. Son demasiado patéticos para conservar datos y, generalmente, son muy poco confiables para que yo los recomiende para hacer copias de seguridad o cualquier otra cosa.

✔ Si está utilizando un disco flexible en su computadora, piense en reemplazarlo por una tarjeta de memoria. Lea la sección siguiente.

✔ Si su computadora tiene una unidad de discos flexibles *(floppy disk)*, siempre es la unidad A.

✔ El disco flexible tiene una capacidad de apenas 1,4MB de información, lo que no es mucha capacidad para los archivos pesados de hoy en día.

✔ El complemento de este libro, *PCs For Dummies Quick Reference* (del imperio Wiley Publishing), contiene más información sobre los discos flexibles, si *realmente* necesita saber.

Tarjetas de Memoria

La forma más reciente de tecnología de almacenamiento permanente para computadora lanzada al mercado es la *tarjeta de memoria*. Utilizo el término general tarjeta de memoria para todos los distintos tipos de dispositivos de almacenamiento en estado sólido (sin piezas móviles). Estas tarjetas tienen tamaños variados desde un paquete de goma de mascar a una ficha de póker, aunque sea una ficha de póker rectangular.

Como en otros medios de almacenamiento, la capacidad de la tarjeta de memoria se mide en bytes. Las tarjetas de menor capacidad almacenan unos cuantos megabytes, aunque 256 parece ser la tarjeta de memoria más pequeña que hay disponible ahora. En la gama alta, las tarjetas de memoria de mayor precio pueden contener más de 8GB de datos... ¡O más!

Para leer una tarjeta de memoria, su PC debe venir equipada con un lector de tarjetas de memoria. La mayoría de las PCs modernas vienen con un lector de tarjetas combinado, una serie de cuatro ranuras separadas en las que se puede insertar cada tipo de tarjeta de memoria (vea la Figura 2-2 en el Capítulo 2). Las PCs más viejas podían utilizar un periférico de lectura de tarjetas de memoria, que se conectaba a la PC a través de un cable USB.

✔ Una tarjeta de memoria no es lo mismo que una *unidad flash*. Ambos dispositivos son similares en cuanto a que están en estado sólido, pero una unidad flash se conecta a la PC a través de un puerto USB, no una ranura para tarjetas de memoria. Las unidades flash también se conocen como *thumb drives* (unidades de pulgar) porque muchas de ellas tienen el tamaño aproximado de un pulgar.

✔ Tecnológicamente, las tarjetas de memoria se ubican en el extraño espacio entre la RAM tradicional de la computadora y el almacenamiento en disco. Las tarjetas de memoria en sí mismas no tienen la capacidad de almacenamiento de un disco. Por lo tanto, no reemplazarán el disco duro de la PC en un futuro cercano. Y aunque las tarjetas de memoria no necesitan electricidad para mantener su contenido, todavía son muy lentas para reemplazar la memoria tradicional de la computadora (RAM).

Resumen de tarjetas de memoria

Tristemente, no hay un tipo estándar de tarjeta de memoria. En vez de esto, hay seis tipos principales:

- ✔ CompactFlash
- ✔ Memory Stick
- ✔ MultiMediaCard (MMC)
- ✔ Secure Digital (SD)
- ✔ SmartMedia
- ✔ xD

Cada tarjeta de memoria tiene sus propias variantes. Por ejemplo, hay dos tipos de tarjetas de memoria CompactFlash: El Tipo I y el Tipo II, de mayor espesor. En forma similar, hay varios tamaños y tipos para las tarjetas Memory Stick y Secure Digital, además de otras diferencias en los otros tipos de tarjetas de memoria. Nada que valga la pena memorizar.

En general, un lector de tarjetas de memoria para PC solamente necesita cuatro ranuras para leer los seis tipos de tarjeta de memoria. Esto es porque muchas de las tarjetas pueden utilizar el mismo tipo de ranura: La tarjeta Secure Digital y la MultiMediaCard caben en la ranura del mismo tamaño, al igual que las tarjetas SmartMedia y xD, que también entran en ranuras idénticas.

Insertar una tarjeta de memoria

Para utilizar una tarjeta de memoria, simplemente insértela en la ranura de tarjetas apropiada, ya sea que esté ubicada en la consola de la PC o a través de un adaptador de tarjetas de memoria conectado a un puerto USB. Windows reconoce la tarjeta instantáneamente y la *monta* en el sistema de la computadora, haciendo que cualquier información contenida en la tarjeta esté disponible instantáneamente.

Después de insertar la tarjeta de memoria, es posible que vea en la pantalla un cuadro de diálogo de AutoPlay (reproducción automática). Utilice el cuadro de diálogo para seleccionar cómo ver el contenido de la tarjeta, como por ejemplo elegir la opción *View Pictures* (Ver imágenes) para ver las imágenes almacenadas en la tarjeta de una cámara digital.

El usuario accede a la información de una tarjeta de memoria a través de la ventana *Computer* (PC). Se le asigna una letra a la tarjeta de memoria, como a cualquier otro dispositivo de almacenamiento permanente en Windows. Lea la sección "ABC del almacenamiento permanente " más adelante en este capítulo.

✔ ¡No fuerce la tarjeta de memoria en una ranura! Si no logra introducir la tarjeta de memoria en una ranura, pruebe con otra.

✔ Las tarjetas de memoria se insertan con la etiqueta hacia arriba. Para lectores de tarjetas montados verticalmente, intente colocarlas con la etiqueta a la izquierda (aunque esto puede no funcionar siempre).

✔ Sí, la forma más rápida de obtener imágenes de su cámara digital es sacar de un tirón (bueno, sacar cuidadosamente) su tarjeta de memoria e insertar esa tarjeta en su PC. Lea el Capítulo 16.

Expulsar una tarjeta de memoria

No puede sacar de un tirón una tarjeta de memoria. Lo sé: es tentador. Y, muchas veces, no hay nada que le impida hacer travesuras y sacar la tarjeta de un tirón. Pero si lo hace, corre el riesgo de dañar la tarjeta o destruir la información almacenada en la tarjeta. ¡Pórtese bien! Siga estos pasos para extraer una tarjeta de memoria de un modo seguro y feliz:

1. **Abra la ventana *Computer* (PC).**

   El Capítulo 5 describe cómo abrir esta ventana si no está familiarizado con Windows.

2. **Haga clic para seleccionar el icono de la tarjeta de memoria.**

   Se encuentra en la parte de la ventana marcada como *Devices with Removable Storage* (Dispositivos con almacenamiento removible).

3. **Haga clic en el botón *Eject* (Expulsar) de la barra de herramientas.**

   Puede notar que el icono de la tarjeta de memoria cambia o se vuelve gris, lo que indica que ya puede quitar la tarjeta.

4. **Saque la tarjeta del lector de tarjetas.**

Asegúrese de guardar la tarjeta de memoria en una ubicación segura y libre de estática cuando no la está usando.

Cuando la tarjeta de memoria es cancelada

Al igual que con otros tipos de medios de almacenamiento, las tarjetas de memoria se gastan. Las tarjetas de memoria utilizan memoria flash para almacenar información, y la memoria flash tiene un número limitado de veces para escribir y leer. La limitación es bastante alta y las tarjetas de memoria se fabrican para utilizar el almacenamiento de la forma más eficiente posible, con el objeto de postergar esa horrible fecha de muerte. Aún así, finalmente las tarjetas de memoria fallan y dejan de funcionar. Cuando eso ocurre, descarte la tarjeta de memoria en forma apropiada y compre otra.

Almacenamiento Externo

El almacenamiento permanente de su PC no se limita a lo que está disponible dentro de la consola. Utilizando la inteligencia del puerto USB, puede expandir su sistema externamente agregando periféricos como unidades de disco, unidades de DVD, unidades flash o lectores de tarjetas de memoria a gusto y placer.

Ah, también puede utilizar el puerto IEEE para agregar almacenamiento externo, aunque en una PC es más común utilizar el puerto USB.

Agregar almacenamiento externo

Para agregar otro medio de almacenamiento a su PC, una unidad de disco externa o unidad flash, simplemente conéctela. La unidad se conecta a la consola a través de un conector USB. También puede necesitar energía eléctrica, así que conecte la unidad a la pared; o mejor aún, a una UPS. (Lea el Capítulo 3).

Cuando conecte la unidad en el conector USB, y suponiendo que la unidad tiene corriente y está encendida, Windows reconoce la unidad al instante y la agrega a la lista de dispositivos de almacenamiento permanente de su PC que se encuentra en la ventana *Computer* (PC). Entonces, puede empezar a utilizar la unidad inmediatamente.

Una de las grandes ventajas que tienen los dispositivos de almacenamiento externo es que pueden sobrevivir a su computadora actual. Por ejemplo, mi disco duro externo USB puede vivir más que mi computadora actual y terminar conectado al modelo del año que viene. De ese modo, no tengo que copiar mi software; en vez de eso, solamente conecto la unidad USB.

Quitar almacenamiento externo

Aunque puede desconectar fácilmente un dispositivo USB de su computadora en cualquier momento, no recomiendo hacer lo mismo con el almacenamiento externo. Como la computadora puede estar utilizando el almacenamiento, siempre es mejor extraer la unidad externa *lógicamente* en la forma correcta antes de retirarla físicamente.

Otra complicación son las unidades externas de almacenamiento removible, como una unidad de DVD externa o lector de tarjetas de memoria. En ese caso, debe expulsar correctamente el medio de almacenamiento *antes* de quitar la unidad. Para hacerlo, consulte las secciones anteriores "Expulsar un disco" y "Expulsar una tarjeta de memoria" en este capítulo.

Después de que se ha expulsado el medio, o para el almacenamiento externo que no tiene medios removibles, debe quitar correctamente el almacenamiento externo siguiendo estos pasos:

1. **Abra la ventana *Computer* (PC).**

   Consulte el capítulo 5 para obtener más información sobre cómo encontrar la ventana *Computer* (PC).

2. **Haga clic con el botón derecho del mouse en el icono del dispositivo de almacenamiento externo.**

3. **En el menú desplegable, seleccione el comando *Safely Remove* (Quitar con seguridad).**

   Windows muestra un mensaje (en el área de notificación) que le informa que el dispositivo se puede quitar con seguridad.

4. **Desconecte o quite el dispositivo de almacenamiento externo.**

Si ve un mensaje de error, significa que la unidad de disco está ocupada o en uso. Tiene que esperar e intentar nuevamente. Si el error se repite, debe apagar la computadora. Desconecte el dispositivo. Luego, reinicie la computadora.

ABC del Almacenamiento Permanente

Windows le permite ver todos los dispositivos de almacenamiento permanente de la computadora en una ubicación central: la ventana *Computer* (PC). Esa ventana está configurada para mostrar dispositivos de almacenamiento en categorías, como se muestra en la Figura 9-1. En la figura se muestran las categorías *Hard Disk Drives* (unidades de disco duro) y *Devices With Removable Storage* (Dispositivos con almacenamiento removible).

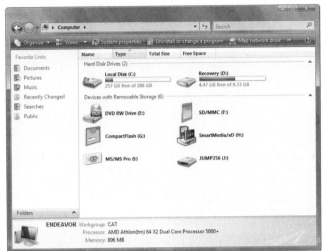

Figura 9-1:
Sabores
surtidos de
unidades
de disco.

Más allá de las categorías, cada dispositivo de almacenamiento en la computadora recibe un icono, un nombre y una letra de unidad.

Los iconos se utilizan para representar los distintos tipos de disco. En la Figura 9-1 puede ver distintos iconos para discos duros y la unidad de DVD, además de las distintas unidades de tarjeta de memoria. Observe que el disco de buteo se muestra con una bandera de Windows.

Windows asigna los nombres de las unidades que usted puede cambiar, pero el nombre se utiliza solamente en la ventana *Computer* (PC). Lo que es más importante que el nombre es la *letra de la unidad*, de la *A* a la *Z*, que Windows utiliza para identificar los distintos medios de almacenamiento.

En todas las PCs, las primeras tres letras se asignan sistemáticamente:

✔ Las unidades A y B representan la primera y segunda unidad de discos flexibles de la PC, ya sea que la computadora tenga unidades de discos flexibles o no.

✔ La unidad C siempre es el disco duro principal de la computadora, desde el que se ejecuta Windows.

Después de la unidad C, las letras de unidad pueden ser salvajemente contradictorias de una PC a otra. Básicamente, Windows asigna las letras de las unidades según estas reglas:

✔ Si hay discos duros adicionales en la consola, reciben las letras D, E y siguientes, una letra por cada disco duro adicional después de la unidad C. Por ejemplo, en la Figura 9-1, el segundo disco duro, *Recovery* (Recuperación), recibe la letra de unidad D.

✔ Cualquier unidad de CD o DVD interna recibe la siguiente letra de unidad después de la que recibió el último disco duro.

✔ Después de la unidad de CD o DVD, cualquier lector interno de tarjetas de memoria recibe la siguiente letra de unidad, como se muestra en la Figura 9-1.

✔ Después de que se han asignado letras de unidad a todos los dispositivos de almacenamiento interno, Windows comienza a asignar letras a los dispositivos de almacenamiento externo en el orden que los encuentra. Cada nuevo dispositivo de almacenamiento recibe la siguiente letra en orden alfabético.

✔ Cualquier dispositivo externo agregado después de que se inicia la computadora, como una unidad de memoria flash, recibe la siguiente letra del alfabeto disponible.

El punto que hay que recordar aquí es que no todas las PC tendrán las mismas letras de unidad asignadas. Por ejemplo, en su PC, la unidad D puede ser la unidad de DVD, pero eso no significa que la unidad D de *todas* las PCs es la unidad de DVD.

✔ Las unidades de disco en red pueden agregarse a su sistema. Cuando agrega la unidad de red, puede elegir qué letra de unidad utiliza entre cualquiera de las letras disponibles (que no estén en uso).

✔ Se pueden reasignar las letras a cualquier unidad, salvo por el primer disco duro, que debe ser siempre C. Cualquier libro sobre Windows de nivel intermedio puede decirle cómo hacer esto. Busque en *Computer Management* (Administración del equipo) para encontrar la información adecuada.

✔ Sí, a veces Windows se confunde y puede asignar a un dispositivo una letra distinta de la que utilizó la última vez que usó su computadora. Esto es particularmente cierto en el caso de dispositivos de almacenamiento externo. No me pregunte por qué pasa.

✔ Anote las asignaciones de unidad de disco de su PC en la Hoja de referencia (al principio de este libro).

Capítulo 10

Gloriosa Virtud Gráfica

· ·

En Este Capítulo

▶ Entender la jerga informática sobre gráficos

▶ Aprender acerca del monitor

▶ Descubrir el adaptador de gráficos

▶ Ajustar la visualización

▶ Personalizar ventanas

▶ Cambiar el fondo

▶ Usar un protector de pantalla

▶ Ajustar la resolución

· ·

Aunque toda la acción tiene lugar en la consola, ésta nunca se pone celosa si usted se pasa la mayor parte del tiempo mirando el monitor de su computadora. Y no lo culpo. Mirar la consola es bastante aburrido. Por cierto, algunas consolas más nuevas vienen en un azul eléctrico o rojo brillante. Y la caja de la consola parece que hubiera sido diseñada en un laboratorio extraterrestre. ¿Cree usted que esté a punto de sacar brazos y piernas y salir de ronda asesina? ¡Alerta a toda la población!

¡Relájese! No hay motivos para que crea que el monitor de la computadora lo distrae de cualquier maleficio que esté tramando la consola. En realidad, el monitor está concebido con el propósito de ser el foco de su atención. (Salvo que usted no sepa tipear, en cuyo caso se pasará la mayor parte del tiempo mirando el teclado).

El monitor es la forma principal que tiene la computadora para comunicarse con usted, el humano. Le muestra texto y gloriosos gráficos. Pero el monitor es sólo una parte del sistema de gráficos de su PC. En este capítulo, encontrará los detalles.

Las Cosas por Su Nombre

No sirve de nada todo lo que sepa sobre gráficos en una PC sin antes haber individualizado e identificado los tres términos confusos que se emplean para describir esa parte de la computadora que parece una TV. Permítame que eche un poco de luz sobre este tema:

- El *monitor* es la caja.
- El *screen* (pantalla) es la parte del monitor donde se muestra la información.
- El *display* (la visualización) es la información que aparece en pantalla.

A pesar de estas diferencias, la mayoría de las personas emplea mal estos términos. Dicen: "La pantalla dice que no le agrado a la computadora" o "El monitor muestra algo que explica por qué la computadora me odia tan profundamente" o incluso "El *display* muestra cuánto la computadora desprecia el interior de mi ser". Como sea que se diga, la computadora no lo puede ni ver.

El Sistema de Gráficos de la PC

Es posible que el monitor atraiga toda la atención, pero realmente es sólo la mitad visible de lo que yo llamo el sistema de gráficos de la computadora. Éste tiene dos componentes:

- El monitor
- El adaptador de gráficos

El monitor es la parte más boba. Todo lo que hace es mostrar información. El monitor vive fuera de la consola, por eso recibe más atención que el verdadero cerebro de la operación, el adaptador de gráficos.

El adaptador de gráficos es el que le dice al monitor qué mostrar y dónde, cuántos colores debe usar y cuál es la resolución total de la imagen. El adaptador gráfico es el que determina el potencial gráfico de su PC.

La Figura 10-1 ilustra la relación monitor/adaptador. El adaptador de gráficos puede ser una tarjeta de expansión separada, tal como aparece en la figura, aunque generalmente, su circuito se encuentra en la placa base. Un cable luego conecta el monitor a la consola. Por supuesto, el monitor se enchufa en el tomacorriente de la pared.

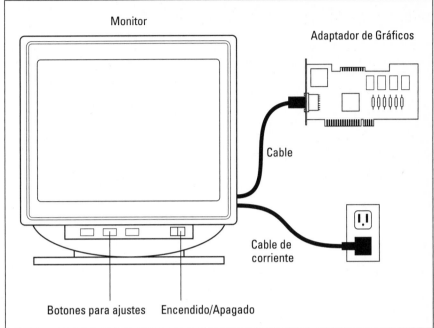

Figura 10-1:
Monitor y
adaptador
de gráficos.

✔ Su PC necesita tanto un monitor como un adaptador de gráficos.

✔ El adaptador de gráficos también se conoce como *tarjeta de video*.

✔ Si su PC tiene más de un monitor (y, en serio, es posible), debe tener un adaptador de gráficos para cada uno o un adaptador de gráficos especial que brinde soporte a múltiples monitores. (El monitor dual es posible solamente en las versiones más costosas de Windows Vista).

Dos tipos de monitores: LCD y CRT

Los monitores de las PC vienen en dos sabores, cada uno de los cuales se conoce vulgarmente con una sigla de tres letras: LCD y CRT

✔ El monitor *LCD* o de cristal líquido es el tipo de pantalla de computadora más plana y moderna.

✔ El monitor *CRT* es el monitor tradicional, de pantalla de vidrio, parecido a un aparato de televisión.

De los dos, el LCD es el más popular. Los precios de los monitores LCD cayeron considerablemente durante los últimos años, y ni qué decir que son menos agresivos para la vista y usan menos electricidad que sus pares de vidrio. Con el tiempo, cada vez se hace más difícil encontrar un monitor CRT.

En dos instancias, sin embargo, el monitor CRT supera al LCD. La primera se relaciona con los gráficos. El monitor CRT puede reproducir mejor los colores reales que el LCD. La segunda excepción, son los juegos para computadora, ya que los monitores CRT se actualizan más rápido que los LCD.

- ✔ CRT es la sigla en inglés de tubo de rayo catódico (*cathode* *r*ay *t*ube). Fíjese que dije tubo de rayo *catódico* y no *católico*.

- ✔ LCD es la sigla en inglés para pantalla de cristal líquido (*l*iquid *c*rystal *d*isplay). ¡No es una droga alucinógena!

- ✔ Tenga cuidado porque algunos monitores CRT se publicitan como "de pantalla plana". Este término no es confuso: El cristal del frente del monitor es, en verdad, plano y la superficie de visualización es mejor que la de vidrio convexo tradicional. Pero, *no es* un monitor LCD.

- ✔ Todos los monitores LCD son planos.

Hábiles adaptadores de gráficos

La mitad más importante del sistema de gráficos de la computadora es el propio hardware de gráficos, conocido como el *adaptador de gráficos*. Es el circuito que hace funcionar al monitor y controla la imagen que muestra.

Los adaptadores gráficos se ofrecen en una variada gama de precios y presentan características para artistas, jugadores de videojuegos, diseñadores gráficos, adictos a la TV y hombres de carne y hueso como usted y como yo. Es recomendable que se fije en tres elementos clave de un adaptador de gráficos:

- ✔ La cantidad de memoria
- ✔ El tipo de GPU
- ✔ El tipo de interfaz

Los gráficos de PC requieren memoria especial que está separada de la memoria principal de la computadora. Esta memoria se conoce como *video RAM* o, algunas veces, *VRAM*. Mientras más memoria haya, el adaptador de gráficos podrá ofrecer más colores, mejor resolución y trucos más divertidos.

Los adaptadores de gráficos pueden tener desde 0 MB (sin memoria) hasta 768 MB y más. En el caso de los adaptadores gráficos, más no es sinónimo de mejor. Sólo si sus aplicaciones exigen más memoria, o pueden aprovechar la memoria de video extra, valen lo que cuestan. De lo contrario, una PC típica tiene entre 32 MB y 512 MB de video RAM.

Otra forma de medir la potencia de un adaptador de gráficos es evaluar su propio microprocesador o unidad de procesamiento de gráficos (*graphics processing unit* o GPU, por sus siglas en inglés). Ese microprocesador se usa especialmente para operaciones gráficas y, al tenerlo, el adaptador de gráficos le quita al microprocesador de la PC una importante carga de trabajo, y todo corre velozmente en la pantalla. Dos modelos comunes de GPU disponibles son: ATI Radeon y NVIDIA GeForce. Ambos son similares en potencia y popularidad.

Finalmente, está la interfaz, es decir, cómo se conecta el adaptador de gráficos a la placa base. Los mejores modelos usan la ranura PCI Express, que es la más eficiente. Otros modelos usan el puerto AGP, que brinda acceso directo al microprocesador y a la memoria del sistema. Note que algunos adaptadores de gráficos están incorporados a la placa base, pero aún así usan PCI Express o AGP, aunque no estén en una tarjeta de expansión separada.

Los adaptadores gráficos económicos con frecuencia se incluyen en el *chipset* de la PC. Aun así, usted puede instalar un mejor adaptador de gráficos y usar el programa *PC Setup* (Configurar PC) para deshabilitar el mediocre adaptador incorporado a la placa base.

- ✔ Cuanta más memoria tenga el adaptador de gráficos, más altas serán las resoluciones que pueda soportar, y mayor la cantidad de colores que podrá desplegar a esas resoluciones.

- ✔ Algunos adaptadores de video "comparten" memoria con la memoria principal, como los adaptadores con 0 MB de memoria. Obviamente, para alguien que esté interesado en jugar videojuegos o crear gráficos en la computadora, es un mal negocio.

- ✔ Otro término para GPU es VPU, es decir, unidad de procesamiento visual (*visual processing unit*).

- ✔ Consulte el Capítulo 6 para mayor información sobre ranuras de expansión.

- ✔ Muchos adaptadores de gráficos se publicitan como capaces de soportar gráficos 3-D. Está bien, pero funcionan solamente si su *software* soporta los gráficos 3-D específicos ofrecidos por ese adaptador de gráficos. (Si lo soporta, el lateral de la caja del software debería indicarlo).

- ✔ Los adaptadores de gráficos también pueden evaluarse según su capacidad de capturar o procesar señales de televisión estándares. Consulte el Capítulo 17 para mayor información sobre computadoras y televisión.

- ✔ Alguna vez, a los adaptadores de gráficos se los conoció en el ámbito informático por diferentes siglas. La sigla más popular fue VGA, *Video Gate Array,* es decir Tarjeta Capturadora de Video (y no *Video Graphics Adapter* —Adaptador Gráfico de Video—, como generalmente se cree). Existen otras siglas, algunas de las cuales incorporaron VGA a su sopa de letras. El porqué de los nombres se debe principalmente a cuestiones comerciales y, en general, no guardan ninguna trascendencia para la PC.

Enamórese de Su Monitor

Un monitor de PC es, en realidad, *un periférico*. Está separado de la consola. De hecho, no es necesario que la marca de la computadora sea la misma que la del monitor. Puede mezclarlos, ya que, entre ellos, no se pelean. Inclusive, puede conservar el viejo monitor de su PC con la consola nueva que acaba de comprar, siempre que el monitor esté en buen estado. ¿Por qué no?

A pesar de la variedad de características y la jeringoza técnica, todos los monitores cumplen la misma función: despliegan la información que la computadora despide.

Descripción física

A los monitores se los juzga por el tamaño de su pantalla, medido en una diagonal, igual que los televisores. Las medidas habituales de los monitores de PC son 15, 17, 19 y 21 pulgadas. Las medidas más comunes son de 17 y 19 pulgadas. Algunos monitores gigantescos, algunas pantallas panorámicas o monitores para cine llegan a tener hasta 23 pulgadas o más. ¡Oooooooo! (Ese soy yo desvaneciendo).

Cada monitor tiene dos colas (Consulte la Figura 10-1). Una es el cable eléctrico que se conecta a la pared, la otra es un cable de video que se conecta al puerto del adaptador de gráficos en la parte trasera de la consola (Consulte el Capítulo 3).

La parte más importante del monitor es quizás el botón de encendido-apagado (*on-off*) que está cerca del extremo inferior derecho del monitor, al frente del mismo. Botones adicionales adornan el frente del monitor, los cuales usted utiliza para controlar la visualización. Estos botones pueden estar visibles, como si fuera una hilera de dientes feísimos, o pueden estar ocultos detrás de un panel. En la sección siguiente, "Ajustar el visor del monitor", se describe su función.

✔ Los monitores muestran un mensaje cuando el monitor se enciende y la PC, no (o cuando el monitor no recibe señal de la PC). El mensaje puede decir `No Signal` (`Sin señal`) o algo parecido, o puede pedirle que controle la conexión de inmediato. Eso está bien. El monitor vuelve a cobrar vida cuando usted enciende la consola y éste recibe una señal de video.

✔ Otras piezas que se incorporaron a los monitores de las PC modernas en forma opcional son las cámaras y los parlantes estéreo integrados. Generalmente, estos dispositivos son adecuados; también existen otras opciones mejores para parlantes y video para PC.

Ajustar el visor del monitor

Si le sobra el tiempo, puede pasar la mejor parte del día ajustando diferentes características del monitor de su computadora. Sin embargo, aunque estas características son numerosas, las perillas que se usan para hacer los ajustes no lo son. Comúnmente, usted puede usar entre tres y cinco botones para ajustar la totalidad de las características técnicas de su monitor.

La clave para hacer los ajustes es localizar el botón principal, algunas veces denominado Menú. Si presiona ese botón aparece una ventana en la pantalla, como la que se ve en la Figura 10-2. Luego, puede usar botones adicionales — más, menos, arriba, abajo — para seleccionar las opciones del menú y usar tal vez más botones para ajustar los valores.

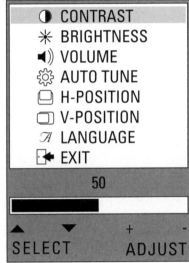

Figura 10-2:
Típica
visualización
en pantalla.

Si tiene suerte, es posible que su monitor no use el sistema de menú en pantalla, sino que tenga una hilera de botones que controlan la configuración individual del monitor, como los que ilustra la Figura 10-3. La idea es usar estos botones para ajustar lo que el icono representa. A veces, tiene que presionar más de un botón para hacer un ajuste determinado.

Figura 10-3:
Iconos
encontrados
en el típico
monitor
de PC.

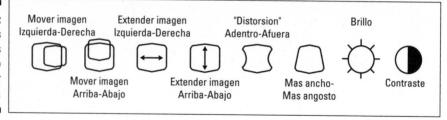

Mover imagen
Izquierda-Derecha

Extender imagen
Izquierda-Derecha

"Distorsion"
Adentro-Afuera

Brillo

Mover imagen
Arriba-Abajo

Extender imagen
Arriba-Abajo

Mas ancho-
Mas angosto

Contraste

✔ Ésta es un área de la PC que realmente me gustaría que estandarizaran.

✔ La información en pantalla aparece sobre cualquier imagen desplegada en el monitor. No se deje dominar por el pánico.

✔ Use los botones para ajustar el tamaño de la imagen y aprovechar toda el área de visualización del monitor.

✔ La mayoría de los monitores tienen un botón *Save* (Guardar) o *Store* (Almacenar), que recuerda la configuración que usted ingresó y la hace permanente. Úselo.

Windows y Su Monitor

El adaptador de gráficos controla al monitor y el software ejerce su poder sobre el adaptador de gráficos. ¿Cuál software? Específicamente, una "cosita" llamada *unidad de video* controla al adaptador de gráficos. Pero quien reina sobre la unidad de video es el sistema operativo. Windows le ofrece muchas opciones para ajustar el visor y lo que ve en la pantalla. Esta sección ofrece varios ejemplos interesantes y útiles.

Invocar la ventana Personalization (Personalización)

Una de las tantas cosas que Windows le permite personalizar en la ventana *Personalization* (Personalización) es la visualización. Para ver la ventana Personalization, siga estos pasos:

1. **Haga clic en el escritorio con el botón derecho del mouse.**

2. **Elija *Personalize* (Personalizar) del menú desplegable.**

   Aparece la ventana *Personalization* (Personalización).

Esta ventana muestra una lista de siete categorías de elementos que usted puede personalizar en Windows. Cuatro de esas categorías se relacionan directamente con el visor: *Window Color and Appearance* (Color y Apariencia de la ventana), *Desktop Background* (Fondo del escritorio), *Screen Saver* (Protector de pantalla) y, por último, *Display Settings* (Configuración del visor).

Puede disponer de un mayor control sobre la visualización con el software específico que acompaña a su adaptador de *display*. Por ejemplo, los adaptadores ATI vienen con un centro de control especial al que puede acceder desde el Área de notificación (*Notification Area*). Los adaptadores NVIDIA tienen un panel de control al que puede acceder desde un comando que aparece haciendo clic en el escritorio con el botón derecho del mouse.

Cambiar la apariencia

Windows le permite meter manos para modificar la apariencia de sus ventanas en la pantalla. Usted puede cambiar el esquema de color básico, la transparencia y otros efectos, así como embarcarse en diversas aventuras que le reportarán una total pérdida de tiempo. Siga estos pasos:

1. **Desde la ventana *Personalization* (Personalización), elija *Window Color and Appearance* (Color y Apariencia de la ventana).**

   Aparece la ventana *Window Color and Appearance* (Color y Apariencia de la ventana), tal como se muestra en la Figura 10-4, querido amigo.

2. **Elija un color nuevo de la paleta, u oprima el botón *Show Color Mixer* (Mostrar Mezcla de colores) para crear su propio color.**

3. **Inserte una marca de verificación en *Enable Transparency* (Habilitar transparencia) si desea poder ver a través.**

4. **Haga clic sobre OK para aceptar los colores.**

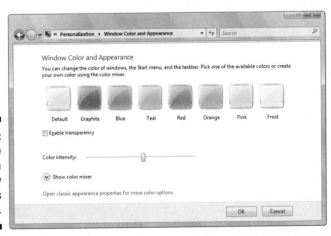

Figura 10-4:
Cambie aquí la resolución y los colores del monitor.

Para hacer ajustes más específicos, haga clic en el enlace al pie de la ventana, *Open Classic Appearance Properties for More Color Options* (Abrir Propiedades de apariencia clásica para más opciones de color). Mediante el cuadro de diálogo *Appearance Settings* (Configuración de Apariencia) puede ajustar cada uno de los aspectos de Windows. Por ejemplo, puede elegir la opción *Windows Classic* (Windows clásico) para que Windows Vista parezca tan bobo como Windows 98.

Cambiar el fondo (papel tapiz)

El fondo, comúnmente llamado *wallpaper* (papel tapiz), es lo que usted ve cuando mira el escritorio. Puede ser un color sólido o puede desplegar cualquier imagen gráfica almacenada en su disco duro o que encuentre en Internet. La ventana *Desktop Background* (Fondo del escritorio) administra todo este proceso, como se muestra en la Figura 10-5.

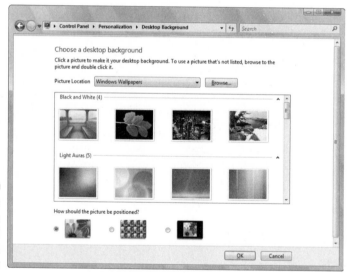

Figura 10-5: Seleccione aquí el papel tapiz.

Así se debe usar esta ventana:

1. **Desde la ventana *Personalization* (Personalización), elija *Desktop Background* (Fondo del escritorio).**

2. **Seleccione una categoría principal de imágenes desde el botón del menú *Picture Location* (Ubicación de imágenes).**

   La categoría *Windows Wallpapers* (Papel Tapiz de Windows) muestra algunas imágenes preestablecidas que vienen con Windows: paisajes, imágenes abstractas, animales, gorditos cortando el césped y otras más.

Las categorías *Pictures, Sample Pictures y Public Pictures* (Imágenes, Imágenes de muestra e Imágenes públicas) presentan una lista de imágenes que se encuentran en la unidad dura de su PC. También puede usar el botón *Browse* (Navegar) para localizar imágenes que no estén almacenadas en la carpeta (o carpetas) *Pictures* (Imágenes) tradicional.

La categoría *Solid Colors* (Colores sólidos) presenta un listado de todos los colores. Puede hacer clic en el botón *More* (Más) para crear su propio color.

3. **Elija una imagen o un color.**

   Si elije una imagen, puede seleccionar a discreción si coloca la imagen centrada, en forma alargada o de mosaico; es decir, la opción que mejor despliegue la imagen en la pantalla.

4. **Haga clic sobre el botón OK para aceptar su opción.**

También puede cerrar la ventana *Personalization* (Personalización), si así lo desea.

✔ El cuadro de diálogo *Browse* (Navegar) funciona igual que el cuadro de diálogo *Open* (Abrir). Consulte el Capítulo 25.

✔ Para configurar una imagen de la Web como papel tapiz, haga clic con el botón derecho sobre la imagen en *Internet Explorer* y elija el comando *Set As Background* (Establecer como fondo) del menú desplegable.

✔ Crear su propio papel tapiz es muy sencillo. Puede hacerlo en el programa *Paint* de Windows o puede usar una imagen escaneada o tomada con una cámara digital. Después de guardar la imagen en la carpeta *Pictures* (Imágenes), usted podrá acceder a ella desde la ventana *Desktop Background* (Fondo del escritorio) para establecerla como fondo del escritorio.

Proteger la pantalla

El protector de pantalla *(screen saver)* es una imagen o animación que aparece en el monitor después de un tiempo de inactividad. Luego de que su computadora esté ahí abandonada, y sintiéndose ignorada por 30 minutos, por ejemplo, aparece la imagen de un pez en una pecera en el monitor para divertir a cualquier fantasma que esté rondando por la habitación.

Para configurar el protector de pantalla de su computadora, siga estas instrucciones:

1. **Desde la ventana *Personalization* (Personalización), elija *Screen Saver* (Protector de pantalla).**

   Aparece el cuadro de diálogo *Screen Saver Settings* (Configuración del Protector de pantalla), como se muestra en la Figura 10-6.

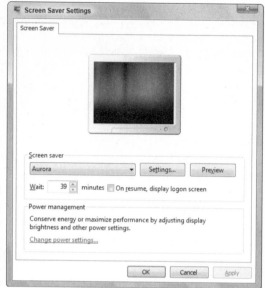

Figura 10-6:
Seleccione aquí un protector de pantalla.

2. **Elija un protector de pantalla desde el botón del menú.**

   Una vista previa del protector de pantalla aparece en la ventana del pequeño monitor.

3. **Haga clic en el botón *Settings* (Configuración) para ajustar cualquier opción del protector de pantalla seleccionado.**

   Las opciones varían según el protector de pantalla.

4. **Ingrese la cantidad de minutos que deberá esperar el protector de pantalla antes de hacer su entrada triunfal.**

   O, si está impaciente, haga clic en el botón *Preview* (Vista previa) para ver el protector en la pantalla completa. (Haga clic para que desaparezca el protector de pantalla).

5. **Haga clic sobre el botón OK.**

Si usted no toca el mouse ni el teclado durante un tiempo determinado, aparecerá el protector de pantalla en su monitor. Para volver a Windows, presione una tecla o mueva el mouse.

> ✔ Para deshabilitar el protector de pantalla, elija (*None*) (Ninguno) en el menú del protector de pantalla.

> ✔ Tenga cuidado al descargar protectores de pantalla de Internet. Aunque algunos son protectores legítimos, la mayoría son avisos publicitarios o programas invasores que después no podrá desinstalar ni eliminar. Si descarga este tipo de *screen saver*, quedará esclavizado a él. ¡Tenga cuidado!

Hacer que las cosas sean más fáciles de ver

Si usted tiene dificultades para ver cosas pequeñas, ajuste el visor para que aparezcan lo más grande posible: Elija una resolución baja, como 800 × 600 ó, incluso, 640 × 480. Aproveche los diversos comandos *View⇨ Zoom* disponibles en las aplicaciones, los cuales aumentan el texto o la materia en cuestión.

También puede dar Instrucciones a Windows para que despliegue iconos más grandes en el visor: Haga clic con el botón derecho del mouse y escoja *View⇨Médium Icons*, o *View⇨ Large Icons* desde el menú desplegable.

✔ Quizás nunca llegue a ver el protector de pantalla, especialmente si usa el sistema de administración de energía de su PC que pone el monitor a dormir. Consulte el Capítulo 15 para mayor información.

✔ Para seguridad extra, tilde la opción *On Resume, Display Logon Screen* (Mostrar pantalla de inicio de sesión al reanudar) del cuadro de diálogo *Screen Saver Settings* (Configuración del Protector de pantalla).

✔ El problema que los protectores de pantalla originales intentaban prevenir se conocía como *quemadura de pantalla*. Todavía puede ocurrirle a los monitores actuales, pero sólo si la misma imagen se despliega durante meses. Los monitores LCD no son susceptibles de sufrir este tipo de daño.

Ajustar el tamaño del visor (resolución) y los colores

Las dimensiones físicas del monitor no pueden cambiar, pero usted puede configurar la cantidad de cosas que ve en la pantalla si ajusta la *resolución* de la pantalla. Es decir, la cantidad de puntos, o *píxeles*, que muestra el monitor, medidos horizontal y verticalmente.

Para configurar la resolución de la pantalla, siga estos pasos:

1. **Desde la ventana *Personalization* (Personalización), escoja *Display Settings* (Configuración del Visor).**

   Aparece el cuadro de diálogo *Display Settings*, como se muestra en la Figura 10-7.

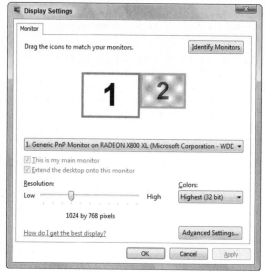

Figura 10-7:
Cambie
aquí la
resolución y
los colores
del monitor.

2. **Mueva el control deslizante *Resolution* (Resolución) que aparece en el cuadro de diálogo *Display Settings* para establecer la resolución del monitor.**

   El deslizador de la resolución de pantalla configura la resolución del visor, medida en píxeles en forma horizontal y vertical. Cuanto más grandes sean los números, mayor información se desplegará. Valores más pequeños brindan menor información, pero hacen que todo se vea más grande.

   Use la ventana *preview* (vista previa), en la parte superior central del cuadro de diálogo, para tener una idea de cómo la nueva resolución afectará la visualización.

3. **Establezca el valor de los Colores mediante el botón del menú; elija el valor más alto disponible para la resolución elegida.**

   La calidad del color determina cuántos colores estarán disponibles en una resolución específica. Los valores son *Medium* (Medio) (16 bit), hasta la máxima capacidad (*Highest*) (32 bit). El valor Medio (*Medium*) es la única opción disponible para determinadas resoluciones altas.

4. **Haga clic en el botón *Apply (*Aplicar) para una vista previa de la nueva resolución.**

5. **Haga clic en el botón *Yes*, si acepta la nueva resolución. Y, listo. De lo contrario, haga clic en *No* y repita los Pasos 2 a 4 hasta quedar conforme.**

   También puede simplemente hacer clic en el botón *Cancel* (Cancelar) en cualquier momento para que desaparezca el cuadro de diálogo *Display Settings*.

Tomar una foto de la pantalla

Diga ¡píxel! Clic. Usted puede tomar una fotografía del visor de su PC sin usar una cámara digital ni colocar el monitor encima de una fotocopiadora. Es muy simple. La clave está en una tecla del teclado: *Print Screen* (Impr pant).

Así es. En los viejos tiempos, la tecla *Print Screen* enviaba una copia impresa de todo el texto en pantalla (en ese tiempo todo era texto) a la impresora de la computadora. Sin embargo, en la actualidad, al presionar la tecla *Print Screen*, se captura todo lo que usted ve en la pantalla y se guarda en *Windows Clipboard* (el Portapapeles de Windows). Desde allí, la imagen de la pantalla puede pegarse en cualquier aplicación de gráficos, como *Windows Paint*.

También puede usar la combinación de teclas *Alt+Print Screen* para capturar la ventana superior de la pantalla.

Si busca sofisticación, preste atención a la nueva utilidad de Windows Vista: *Snipping Tool* (la Herramienta de recorte). Este programa le permite capturar la totalidad o una parte de la pantalla, usar un temporizador para capturar una imagen futura en pantalla, y modificar la imagen en pantalla de diversas formas. La Herramienta de recorte (*Snipping Tool*) es mucho más versátil y útil que el viejo truco de la tecla *Print Screen* para capturar imágenes en pantalla.

La resolución máxima y la configuración del color dependen del adaptador de gráficos y no del tamaño del monitor. Mientras más RAM de video tenga el adaptador de gráficos, habrá más opciones disponibles.

- Note que muchos monitores LCD tienen resoluciones recomendadas, como 1024 por 768 ó 1280 por 1024. Trate de mantenerse dentro de las resoluciones estándares recomendadas por el fabricante del monitor.

- Píxel es la contracción de *pic*ture *el*ement (elemento de la imagen). En el visor de la computadora, un píxel es un solo punto de color.

- Las resoluciones más altas funcionan mejor en los monitores más grandes.

- Algunos juegos para computadora cambian automáticamente la resolución del monitor para permitir que el juego se ejecute. Esto está bien, porque la resolución volverá a la normalidad después de jugar.

Capítulo 11

Compinches de Entrada:
Teclado y Mouse

¿Recuerda esos clásicos dúos cómicos? Laurel y Hardy. Abbott y Costello. Martin y Lewis. Ambos cumplen el propósito de entretener, pero vea cómo cada individuo de la pareja es diferente. Está el tipo honesto y el sabelotodo, el gordo y el flaco, el listo y el tonto. De diversas maneras, los dispositivos principales de su computadora comparten estos atributos cómicos. El teclado es largo y plano, el mouse es pequeño y redondo. El teclado se encarga del texto, el mouse es para los gráficos. Ah, la comedia que podría crearse a partir del mouse y el teclado. Imagínese las aventuras: *¡Teclado y mouse de PC en Asia!*

Pero estoy divagando. El teclado y el mouse son un dúo famoso, pero solo electrónicamente. El teclado es el dispositivo de entrada tradicional de la computadora. El mouse es relativamente nuevo en el campo, pero es absolutamente necesario para la locura y diversión gráfica de las PCs actuales. Este capítulo cubre ambos dispositivos.

Apriétele los Botones al Teclado

Hasta que perfeccionen el hablar con una computadora, tendrá que usar el teclado. Sí, el mouse puede hacer mucho, pero las computadoras todavía dependen de la escritura. Por lo tanto, le servirá saber un poco sobre el dispositivo al que más le pondrá las zarpas cuando use a la Señora computadora.

- ✔ El teclado es el dispositivo de entrada estándar de la computadora. Consulte el Capítulo 1 para obtener más información sobre la entrada de la computadora.

- ✔ Aunque puede hablarle a la computadora, esto no funciona igual de fácil que en esos programas de ciencia ficción de TV. Lea el Capítulo 18.

El teclado de PC básico

Los teclados de PC son cualquier cosa menos estándares. Los teclados personalizados, adornados con botones y funciones especiales, parecen ser la regla, no la excepción. Aún así, la distribución de un teclado de PC básico, con las 104 teclas comunes a todos los teclados de PC, se muestra en la Figura 11-1.

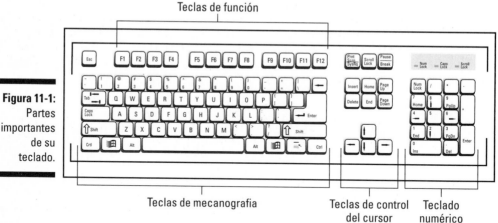

Figura 11-1: Partes importantes de su teclado.

Teclas de función

Teclas de mecanografia

Teclas de control del cursor

Teclado numérico

Hay cuatro áreas principales en el teclado de su PC, como se ilustra en la Figura 11-1:

Teclas de función: Estas teclas están ubicadas en la fila superior del teclado. Están marcadas como F1, F2, F3 y así hasta F11 y F12.

Teclas de mecanografía: Estas teclas son del mismo tipo de las que se encontrarían en una vieja máquina de escribir: letras, números y signos de puntuación.

CONSEJO

"¿Tengo que aprender mecanografía para usar una computadora?"

La respuesta corta: No, no necesita aprender mecanografía para usar una computadora. Muchos usuarios de computadoras juegan a la cacería de teclas. De hecho, la mayoría de los programadores no saben nada de mecanografía, pero eso trae a colación una anécdota interesante: Una vez, un desarrollador de software detuvo todo el desarrollo de proyectos e hizo que sus programadores aprendieran a escribir al tacto. Tardó dos semanas enteras, pero después todos hicieron su trabajo en forma más rápida y eficiente lo que les permitió escaparse a jugar todos esos juegos de computadora tan importantes.

Como premio por poseer una computadora, puede hacer que ésta le enseñe a mecanografiar. El software *Mavis Beacon Teaches Typing* (Mavis Beacon enseña mecanografía) hace justamente eso. Hay otros paquetes disponibles, pero yo personalmente adoro el nombre Mavis Beacon.

Teclas de control del cursor: A menudo llamadas *teclas de flechas (arrow keys)*, estas cuatro teclas mueven el cursor de texto en la dirección de las flechas. Por encima de ellas hay más teclas de desplazamiento de cursor: el paquete de seis de *Insert, Delete, Home, End, Page Up* y *Page Down* (en español: Insertar, Suprimir, Inicio, Fin, Retroceder página y Avanzar página, respectivamente).

Teclado numérico: Muy popular entre los contadores, cajeros de banco y agentes de viajes, el teclado numérico contiene teclas como las de una calculadora. Este teclado también puede funcionar como cursor; la tecla *Num Lock* (Bloq Num, es decir Bloqueo Numérico) determina su comportamiento.

Además de la disposición básica del teclado, su teclado de PC puede tener *incluso más* botones, o puede estar diseñado ergonómicamente u ofrecer cualquier otra variación. Las distintas y variadas opciones de teclado están cubiertas en las siguientes secciones.

- Hay también disponibles teclados inalámbricos. Funcionan con baterías que, al parecer, hay que cambiar cada uno o dos días.

- El *cursor* es la raya parpadeante en la pantalla que le indica dónde aparecen los caracteres que escribe. Y como si *cursor* no fuera lo suficientemente raro, el artilugio parpadeante también se llama *indicador de inserción*.

- Lea la sección "Las hermanas Lock", más adelante en este capítulo para obtener información sobre la duplicidad del teclado numérico.

Teclas variables

Hay cuatro teclas en su teclado que son teclas *modificadoras*. Estas teclas funcionan en combinación con otras para hacer varias cosas increíbles e interesantes:

- ✔ Shift (Mayúsculas)
- ✔ Ctrl o Control
- ✔ Alt o Alternate (Alternar)
- ✔ Win o Windows

Debe mantener presionada una tecla modificadora y luego oprimir otra tecla del teclado. Lo que ocurra entonces depende de las teclas que presione y de cómo reacciona el programa que está utilizando con esa combinación de teclas.

- ✔ La tecla Shift (Mayúsculas) se utiliza para escribir letras mayúsculas o para acceder a los signos de puntuación y otros símbolos en las teclas numéricas y otras. Así es como puede crear los caracteres %@#^ que son tan útiles para insultar en tiras cómicas.

- ✔ Sí, Ctrl se pronuncia "control".

- ✔ Las teclas Ctrl y Alt se utilizan en combinación con otras teclas como atajos para ejecutar comandos específicos. Por ejemplo, si mantiene presionada la tecla Ctrl y pulsa S (Ctrl+S), activa el comando *Save* (Guardar). Si mantiene presionada la tecla Alt y pulsa la tecla F4 (Alt+F4), se cierra una ventana en el escritorio. Pulse y sostenga la tecla Ctrl o Alt, presione rápidamente la otra tecla y luego suelte ambas.

- ✔ Cuando sólo se presiona la tecla Win, aparece el menú de inicio. De otro modo, la tecla Win puede utilizarse en combinación con otras teclas para hacer distintas cosas en el escritorio. Por ejemplo, Win+E llama al programa *Windows Explorer* (Explorador de Windows), y Win+D muestra el escritorio.

- ✔ Aunque puede ver Ctrl+S o Alt+S con *S* mayúscula, no significa que deba presionar Ctrl+Shift+S o Alt+Shift+S. La *S* se escribe en mayúscula simplemente porque Ctrl+s parece un error tipográfico.

- ✔ No se sorprenda si estas teclas modificadoras se combinan entre sí. He visto Shift+Ctrl+C y Ctrl+Alt+F6. Solo recuerde que debe oprimir y sostener estas teclas modificadoras primero, y luego pulsar rápidamente la otra tecla. Suelte todas las teclas a la vez.

- ✔ Algunos manuales usan el símbolo ^Y en lugar de Ctrl+Y. Este término tiene el mismo significado: Sostenga la tecla Ctrl, pulse Y para después soltar las teclas Ctrl e Y.

Abreviaturas de teclado extrañas

Las teclas en el teclado tienen un tamaño limitado. Por lo tanto, algunas palabras tienen que apretujarse para entrar en la tapa de la tecla. Esta es una guía de las teclas con nombres más extraños y de su significado:

Print Screen (Imprimir pantalla) también se conoce como PrScr o Print Scrn (ImPan o Impr Pant).

Page Up (Retroceder página) y *Page Down* (Avanzar página) se escriben como PgUp y PgDn (RePág y AvPág) en el teclado numérico.

Insert (Insertar) y *Delete* (Suprimir) aparecen como Ins y Del (Supr) en el teclado numérico.

SysRq (PetSis) es la abreviatura de *System Request* (Petición del sistema) y no tiene función.

Las hermanas Lock (Bloqueo)

Las tres hermanas Lock son teclas especiales, diseñadas para cambiar la forma en la que otras teclas se comportan:

Caps Lock (Bloq Mayús o Bloqueo de Mayúsculas): Esta tecla funciona como cuando mantiene presionada la tecla Shift (Mayúsculas), pero produce solamente letras mayúsculas (piense en *Caps* como en "*cap*ital letters", o letras mayúsculas en inglés). Presione *Caps Lock* (Bloq Mayús) nuevamente y las letras volverán a su estado normal, en minúsculas.

Num Lock (Bloq Num o Bloqueo de números): Esta tecla hace que el teclado numérico, en el extremo derecho, produzca números. Vuelva a presionar esta tecla y podrá utilizar el teclado numérico para mover el cursor de texto.

Scroll Lock (Bloq Despl o Bloqueo de desplazamiento): Esta tecla no tiene ningún propósito en la vida. Algunas hojas de cálculo la utilizan para invertir la función de las teclas de desplazamiento (lo que mueve la hoja de cálculo en vez del resaltado de celda). *Scroll Lock* (Bloq Despl) no hace nada más que amerite una celebración.

Cuando una tecla de bloqueo se activa, la luz correspondiente aparece en el teclado. La luz puede verse en el teclado o en la propia tecla. Esa es su pista para saber que se ha activado una tecla de bloqueo.

✔ *Caps Lock* (Bloq Mayús) afecta solamente las teclas de la A a la Z. No afecta ninguna otra tecla.

✔ Si digita Este Texto Parece Una Nota de Rescate y aparece como eSTE tEXTO pARECE uNA nOTA DE rESCATE, la tecla *Caps Lock* (Bloq Mayús) se ha activado por accidente. Presiónela una vez para volver todo a la normalidad.

Apréndase los unos y los ceros

En una máquina de escribir, la letra minúscula *L* y el número 1 son generalmente iguales. De hecho, mi vieja Underwood directamente no tiene una tecla 1. Desafortunadamente, en una computadora hay una gran diferencia entre un uno y una *L* pequeña.

Si escribe 1.001, por ejemplo, no escriba l,00l por error. Especialmente cuando trabaja en una hoja de cálculo. Esto le causa arcadas a la computadora.

Lo mismo se aplica a la letra mayúscula *O* y el número 0. Son distintos. Use un cero para los números y una gran *O* para cosas relevantes.

Algunas veces, el cero se muestra con una línea que lo atraviesa, así: Ø, o tal vez con un punto en el medio. Esa es una forma de mostrar la diferencia entre O y 0, pero no se usa con tanta frecuencia. Una mejor indicación es que la letra O suele ser más gorda que el carácter cero.

✔ Si presiona la tecla Shift (Mayúscula) mientras *Caps Lock* está activada, las letras vuelven a la normalidad. (En cierta forma Shift cancela a *Caps Lock*).

Teclas específicas, desde Cualquier tecla a lo bizarro

El teclado de su computadora es un campo de juego virtual de botones; algunos famosos, algunos misteriosos y otros inexistentes. Esta es una lista de lo que es importante y lo que no lo es.

Jaja. No hay una tecla Cualquiera en el teclado. El mensaje infame decía *"Press any key to continue"* (Presione cualquier tecla para continuar) y el programador pensó que era un gesto generoso, pero la gente aún buscaba la tecla "Cualquier". ¡Sorpresa! Cuando la computadora le pide presionar una tecla cualquiera, presione *cualquier tecla* de todo el teclado. Específicamente, presione la barra espaciadora.

La tecla *Break* (Inter o Intermedio) no hace nada. Y, ¿por qué se llama *Break* (romper)? ¿Por qué no llamarla *Brake* (frenar)? ¿No tendría más sentido? Al fin y al cabo, ¿quién quiere que una computadora se rompa? La tecla *Break* (Inter) es la misma que la tecla Pause (Pausa). De hecho, *Break* es en realidad la combinación de teclas Alt+Pause. Vea la descripción de la tecla de Pausa más adelante en esta sección.

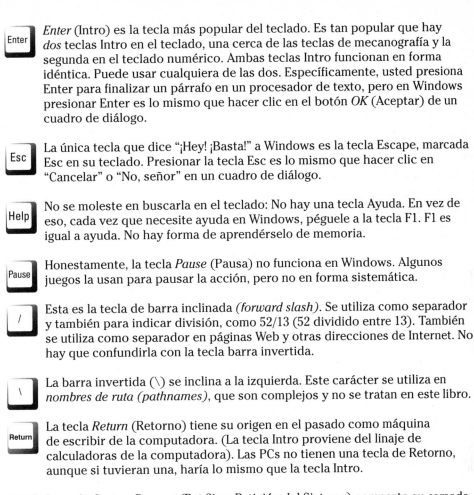

Enter (Intro) es la tecla más popular del teclado. Es tan popular que hay *dos* teclas Intro en el teclado, una cerca de las teclas de mecanografía y la segunda en el teclado numérico. Ambas teclas Intro funcionan en forma idéntica. Puede usar cualquiera de las dos. Específicamente, usted presiona Enter para finalizar un párrafo en un procesador de texto, pero en Windows presionar Enter es lo mismo que hacer clic en el botón *OK* (Aceptar) de un cuadro de diálogo.

La única tecla que dice "¡Hey! ¡Basta!" a Windows es la tecla Escape, marcada Esc en su teclado. Presionar la tecla Esc es lo mismo que hacer clic en "Cancelar" o "No, señor" en un cuadro de diálogo.

No se moleste en buscarla en el teclado: No hay una tecla Ayuda. En vez de eso, cada vez que necesite ayuda en Windows, péguele a la tecla F1. F1 es igual a ayuda. No hay forma de aprendérselo de memoria.

Honestamente, la tecla *Pause* (Pausa) no funciona en Windows. Algunos juegos la usan para pausar la acción, pero no en forma sistemática.

Esta es la tecla de barra inclinada *(forward slash)*. Se utiliza como separador y también para indicar división, como 52/13 (52 dividido entre 13). También se utiliza como separador en páginas Web y otras direcciones de Internet. No hay que confundirla con la tecla barra invertida.

La barra invertida (\) se inclina a la izquierda. Este carácter se utiliza en *nombres de ruta (pathnames)*, que son complejos y no se tratan en este libro.

La tecla *Return* (Retorno) tiene su origen en el pasado como máquina de escribir de la computadora. (La tecla Intro proviene del linaje de calculadoras de la computadora). Las PCs no tienen una tecla de Retorno, aunque si tuvieran una, haría lo mismo que la tecla Intro.

La tecla *System Request* (Pet Sis o Petición del Sistema) comparte su camada con la tecla *Print Screen* (Impr Pant) pero no hace nada por sí sola. Ignórela.

Este bicho es la tecla *Context* (Contexto). Habita entre las teclas Windows y Ctrl del lado derecho. Al presionar esta tecla se muestra el menú de atajos para cualquier elemento seleccionado en pantalla. Es lo mismo que hacer clic derecho con el mouse cuando se selecciona algo. Obviamente, esta tecla es prácticamente inútil.

La tecla *Tab* (Tabulación) se utiliza de dos formas distintas en su computadora, y ninguna de las dos genera una bebida cola dietética. En un procesador de texto, se utiliza la tecla *Tab* para insertar sangría o alinear el texto. En un cuadro de diálogo, la tecla *Tab* se utiliza para moverse entre los distintos artilugios gráficos.

La matemática escalofriante y su teclado de PC

Amontonadas alrededor del teclado numérico, cual *yuppies* al acecho alrededor de Starbucks, hay varias teclas para ayudarle a trabajar con números. Especialmente si está dando sus primeros pasos con una hoja de cálculo u otro programa de cálculos a gran escala, estas teclas le resultarán prácticas. Eche un vistazo al teclado numérico ahora mismo, solo para darse confianza.

¿Qué? ¿Esperaba una tecla de × o ÷? ¡Olvídelo! Esta es una computadora. Utiliza símbolos especialmente rebuscados para las operaciones matemáticas:

✔ + para la suma.

✔ - para la resta.

✔ * para la multiplicación.

✔ / para la división.

El único símbolo extraño aquí es el asterisco para la multiplicación. ¡No utilice la *x* pequeña! No es lo mismo. La / (barra inclinada) funciona bien con la división, pero no pierda tiempo buscando el símbolo ÷. No aparece en ninguna parte.

✔ Utilice la tecla *Tab* en vez de *Enter* cuando está llenando un formulario en un programa, un cuadro de diálogo o en Internet. Por ejemplo, presione la tecla *Tab* para saltar entre los campos Nombre y Apellido.

✔ La tecla *Tab* suele tener dos flechas: una apunta hacia la izquierda y la otra hacia la derecha. Estas teclas pueden estar junto a la palabra *Tab*, o pueden estar ahí solas, para confundirlo.

✔ Las flechas se mueven a ambos lados porque Shift+Tab es una combinación de teclas válida. Por ejemplo, presionar Shift+Tab en un cuadro de diálogo lo hará retroceder entre las opciones.

✔ La computadora trata una tabulación como un solo carácter individual. Cuando hace un retroceso sobre una tabulación en un procesador de texto, la tabulación desaparece completamente, no espacio por espacio.

Teclas especiales en teclados especiales

La tendencia actual es que el teclado de su computadora tenga incluso más botones, teclas específicas que no están dentro de las 104 teclas de un teclado estándar de PC. Por lo general, verá una fila de botones especiales en la parte superior del teclado, pero también puede tener botones a ambos lados.

Esos botones especiales pueden hacer todo tipo de cosas maravillosas. Algunos pueden ajustar el volumen de la PC, o reproducir una canción con el *Windows Media Player* (Reproductor de Windows Media). Algunos botones pueden ayudarlo con la navegación Web, llamar al programa de correo electrónico, abrir carpetas especiales en Windows, o ejecutar programas específicos. Los botones pueden hacer cualquier cosa porque, repito, no son estándares.

Cuando tiene un teclado no estándar, es muy probable que también tenga un programa especial que vino con su computadora. Ese programa especial controla los botones especiales del teclado, y a veces le permite reasignar sus funciones. Busque el programa especial en el menú *All Programs* (Todos los Programas) del menú Inicio, o puede encontrarlo en el Panel de control.

Controlar el Teclado en Windows

Después de presionar y mantener presionada una tecla por un determinado tiempo, esa tecla se repite. Presione y sostenga la tecla A, y verá una fila de AAAAAAAAAAAA. . . . (Así es como puede escribir un diálogo cuando sus personajes caen por un acantilado). La pausa antes de que una tecla se repita es el *Retraso de repetición*. La rapidez con la cual el carácter de la tecla (o función) se repite es la *velocidad de repetición*. Ambos elementos se configuran en el cuadro de diálogo *Keyboard Properties* (Propiedades de teclado) (ver Figura 11-2).

Figura 11-2:
Controle el
teclado
aquí.

Para abrir el cuadro de diálogo, desde la página principal del Panel de control seleccione *Hardware and Sound* (Hardware y sonido) y luego *Keyboard* (Teclado). Desde la vista clásica del Panel de control, seleccione el icono *Keyboard* (Teclado).

Dentro del cuadro de diálogo *Keyboard Properties* (Propiedades de teclado) use el mouse para manipular las barras de desplazamiento en el cuadro de diálogo y definir las velocidades. Luego pruebe los valores en el campo provisto. Haga clic en *OK* (Aceptar) o en *Apply* (Aplicar) solo cuando esté satisfecho.

Actitud apropiada para digitar

Hasta que Windows venga con un simulador de Monja Virtual, depende de usted (y solamente usted) asumir la postura apropiada para escribir cuando usa la computadora. ¡Vigile sus muñecas! ¡No las tuerza! Es importante que tenga en cuenta la postura apropiada y la posición al sentarse, especialmente para evitar algo llamado lesión por esfuerzo repetitivo (RSI, por sus siglas en inglés).

Hay muchas cosas que puede hacer para evitar problemas de RSI y lograr que su experiencia informática resulte placentera:

Adquiera un teclado ergonómico: Aunque sus muñecas sean tan flexibles como un árbol de caucho, es importante que piense en un teclado *ergonómico*. Este tipo de teclado está diseñado especialmente en ángulo para aliviar la tensión de escribir durante períodos prolongados o incluso cortos.

Use un descansa-muñecas: los descansa-muñecas elevan sus muñecas para que pueda escribir en la posición apropiada, con sus palmas *por encima* del teclado y no descansando debajo de la barra espaciadora.

Ajuste su silla: siéntese frente a la computadora con los codos al nivel de las muñecas.

Ajuste su monitor: su cabeza no debe inclinarse hacia abajo o hacia arriba cuando ve la pantalla de la computadora. Debe mirar hacia delante, lo que no ayuda a sus muñecas tanto como ayuda a su cuello.

✔ Los teclados ergonómicos cuestan un poco más que los teclados estándar, pero bien valen la inversión si escribe durante muchas horas, o si quiere que parezca que lo hace.

✔ Algunas almohadillas para mouse tienen elevadores de muñeca incorporados. Son excelentes para aquellas personas que usan aplicaciones que implican un uso intensivo del mouse.

✔ Muchos teclados cuentan con patillas ajustables en la parte inferior para ubicar las teclas en un ángulo cómodo. Úselas.

Usted y el Mouse de Su PC Van de la Mano

El mouse de su PC es un dispositivo de entrada o *input*. Aunque el teclado (otro dispositivo de entrada) puede hacerlo casi todo, un mouse es necesario para controlar gráficos y otros elementos en la pantalla. Especialmente en un sistema operativo como Windows.

✔ Su PC puede haber venido con un mouse en particular, pero siempre puede reemplazarlo por uno mejor.

✔ En inglés, el plural de mouse es *mice*. Una computadora tiene un mouse. Dos computadoras tienen dos *mice*.

El mouse de computadora básico

El mouse tiene su hogar a la derecha del teclado (para la mayoría de los diestros). Necesita un terreno con espacio libre en el escritorio para que pueda mover el mouse por todas partes, una zona del tamaño de este libro es todo lo que necesita.

En la Figura 11-3 se muestra un mouse de computadora típico, aunque lo que ve es apenas un estilo de mouse. La variedad es realmente ilimitada. Aún así, casi todos los mouse de computadora tienen las mismas partes básicas.

Botón izquierdo (principal): El botón izquierdo, que se ubica debajo del dedo índice de su mano derecha, es el botón *principal*. Es el botón con el que más hace clic.

Botón de rueda: El botón central, o botón de rueda, puede presionarse como los botones derechos e izquierdo, y puede hacerlo rodar hacia delante y hacia atrás. Algunas ruedas incluso pueden inclinarse a los lados.

Botón derecho

Botón de rueda | Cuerpo del mouse

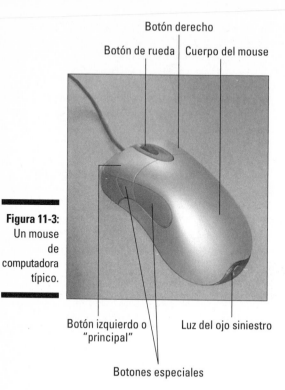

Figura 11-3:
Un mouse
de
computadora
típico.

Botón izquierdo o   Luz del ojo siniestro
"principal"

Botones especiales

Botón derecho: El botón derecho se utiliza para operaciones especiales, aunque hacer clic derecho generalmente abre un atajo de teclado o menú contextual.

Cuerpo del mouse: El mouse es aproximadamente del tamaño de una barra de jabón. Usted descansa la palma sobre el cuerpo y utiliza los dedos para manejar los botones del mouse.

Botones especiales: Algunos equipos vienen con botones especiales, que pueden utilizarse para la navegación en Internet o se les pueden asignar funciones específicas con software especial (vea "Jugar con el mouse en Windows" más adelante en este capítulo).

El óptico contra el mecánico

El mouse detecta el movimiento en su escritorio internamente, ya sea en forma mecánica u óptica.

Un mouse *mecánico* tiene una bola de goma dura que gira a medida que mueve el mouse. Los sensores ubicados dentro del cuerpo del mouse detectan el movimiento y lo traducen en información que interpreta la computadora.

El mouse *óptico* utiliza un sensor LED para detectar movimiento en la mesa y luego envía esa información a la computadora para que esta la devore alegremente.

De los dos tipos, los mouse ópticos son mejores. Duran más tiempo y son más fáciles de limpiar. Además, los mouse ópticos no necesitan una almohadilla, la cual sí es necesaria para que la bola de un mouse mecánico tenga suficiente tracción. Un mouse óptico puede trabajar en cualquier superficie que no sea reflectante.

Mouse sin cables

Mucho antes de que la mujer del granjero empuñara el cuchillo de trinchar, existían los mouse de computadora inalámbricos. Hay dos tipos:

- ✔ Infrarrojo (IR)
- ✔ De Radiofrecuencia

Con ambos tipos, el mouse envía una señal a la estación base conectada al puerto de mouse de la computadora. El mouse sin cable necesita energía, que viene en forma de baterías. Estas se deben reemplazar o recargar de vez en cuando, de otro modo el mouse no funciona.

- ✔ De los dos tipos de mouse inalámbrico, se prefiere el de radiofrecuencia. Los mouse de radiofrecuencia no necesitan un campo visual libre entre el mouse y el adaptador inalámbrico, lo que puede ser un problema en un escritorio típicamente desordenado.
- ✔ La mejor solución para las baterías de un mouse inalámbrico es utilizar un mouse con una base de recarga; el mouse sin cables se guarda en la base cuando no está en uso. Eso hace que el mouse sea más fácil de encontrar y mantiene la cosa cargada.

Otras especies de mouse

Los mouse de computadora parecen tener una variedad mucho mayor que la de cualquier periférico de PC. El mouse alternativo más común es el que incluye más botones. Los botones adicionales se pueden programar para hacer cosas específicas, como navegar por la Web o pasar las páginas cuando está leyendo un documento. ¿Cuántos botones? El típico mouse "botonizado" puede tener cinco botones. El máximo que he visto, sin embargo, ha sido 57 botones. (Y no estoy bromeando).

Una variante popular del mouse es el *TrackBall*, que es como un mouse al revés. En vez de hacer que el mouse se deslice, usted utiliza el pulgar o el dedo índice para hacer girar una bola que se encuentra en la parte superior del aparato. El aparato se queda quieto, así que no se necesita tanto espacio y nunca se le enreda el cable. Este tipo de mouse es el preferido por los artistas gráficos porque suele ser más preciso que el mouse tradicional del estilo "jabón atado".

Otra mutación de mouse que disfrutan los artistas es el mouse *stylus*, que se ve como un bolígrafo y escribe en una superficie especial. Este mouse también es sensible a la presión, lo que es estupendo para usar en aplicaciones de pintura y gráficos.

Finalmente, esos mouse *3-D sin cables* que pueden apuntarse a la pantalla de la computadora como un control remoto de TV. Esas cosas me ponen los pelos de punta.

Operaciones Básicas del Mouse

El mouse de la computadora controla un puntero gráfico o cursor en la pantalla. Cuando mueve el mouse por ahí, deslizándolo en su escritorio, el puntero de la pantalla se mueve de un modo similar. Deslice el mouse a la izquierda y el puntero se mueve a la izquierda; deslícelo en círculos y el puntero imita esa acción; haga que el mouse se caiga de la mesa y su computadora estornuda (es una broma).

Éstas son algunas de las operaciones más básicas del mouse:

Señalar: Cuando se le indica que "señale con el mouse", usted mueve el mouse por el escritorio, lo que mueve el puntero del mouse en la pantalla para señalar algo interesante (o no).

Hacer clic: Hacer *clic* es presionar el botón del mouse; presiona una sola vez el botón principal (el de la izquierda) y lo suelta. Esta acción emite un sonido de "clic"; de ahí viene el nombre de esta maniobra. Generalmente se hace clic para seleccionar algo o para identificar una ubicación específica en la pantalla.

Hacer clic con el botón derecho (o hacer clic derecho): Esta acción es la misma que hacer un clic, pero se utiliza el botón derecho del mouse.

Hacer doble clic: Esto funciona igual que el clic común, aunque hace clic dos veces en el mismo lugar; y, por lo general, bastante rápido. En Windows, esto se usa generalmente para abrir algo, como un icono. Ambos clic deben ser sobre (o cerca) del mismo lugar para que funcione el doble clic.

Arrastrar: La operación de arrastre se hace para levantar gráficamente algo de la pantalla y moverlo. Para hacer esto, usted señala con el mouse lo que quiere arrastrar y luego presiona y sostiene el botón del mouse. Mantenga el botón del mouse presionado, lo que "levanta" el objeto, y luego mueva el mouse a otra ubicación. A medida que mueve el mouse (y mantiene el botón presionado) el objeto también se mueve. Para liberar o *soltar* el objeto, suelte el botón del mouse.

Arrastrar con el botón derecho (o Arrastrar derecho): Esta acción es la misma que arrastrar, pero en este caso se utiliza el botón derecho del mouse.

Muchas de estas operaciones básicas del mouse se pueden combinar con teclas del teclado. Por ejemplo, Shift+clic significa presionar la tecla Shift del teclado mientras hace clic con el mouse. Ctrl+drag (Ctrl+arrastrar) significa presionar y sostener la tecla Ctrl mientras arrastra un objeto con el mouse.

✔ La mejor manera de aprender a usar el mouse es jugar un juego de cartas en la computadora, como *Solitaire* (Solitario) o *FreeCell* (ambos vienen incluidos en Windows). Tendrá el mouse dominado con apenas unas pocas horas de frustración.

✔ No es necesario que apriete el mouse, agarrarlo con suavidad es todo lo que necesita.

✔ Presione *y suelte* el botón del mouse para hacer clic.

✔ Si hace doble clic y nada sucede, puede ser que no lo esté haciendo con suficiente rapidez. Lea la sección "¡El doble clic no funciona!" más adelante en este capítulo.

Jugar con el Mouse en Windows

En Windows, el cuadro de diálogo *Mouse Properties* (Propiedades de mouse) es el que controla, manipula y molesta al mouse, como se muestra en la Figura 11-4. Para mostrar ese cuadro de diálogo, abra la página principal del Panel de control y seleccione el vínculo *Mouse* debajo de *Hardware and Sound* (Hardware y sonido). Desde la vista clásica del Panel de control, haga doble clic en el icono *Mouse* para activar el cuadro de diálogo *Mouse Properties* (Propiedades de mouse).

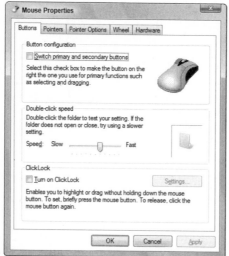

Figura 11-4:
El cuadro de diálogo Propiedades de mouse.

Tenga en cuenta que el cuadro de diálogo *Mouse Properties* (Propiedades de mouse) se puede ver diferente al de la Figura 11-4 y a lo que muestren otras ilustraciones de este libro. Todo depende del mouse que utilice en su PC. Aunque algunas pestañas genéricamente son lo mismo, otras son específicas para el hardware del mouse, como por ejemplo asignar funciones a botones específicos.

"¡No encuentro el puntero del mouse!"

La pestaña *Pointer Options* (Opciones de puntero) del cuadro de diálogo *Mouse Properties* (Propiedades de mouse), como se muestra en la Figura 11-5, cuenta con una cantidad de opciones para ayudarle a encontrar un puntero perdido. Estas opciones pueden resultar útiles, especialmente en pantallas más grandes o cuando el puntero flota sobre un escritorio muy lleno de cosas.

✔ La opción *Display Pointer Trails* (Mostrar rastro del puntero del mouse) muestra una estela parecida a la de un cometa conforme usted mueve el mouse. Mover el mouse por todos lados o en círculos genera un gran alboroto visual, lo que le permite ubicar rápidamente el puntero del mouse.

Figura 11-5:
Formas de
encontrar
un mouse
rebelde.

✔ La opción *Show location of pointer when I press the CTRL key* (Mostrar ubicación del puntero al presionar la tecla CTRL) le permite encontrar el puntero del mouse al presionar rápidamente la tecla CTRL. Esta acción hace que aparezca un círculo parecido a un radar alrededor de la ubicación del cursor.

✔ También puede utilizar la opción *Automatically move pointer to the default button in a dialog box* (Mover automáticamente el puntero al botón predeterminado en un cuadro de diálogo), que hace que el puntero del mouse salte al botón principal en cualquier cuadro de diálogo que aparezca (Esta opción me resulta molesta).

"¡El doble clic no funciona!"

Si aparentemente no funciona hacer doble clic, puede que esté ocurriendo una de dos cosas: O está moviendo levemente el puntero del mouse entre los clics, o la *velocidad* de doble clic establecida es demasiado rápida para dedos humanos.

La *velocidad de doble clic* se determina en el cuadro de diálogo *Mouse Properties* (Propiedades de mouse), en la pestaña *Buttons* (Botones), en la sección *Double-Click Speed* (Velocidad de doble clic). Practique su doble clic en el icono pequeño de la carpeta que aparece a la derecha. Use la barra de desplazamiento *Slow-Fast* (Lento-Rápido) para ajustar mejor su velocidad de reacción al hacer doble clic.

"¡Soy zurdo y los botones están al revés!"

A fin de cuentas, ¿qué tiene de siniestro ser zurdo?

En Windows, puede ajustar el teclado para uso izquierdo en la pestaña *Buttons* (Botones) que se mostró anteriormente en la Figura 11-4. Marque la casilla *Switch Primary and Secondary Buttons* (Intercambiar botones primario y secundario). De ese modo, el botón principal del mouse estará debajo de su dedo índice izquierdo.

✔ Este libro y todos los manuales y libros de computación dan por supuesto que el botón izquierdo es el botón principal. Los *clics con el botón derecho* son clics con el botón secundario del mouse. Si le dice a Windows que use el mouse para zurdos, estos botones se invierten. Tenga en cuenta que la documentación no refleja esto.

✔ Existen mouse para zurdos diseñados para que su mano izquierda calce mejor que todos los mouse tendenciosos y orientados para la mano derecha del mercado.

✔ No hay una configuración para gente ambidiestra, ¡adivinó!

Capítulo 12

Lo Que Importa Es la Impresora

. . . .

En Este Capítulo

▶ Comprender las impresoras de PC

▶ Comparar la inyección de tinta y la impresión láser

▶ Poner la impresora fuera de línea

▶ Expulsar una página

▶ Darle más tinta a la impresora

▶ Comprar papel

▶ Instalar una impresora nueva

▶ Establecer márgenes

▶ Imprimir en orden inverso

▶ Detener una impresora que enloqueció

. . . .

*L*as computadoras y las impresoras datan de mayor tiempo atrás del que usted cree. Las primeras terminales de computadoras fueron en su mayoría aparatos telegráficos. Todo lo que el científico informático ingresaba en la computadora se imprimía al instante en el teletipo. La tradición del teletipo es la razón por la cual las computadoras en la televisión y en las películas hacen ruido cuando imprimen caracteres en pantalla. De hecho, la abreviatura de *tele*type (teletipo), *tty*, se sigue usando en computación para referirse a los dispositivos E/S estándar: el teclado y el monitor.

Con el tiempo, el teletipo mutó en tres periféricos esenciales de la computadora: el teclado, el monitor y la impresora. Aún hoy se requieren estos tres aparatos para completar un sistema básico de computación. Si bien es posible que no adquiera una impresora al comprar su PC, vale la pena tenerla en cuenta, y sin duda vale la pena tener una. Este capítulo cubre todo lo relacionado con impresoras de PC y la impresión.

Observar la Impresora

La función de la impresora es imprimir cosas, obtener una *copia en papel* de la información almacenada en la computadora. Pues sí, también podría escanear, fotocopiar y lavar los platos. Pero en su corazón está un aparatito que coloca tinta en el papel y produce algo que usted puede mostrar al mundo.

Categorías de impresoras

Las impresoras de PC se clasifican según el modo en que la tinta salpica el papel. Otras subcategorías se basan en las características de la impresora. La siguiente es una lista breve:

- Inyección de tinta
- Foto
- Multifunción
- Láser
- Impacto

Las impresoras de inyección de tinta, foto y multifunción utilizan el mismo método básico para colocar la tinta en el papel: propulsan diminutas pelotas de tinta en el papel. Debido a que estas diminutas pelotillas de tinta se pegan al papel, este tipo de impresora no necesita cinta ni cartucho de tóner; la tinta se inyecta directamente, de ahí su nombre.

Las impresoras láser principalmente se encuentran en oficinas, ya que pueden hacerse cargo de un gran volumen de trabajo. La impresora utiliza un rayo láser para crear la imagen, funciona de un modo similar a una fotocopiadora que utiliza el reflejo de una imagen. El resultado es veloz y tajante, pero no tan económico como en las impresoras de inyección.

Hoy en día, queda alguna que otra impresora de impacto, aunque en el pasado este tipo de impresora llegó a ser la predominante. Estas impresoras son más lentas y más ruidosas que los otros tipos. Utilizan una cinta y algún mecanismo que golpea materialmente la cinta contra el papel. Por esa razón, ahora las impresoras de impacto se usan principalmente para imprimir facturas y formularios multicopia. Non son prácticas para uso en el hogar.

- Las impresoras de inyección de tinta no son, en absoluto, sucias. La tinta ya está seca cuando el papel se asoma fuera de la impresora.

- Una impresora láser que imprime a color se conoce como impresora láser color. La impresora láser regular (que no es a color) solo usa tinta de un color; por lo general, negro.

✔ Las impresoras de inyección de tinta de menor calidad cuestan menos porque son tontas; no tienen ningún componente electrónico interno para ayudar a crear la imagen. En su lugar, a la PC le toca pensar, y esto demora un poco las cosas. Cuando paga un poco más por una impresora de inyección de tinta, por lo general, ésta incluye partes inteligentes.

✔ Las impresoras más costosas ofrecen una mejor calidad de impresión, más velocidad, más opciones de impresión, la posibilidad de imprimir en hojas más grandes y otras funciones sorprendentes.

Un vistazo a su impresora

Tómese un momento para examinar su impresora e identifique los componentes de utilidad, tal como están rotulados en la Figura 12-1.

Alimentador de papel: Es donde se almacena el papel que la impresa utilizará para imprimir. Para información adicional, consulte la sección "Alimente su impresora. Parte II: Papel" más adelante en este capítulo.

Cartuchos de tinta bajo la cubierta   Alimentación de papel

Figura 12-1:
Partes
insignes
de la
impresora.

Bandeja de salida del papel

Panel de control

Ranuras para las
tarjetas de memoria

Alimentador manual/de sobres: Las impresoras más sofisticadas pueden estar provistas de una ranura, una bandeja o un elemento desplegable para alimentar manualmente papeles especiales o sobres. Podría estar oculto en su impresora y no está ilustrado en la Figura 12-1, así que eche un buen vistazo para saber si su impresora tiene una cosa por el estilo.

Reemplazo de la tinta o el tóner: Las impresoras no imprimen eternamente. En algún momento, tiene que darle de comer más tinta. Fíjese cómo se abre la impresora para encontrar el lugar apropiado. Vea también la sección "Alimente su impresora. Parte I: Tinta" más adelante en este capítulo.

Panel de Control: Consulte la siguiente subsección para más detalles.

Lector de tarjeta de memoria: Muchas impresoras de fotos tienen un lugar donde conectar directamente la tarjeta de memoria de su cámara digital.

Bandeja de salida del papel: El papel impreso sale de la impresora y se apila en la bandeja de salida. Si el papel sale con la cara impresa hacia arriba, asegúrese de leer la sección "Imprimir en orden inverso" más adelante en este capítulo.

El poderoso Panel de Control de la impresora

Todas las impresoras tienen un Panel de Control en alguna parte de su estructura. Los modelos más elegantes tienen una pantalla LCD que permite visualizar texto u obtener una vista previa y seleccionar las fotos a imprimir. Las impresoras menos elegantes pueden lucir apenas un par de botones. Como sea, los dos botones que importa encontrar o las dos funciones a las que importa acceder en el Panel de Control son:

- *On-Line* (En línea) o *Select* (Seleccionar)
- *Form Feed* (Fuente de alimentación)

El propósito del botón *On-Line* o *Select* es decirle a su impresora si debe ignorar a la PC. Cuando la computadora no está en línea, o no está seleccionada, no puede imprimir. La impresora queda encendida, lo cual resulta útil para acceder a ciertas funciones, desatascar el papel, o realizar tareas que no podría hacer mientras está imprimiendo.

El botón *Form Feed* se usa para expulsar una hoja de papel de la impresora. Por ejemplo, si cancela una impresión y solo media página está impresa, puede expulsar esa página activando el botón Form Feed. O bien, puede oprimir ese botón cada vez que quiera que la impresora eyecte una hoja en blanco.

- ✔ La PC solamente puede imprimir cuando la impresora está en línea o seleccionada.

- ✔ Si aparentemente su impresora no tiene Panel de Control, es probable que se controle a través de un Panel de Control de software en Windows. Esto es una característica de la impresora y no forma parte de Windows, por lo tanto, consulte el manual de la impresora para información adicional.

- ✔ Las impresoras con Paneles de Control LCD a menudo usan botones de menú para ayudarle a elegir las opciones de conexión y la fuente de alimentación.

- ✔ Las impresoras multifunción tienen botones adicionales en el Panel de Control — por ejemplo, botones para hacer copias y escanear. Un programa de ayuda en Windows probablemente le brinde aún más control sobre las capacidades de la impresora. Tenga en cuenta que esos programas son propios de la impresora y no forman parte de Windows.

- ✔ Tenga a mano el manual de su impresora. Yo guardo el manual justo debajo de la impresora, donde siempre puedo encontrarlo. Tal vez nunca lo lea, pero si repentinamente surge en la pantalla el mensaje `Error 34`, puede buscar `Error 34` en el manual y saber cómo arreglarlo. (Le habla la voz de la experiencia).

Alimente su impresora. Parte 1: Tinta

Estaremos en el siglo XXI, pero la humanidad sigue imprimiendo con tinta y papel, tal como lo hacían los chinos cientos de años atrás. El tipo de tinta y la forma de almacenarla depende del tipo de impresora que usa.

Las impresoras de inyección de tinta, que incluyen los modelos de foto y multifunción, utilizan *cartuchos de tinta*. Las impresoras láser usan *tóner*, una sustancia de tinta en polvo que también viene en cartuchos. De cualquier manera, usted siempre gasta mucho dinero en reemplazar la tinta.

Todas las impresoras usan tinta o tóner negro. Las impresoras color también utilizan negro, además de otros tres colores de tinta o tóner: magenta, cian y amarillo. Las impresoras de fotos añaden otros dos colores: otra variedad de magenta y cian.

Para remplazar un cartucho, generalmente se hace así:

1. **Desenvuelva cuidadosamente el papel de aluminio o envoltorio del cartucho nuevo.**

2. **Retire cualquier cinta o envoltura, conforme a las instrucciones del paquete.**

3. **Introduzca el cartucho en la impresora, siempre siguiendo las instrucciones propias de su impresora.**

4. **Coloque el cartucho usado en la caja del cartucho nuevo y deséchelo adecuadamente o hágalo reciclar.**

Algunos fabricantes venden sus cartuchos con un sobre de reenvío, de modo que usted pueda devolver el cartucho usado a la fábrica para su reciclado o adecuado desecho.

✔ Tenga cuidado de no aspirar el polvillo de un cartucho de tóner, podría resultar mortal.

✔ A veces, los colores en una impresora de inyección de tinta vienen de a tres por cartucho. Sí, esto quiere decir que si se acaba solamente un color de tinta, debe remplazar todo el cartucho, a pesar de que aún tenga cantidad suficiente de los otros dos colores.

✔ Así es, ganan dinero vendiéndole tinta. Por eso la impresora es barata. Es el mismo viejo concepto de "regálales la afeitadora y véndeles la hoja de afeitar".

✔ Anote el tipo de cartuchos de inyección de tinta que usa su impresora. Tenga a mano el número de catálogo; puede pegarlo con cinta adhesiva en la cubierta de su impresora, para que siempre pueda volver a ordenar el cartucho adecuado.

✔ Siempre siga cuidadosamente las instrucciones para cambiar los cartuchos. Los cartuchos viejos pueden derramarse y regar tinta por todas partes. Compre guantes de hule (o esos guantes de plástico baratos con los que se parece Batman) y úselos cuando tenga que cambiar cartuchos de tinta o tóner. Le sugiero también que tenga una servilleta de papel a mano.

✔ CYMK es la abreviatura de *c*yan, *y*ellow, *m*agenta y blac*k* (cian, amarillo, magenta y negro, respectivamente), los colores comúnmente utilizados por las impresoras de inyección de tinta.

✔ ¡No siempre tiene que imprimir a color! También puede perfectamente imprimir en tinta negra, y así evitar que el cartucho de color (muchas veces costoso) se vacíe. El cuadro de diálogo *Print* (que se describe más adelante en este capítulo) suele tener una opción que le permite elegir si quiere imprimir con tinta negra o de color.

✔ Cuando la impresora láser le advierte por primera vez que `Toner [is] low` (El cartucho tiene poco tóner), todavía puede imprimir unas cuantas páginas, meciendo suavemente el cartucho. Retire el cartucho y mézalo hacia delante y hacia atrás (no de extremo a extremo), permitiendo así que se redistribuya el polvo del tóner.

✔ En vez de comprar cartuchos nuevos, considere la posibilidad de recargar los cartuchos de tinta o tóner. Asegúrese de tratar con una compañía de confianza; no todos los tipos de cartuchos pueden reciclarse con éxito.

✔ Nunca deje que el tóner de su impresora se acabe o que el cartucho de tinta se seque. Tal vez crea que exprimir hasta la última gota de tinta le ahorrará dinero, pero no es bueno para la impresora.

Alimente su impresora. Parte II: Papel

Además de consumir tinta, las impresoras también comen papel. Por suerte, el papel no cuesta tanto como la tinta, así que no irá a la bancarrota si dilapida una o dos resmas de papel. La única cuestión es por dónde introducir el papel. Como cuando le da de comer a un bebé, hay un extremo correcto y otro incorrecto.

El papel entra por una bandeja de alimentación, ya sea en la parte inferior o superior de la impresora.

Las impresoras láser requieren que se cargue el papel en cartucho, un poco como sucede con las fotocopiadoras. Deslice el cartucho completamente hacia el interior de la impresora una vez que haya terminado de cargarlo.

Confirme que esté colocando el papel de forma apropiada, ya sea con la cara hacia arriba o hacia abajo. Fíjese cuál es el lado superior. La mayoría de las impresoras tienen pequeños dibujos que le indican cómo va el papel en la impresora. Ésta es la forma de traducir esos símbolos:

✔ El papel se introduce con la cara hacia abajo y el borde superior hacia arriba.

✔ El papel se introduce con la cara hacia abajo y el borde superior hacia abajo.

✔ El papel se introduce con la cara hacia arriba y el borde superior hacia arriba.

✔ El papel se introduce con la cara hacia arriba y el borde superior hacia abajo.

Saber orientar correctamente el papel resulta muy útil cuando carga en la bandeja elementos como cheques para usar con un software financiero. Si la impresora no le indica qué lado va hacia arriba, escriba *Arriba* en una hoja de papel y hágala pasar por la impresora. Luego dibuje su propio icono, parecido a los que figuran más arriba, para ayudarle a orientar las páginas que introduce manualmente en la impresora.

Asegúrese siempre de tener suficiente papel para imprimir. Comprar demasiado papel no es pecado.

Tipos de papel

No existe la típica hoja de papel. El papel viene en diferentes tamaños, pesos (grados de espesor), colores, estilos, texturas y, supongo, sabores.

El mejor papel de uso general es el papel estándar para fotocopiadoras. Si quiere obtener los mejores resultados de su impresora de inyección de tinta, lo mejor será comprar papel específico para inyección de tinta, aunque pagará más por este tipo de papel. El papel para inyección de tinta de mejor calidad (y el más caro) es realmente bueno para imprimir a color; está especialmente diseñado para absorber bien la tinta.

Los más sofisticados de la gama son los papeles especializados, como los papeles fotográficos, que vienen con acabados mate o brillante, las transparencias y los papeles de transfer por calor para camisetas. Asegúrese simplemente de comprar el papel apropiado para su tipo de impresora, ya sea de inyección de tinta o láser.

- ✔ Algunas impresoras tienen la capacidad de imprimir hojas más grandes, como las de tamaño oficio o tabloide. Si es el caso, asegúrese de cargar el papel correctamente y de avisarle a su aplicación que está usando un papel de tamaño diferente. El comando *File* (Archivo)⇨*Page Setup* (Configurar página) es el responsable de seleccionar el tamaño de papel.

- ✔ Evite utilizar papeles gruesos, ya que se atascan dentro de la impresora. (No pueden doblar bien las esquinas).

- ✔ Evite usar papel bond borrable y otros papeles con acabados sofisticados en su impresora. Estos papeles tienen revestimientos de talco que estropean el mecanismo.

- ✔ No se deje engañar por la publicidad de papeles caros: su impresora de inyección de tinta puede imprimir en casi todos los tipos de papel. Aún así, el papel costoso *sí* produce una mejor imagen.

- ✔ Mi tipo de papel favorito para impresora de inyección es el *papel láser*. Tiene una apariencia satinada y es sutilmente ceroso al tacto.

Configurar la Impresora

Las impresoras son uno de los dispositivos más fáciles de instalar y configurar. Una vez liberada la impresora de su caja, de las varias cintas y del maldito poliestireno, localice el cable de alimentación de la impresora. Luego, localice el cable de la impresora, el que conecta la impresora a la consola.

¡Ajá! Apuesto que no había ningún cable para conectarla a la consola, ¿verdad? Nunca hay. Tiene que comprar ese cable por separado. Le recomiendo que compre un cable USB si la impresora es feliz con eso. De lo contrario, compre un cable bidireccional estándar de impresora para PC. Consulte el Capítulo 3 para más información sobre cómo enchufar las cosas.

Antes de precipitarse, lea el manual de instrucciones de la impresora para saber si necesita instalar un software antes de encenderla. Si no es necesario, enciéndala. Windows reconoce una impresora USB al instante y la configura. ¡Qué buena es la vida!

Las impresoras que usan el tradicional cable de impresora, o las impresoras en red, requieren más trabajo. Vea la sección "Agregar una impresora de forma manual" más adelante en este capítulo.

La mayoría de las impresoras, al igual que las PC, ahora pueden permanecer encendidas todo el tiempo. La impresora automáticamente entra en un modo de ahorro de energía cuando deja de usarla. Sin embargo, si no imprime a menudo (al menos todos los días) puede perfectamente apagar su impresora.

✔ Recomiendo colocar la impresora cerca de la consola, como a un brazo de distancia.

✔ Algunas impresoras USB requieren ser conectadas directamente a la computadora, y no en un concentrador USB.

✔ Puede conectar varias impresoras a una sola computadora. Mientras que la computadora tenga un segundo puerto de impresora u otro puerto USB o esté en red, múltiples impresoras funcionan bien.

Windows y Su Impresora

La acción de imprimir en Windows ocurre dentro de la ventana *Printers and Faxes* (Impresoras y Faxes) (vea la Figura 12-2). Para llegar allí, elija *Printer* (Impresora) ubicado debajo del encabezado *Hardware and Sound* (Hardware y Sonido) en la Ventana Principal del Panel de Control o abra el icono *Printer* (Impresora) en el Panel de Control de la vista Clásica.

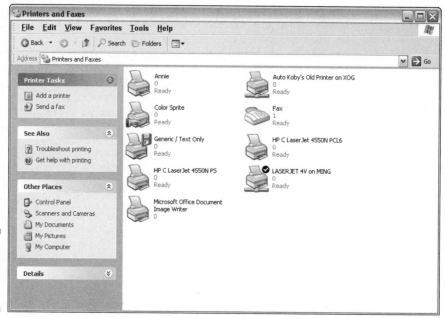

Figura 12-2:
La ventana
Impresoras
y Faxes.

La ventana *Printers and Faxes* (Impresoras y Faxes) enumera todos los
dispositivos de impresión conectados a disposición de la computadora,
incluyendo un módem fax. Esto es una muestra de lo que puede llegar a
encontrar:

 The default printer (La impresora predeterminada): Esta impresora es la
que Windows utiliza automáticamente — la principal, o primera, impresora —
que Windows llama impresora *default (predeterminada).* La puede reconocer
porque está seleccionada.

 The fax machine (El fax): Este icono representa el módem fax de su PC — si
es que tiene uno. Enviar un fax funciona exactamente como imprimir.

 A shared printer (Una impresora compartida): Las impresoras con el icono
de compartir con otros usuarios están conectadas a su PC, pero también
están a disposición de otros en la red informática.

 A network printer (Una impresora en red): Las impresoras con tuberías
debajo existen en algún otro lugar de la red. Puede utilizarlas como cualquier
otra impresora, pero tendrá que caminar cierta distancia para llegar al
documento impreso.

Aparecen todo tipo de impresoras en la ventana *Printers* (Impresoras) y todas
ostentan el mismo icono genérico, de modo que no se puede saber realmente
qué tipo de impresora es con sólo ver su icono en la ventana.

Agregar una impresora de forma manual

Es probable que su impresora se haya configurado cuando ejecutó su PC por primera vez. Windows le hace algunas preguntas acerca de la impresora, usted las responde y ya está. Pero cuando necesite agregar otra impresora, especialmente una impresora que no sea USB, eso implica más trabajo.

La clave para agregar una impresora que no sea USB, o cualquier impresora que se niegue obstinadamente a aparecer por sí sola en la ventana de *Printers* (Impresoras), es hacer clic en el botón *Add a Printer* (Agregar una impresora) de la barra de herramientas que se encuentra en la ventana de *Printers* (Impresoras). Cuando hace clic allí, activa el *Add Printer Wizard* (Asistente para agregar impresoras), que le hará una serie de preguntas acerca del tipo de impresora que está agregando. Simplemente siga las indicaciones del asistente para instalar y configurar la impresora.

Estas son mis palabras de sabiduría para ayudarle a relacionarse con el Asistente:

✔ Deje que el administrador de redes se ocupe de conectar las impresoras de red.

✔ No se preocupe por la opción *Plug and Play* (Conectar y Usar), Windows ya reconoció cualquier impresora con esa característica.

✔ Es muy probable que la impresora esté conectada al primer puerto de impresión, con el nombre de código LPT1.

✔ Recomiendo imprimir la página de prueba solo para cerciorarse de que la operación ha sido exitosa.

✔ Si su impresora vino con su propio CD, necesitará instalar programas de ese CD para comenzar o finalizar la instalación de la impresora. Consulte la documentación que acompaña al CD.

Cuando la impresora esté debidamente conectada y todo esté en orden, verá imprimirse esa gratificante página de prueba. Puede entonces comenzar a usar la impresora. Su icono aparece en la ventana *Printers and Faxes* (Impresoras y Faxes).

Configurar la impresora predeterminada

Cuando su computadora está conectada o tiene acceso a varias impresoras, puede darse el lujo de elegir cuál de todas desea usar como impresora principal. La impresora principal, o predeterminada, es la que Windows utilizará automáticamente, por ejemplo, cuando haga clic en el botón *Print* (Imprimir) de la barra de herramientas.

Para configurar una impresora como predeterminada, siga estos pasos:

1. **Abra la ventana de *Printers* (Impresoras).**

2. **Seleccione la impresora que piensa usar con mayor frecuencia.**

3. **Haga clic en *Set As Default* (Establecer como predeterminada) en la barra de herramientas.**

La pequeña marca de verificación en el icono de la impresora le confirma que ha configurado la impresora como predeterminada.

Puede cambiar la impresora predeterminada en cualquier momento con sólo repetir estos pasos.

Funcionamiento Básico de la Impresora

En Windows, imprimir es un juego de niños. Todas las aplicaciones soportan el mismo comando de impresión: Escoja *File* (Archivo)⇨*Print* (Imprimir) en el menú, o presione Ctrl+P, para ver el cuadro de diálogo de *Print* (Imprimir) (vea la Figura 12-3). Haga todos los ajustes necesarios y luego haga clic en el botón *Print* para imprimir su obra de arte.

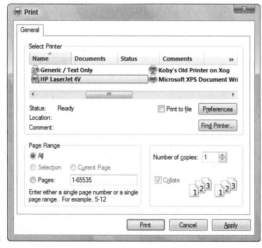

Figura 12-3:
Un típico cuadro de diálogo *Print* (Imprimir).

El cuadro de diálogo *Print* (Imprimir) ilustrado en la Figura 12-3 es típico de casi todos los programas. Para imprimir el documento entero, simplemente haga clic en el botón *Print* (Imprimir). De lo contrario, puede activar las opciones en el cuadro de diálogo para modificar cómo y qué imprime.

Por ejemplo, puede elegir otra impresora de la lista de impresoras disponibles. O bien, puede definir la cantidad de páginas que va a imprimir (*Page Range*) (Intervalo de Páginas) y el número de copias.

En el cuadro de diálogo *Print* (Imprimir) puede encontrar un botón *Properties* (Propiedades), *Settings* (Configuración) u *Options* (Opciones), que le permiten instalar otros aspectos más específicos de impresión y controlar cómo funciona la impresora. Por ejemplo, opciones para definir si se imprime a color o en escala de grises, determinar cómo deben aparecer los gráficos y elegir cuál bandeja de papel utilizar, al hacer clic en el botón *Options* (Opciones) o *Properties* (Propiedades).

✔ El acceso directo por medio del teclado para el comando *Print* (Imprimir) es Ctrl+P.

✔ En vez de derrochar papel, mejor use el comando *File* (Archivo)⇨*Print Preview* (Vista Preliminar). Ese comando muestra una vista previa de lo que se va a imprimir para que pueda evaluar el material antes de desperdiciar una hoja de papel.

✔ En Microsoft Office 2007, los comandos de impresión están en el menú de *Office*. (No hay menú *File*).

✔ Muchas aplicaciones cuentan con un icono Imprimir en la barra de herramientas. Si es así, puede hacer clic en ese botón para imprimir rápidamente su documento.

✔ El icono *Print* de la barra de herramientas no llama al cuadro de diálogo de *Print* (Imprimir). Tan sólo imprime todo el documento. Para que aparezca el cuadro de diálogo *Print*, deberá presionar Ctrl+P o seleccionar *File* (Archivo)⇨*Print* (Imprimir) en el menú.

"¿Dónde puedo establecer mis márgenes?"

El cuadro de diálogo *Print* se ocupa sólo de la impresión, no del formato. Establecer los márgenes, el tamaño del papel y otros aspectos de lo que se va imprimir se controla desde otro lugar del programa, normalmente en un cuadro de diálogo de *Page Setup* (Configurar Página), como se muestra en la Figura 12-4.

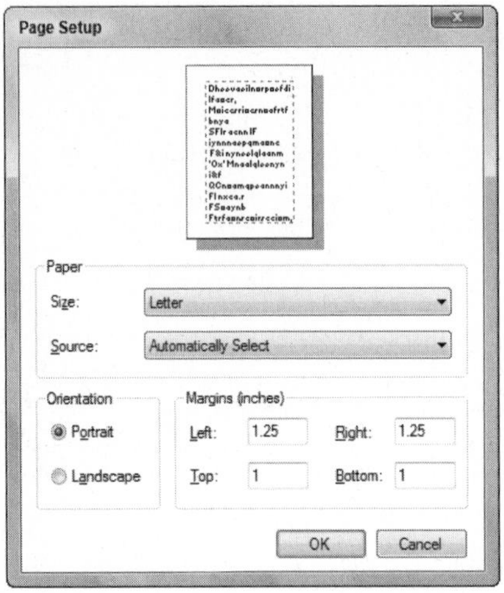

Figura 12-4:
Cuadro de
diálogo
Page Setup
(Configurar
Página).

Para acceder al cuadro de diálogo *Page Setup* escoja *File* (Archivo)⇨*Page Setup* (Configurar Página). Al igual que con el cuadro de diálogo *Print* (Imprimir), cada cuadro de diálogo de *Page Setup* de cada aplicación es diferente, por lo que los comandos quizás no siempre estén en el mismo lugar.

✔ El cuadro de diálogo *Page Setup* (Configurar Página) es donde define los márgenes, el tamaño del papel, etc., y no en el cuadro de diálogo *Print* (Imprimir).

✔ Dos opciones que valen la pena buscar en el cuadro de diálogo *Page Setup* (Configurar Página) son las de orientación *Portrait* (Vertical) y *Landscape* (Horizontal). *Portrait* (Vertical) es el modo normal de impresión de documentos; *Lanscape* (Horizontal) es imprimir "de costado", o con el lado más largo de la hoja en la parte superior.

✔ Utilice el cuadro de diálogo *Page Setup* (Configurar Página) para elegir entre *Letter* (Carta), *Legal* (Oficio) y otros tantos tamaños de papel. Asegúrese también de cargar la impresora con el tamaño de papel correspondiente.

✔ En Office 2007, el cuadro de diálogo *Page Setup* aparece al hacer clic en el botón *Dialog Box Launcher* (Iniciador de cuadro de diálogo) que se encuentra en el ángulo inferior derecho del grupo *Page Setup* en la pestaña *Page Layout* (Diseño de Página).

✔ Tenga en cuenta que las impresoras no pueden imprimir en la totalidad de una hoja. Normalmente hay un pequeño margen alrededor de la hoja o en un extremo del papel, donde no se puede imprimir. Esa es la parte de la página que sujeta el mecanismo de alimentación de papel de la impresora. Su tamaño y ubicación varían de una impresora a otra.

Imprimir en orden inverso

Cuando tiene una impresora que expulsa las hojas con la cara impresa hacia arriba, fíjese que las hojas siempre salen en orden inverso. Es decir, la página 1 está debajo de la pila y la última página está encima. En vez de reorganizar constantemente sus páginas impresas, ¿por qué no dejar que la computadora haga el trabajo?

La mayoría de los programas le dan la opción de imprimir en orden inverso. Por ejemplo, en Microsoft Word, haga clic en el botón *Options* (Opciones) o *Properties* (Propiedades) en el cuadro de diálogo *Print* (Imprimir). En el siguiente cuadro de diálogo, agregue una marca de verificación cerca del ítem rotulado *Reverse Print Order* (Orden Inverso) o *Back to Front* (Al Revés). Haga clic en el botón *OK* (Aceptar) y luego haga clic en el botón *Print* (Imprimir) para que se imprima perfectamente su documento.

Imprimir en orden inverso no es una característica de la impresora; es parte del programa que utiliza. Algunos programas tienen esta función, otros no.

¡Detente, impresora! ¡Detente!

La experiencia más frustrante que puede tener con una impresora es querer que la muy tonta detenga la impresión. Sucede. Muy seguido.

La forma más sencilla de detener la impresión es buscar en el Panel de Control de la impresora un botón Cancel (Cancelar). Haga clic en ese botón, y la impresión se detendrá. Quizás se impriman unas cuantas líneas más y la impresora eyecte una página media impresa, pero nada más.

Si tiene una impresora más antigua (o simplemente una más barata) sin el botón *Cancel* (Cancelar), haga lo siguiente:

1. **Abra la ventana *Printers* (Impresoras).**

2. **Abra el icono de la impresora.**

   Verá la ventana de la impresora, como la que aparece en la Figura 12-5.

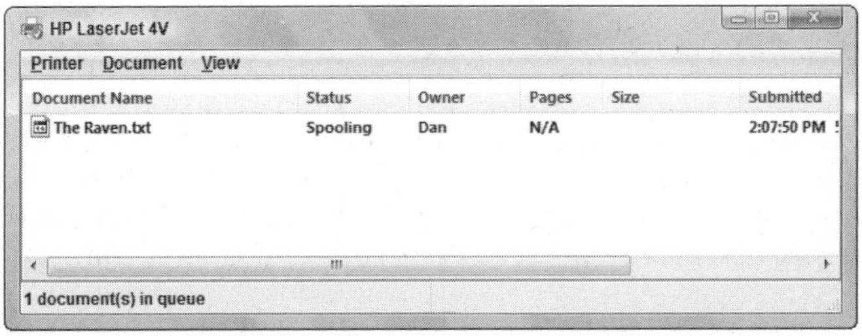

Figura 12-5:
La ventana de una impresora.

HP LaserJet 4V					
Printer Document View					
Document Name	Status	Owner	Pages	Size	Submitted
The Raven.txt	Spooling	Dan	N/A		2:07:50 PM

1 document(s) in queue

3. **Haga clic para seleccionar el documento que desea cancelar.**

4. **Elija *Document* (Documento)⇨*Cancel* (Cancelar) en el menú.**

   O bien, si quiere cancelar todos los documentos pendientes, elija *Printer* (Impresora)⇨*Cancel All Documents* (Cancelar Todos los Documentos).

5. **Espere.**

Puede demorarse unos instantes mientras se imprime el último pedacito de texto. Pero, bueno, si la impresora sigue eyectando páginas a esta altura, simplemente apáguela. Espere unos segundos y vuelva a encenderla.

Capítulo 13

Suena Bien

. . . .

En Este Capítulo

▶ Entender el hardware de sonido

▶ Configurar los altavoces

▶ Instalar el sonido en Windows

▶ Definir el volumen

▶ Utilizar Windows para reproducir sonidos

▶ Asignar sonidos a determinados eventos

▶ Grabar sonidos

. . . .

*L*as computadoras siempre hicieron ruido. Los primeros modelos no podían evitarlo; empleaban ensordecedores aparatos teletipos como dispositivos de entrada. Como el teletipo lucía una campana, muchas de las primeras computadoras también tuvieron campanas, aunque eran altavoces muy sencillos que emitían un simple "bip". Los programadores luego aprendieron cómo modular el simple bip en fastidiosos polifónicos bips. Al poco tiempo las computadoras cantaban como pájaros.

Sí, la computadora puede cantar. También puede actuar, pero no puede bailar; por lo tanto, la PC es meramente una "doble amenaza". Este capítulo cubre las capacidades de audio de la PC estándar. Esto incluye tanto su hardware generador de sonido como el hardware receptor de sonido.

Audio Audaz

Su PC tiene poderosas capacidades acústicas, que van mucho más allá de los débiles bips y musiquitas de las computadoras de antaño. Como todo en la PC, funciona gracias a una combinación de hardware y software.

Potencial ruidoso

Todas las PC incluyen hardware generador de sonido en la placa base. Este hardware tiene la capacidad de procesar y reproducir sonidos grabados digitalmente y música de CD, también tiene incorporado un sintetizador para producir música. Para la mayoría, ese hardware es más que suficiente para usar la computadora, distraerse con juegos, escuchar música y pasarla bien.

✔ Se puede agregar hardware de sonido más avanzado a cualquier PC mediante una tarjeta de expansión. Este tipo de mejora solo será necesaria para fanáticos del audio, personas que componen su propia música o que usan sus PC como base de su estudio de sonido.

✔ Si su PC no cuenta con ranuras de expansión o si tiene una computadora portátil, puede mejorar su audio añadiendo un dispositivo USB externo, como el sistema *Sound Blaster Audigy*.

✔ El sonido de una PC estándar está sampleado a 16 bits. Lo único que necesita saber es que 16 bits es un buen ritmo, mucho mejor que 8 bits. Así es, hay 32 bits disponibles, pero sólo son necesarios para aquellos interesados en resoluciones de audio avanzadas.

Altavoces por aquí y por allá

La PC siempre vino con un horrible parlante interno. Aún hoy lo conserva, pero es muy probable que su PC haya venido además con altavoces estándar de sonido estéreo (izquierdo-derecho). Eso está muy bien para obtener un sonido básico, pero la PC es capaz de mucho más.

El paso siguiente al simple juego de altavoces es añadir un *subwoofer*. Es una caja de altoparlante para sonidos de baja frecuencia, que amplifica los bajos en la música o enfatiza los sonidos en los juegos.

En general, el *subwoofer* se sienta en el piso debajo de su PC. Se enchufa directamente en la toma de salida de audio (vea el capítulo 3) y los altavoces estereofónicos se conectan al *subwoofer*.

Un paso más allá es el sonido envolvente, muy parecido a la configuración de sonido para una instalación de centro de entretenimiento en el hogar. En esa configuración, puede tener varios altavoces dispuestos alrededor de la computadora, dependiendo de la implementación del hardware de sonido envolvente que esté usando. La Figura 13-1 ilustra todas las posibles disposiciones para los altavoces en una instalación de sonido envolvente, aunque ninguna configuración utilizaría todos los altavoces aquí detallados. En cambio, la Tabla 13-1 enumera todas las opciones.

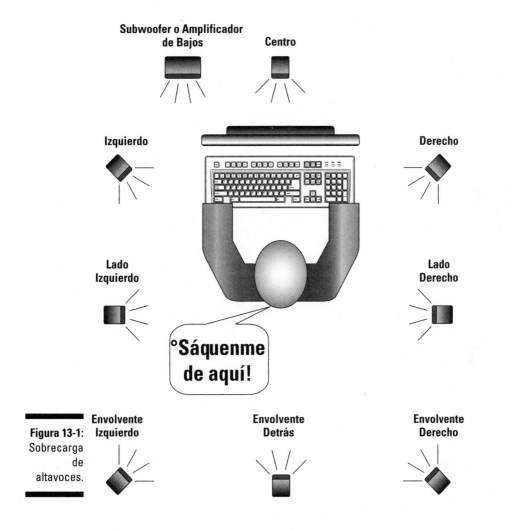

Figura 13-1:
Sobrecarga de altavoces.

Tabla 13-1	Opciones para Altavoces Envolventes
Versión de sonido envolvente	*Altavoces utilizados*
3.0	Envolvente Izquierdo, Derecho, Atrás
4.0	Izquierdo, Derecho, Envolvente Izquierdo, Envolvente Derecho
4.1	Izquierdo, Derecho, Envolvente Izquierdo, Envolvente Derecho, *Subwoofer*
5.1	Izquierdo, Derecho, Centro, Envolvente Izquierdo, Envolvente Derecho, *Subwoofer*
6.1	Izquierdo, Derecho, Centro, Lado Izquierdo, Lado Derecho, Envolvente Atrás, *Subwoofer*
7.1	Izquierdo, Derecho, Centro, Lado Izquierdo, Lado Derecho, Envolvente Izquierdo, Envolvente Derecho, *Subwoofer*

Un paso previo al sonido estéreo tradicional es usar auriculares. Los buenos auriculares vienen con un controlador de volumen y quizás hasta un botón *Mute* (Silencio) en el mismo cable que conecta los auriculares a la PC. Los mejores auriculares vienen con un micrófono incorporado para comunicaciones en línea y videojuegos. Estos tipos de auriculares son a menudo denominados *headsets (cascos)* y se conectan en el enchufe para auriculares de la consola.

✔ Los altavoces izquierdo y derecho se posicionan a la izquierda y derecha del monitor, frente a usted.

✔ Utilice sus altavoces con corriente eléctrica en lugar de baterías. Si sus altavoces no vinieron con un adaptador de corriente alterna, normalmente puede comprarlo por separado.

✔ Le recomiendo comprar altavoces que tengan un controlador de volumen, ya sea en el parlante izquierdo o en el derecho. Otro plus: un botón *Mute* (Silencio) en el altavoz. Fíjese que algunos sistemas sofisticados de altavoces tienen un control (remoto o por cable) con los botones de volumen y mute incorporados.

✔ La parte *.x* de las especificaciones de sonido envolvente hace referencia a la presencia de un *subwoofer*: .0 significa ningún *subwoofer*, .1 significa un *subwoofer*, .2 significa dos *subwoofer*s.

- ✔ Busque cascos que sean cómodos para sus orejas, con grandes "receptores" almohadillados.

- ✔ No le recomiendo un casco que no sea estéreo. Tiene un solo auricular, que va bastante bien para comunicaciones en línea, pero es pésimo para usar con videojuegos.

- ✔ Si tiene una tarjeta de expansión de audio en su PC, asegúrese de conectar los altavoces en esa tarjeta.

- ✔ Consulte mi libro *Troubleshooting Your PC For Dummies* (Wiley Publishing, Inc.) si tiene problemas para escuchar sonidos en su PC.

Opciones de Micrófono

Cualquier micrófono de mala calidad funciona en una PC. Si para usted la calidad del sonido es importante y está utilizando su PC como un estudio de sonido digital, deberá invertir un poco en micrófonos, consolas de sonido y todo eso. Pero si ése no es su caso, cualquier viejo micrófono irá bien.

- ✔ Hay dos tipos de micrófonos populares que se usan en una PC: el condensador y el dinámico. Los micrófonos *condensadores* pueden conectarse directamente en el enchufe de micrófono de la PC. Los micrófonos *dinámicos* requieren amplificación y pueden andar cuando se los conecta en el conector *Line in* (Entrada), pero es posible que necesiten un pre-amplificador para funcionar mejor.

- ✔ Si tiene pensado usar el comando de voz en la Internet o el dictado, cómprese un casco.

Control de Audio en Windows

Windows ofrece dos ubicaciones para juguetear con el sistema de sonido de su PC. La primera se encuentra en el *Control Panel* (Panel de Control), donde convergen todas las cosas que tengan que ver con audio. La segunda ubicación es el Área de Notificación, donde Windows ubicó tradicionalmente el control de volumen.

Controlar el hardware de sonido

Windows le facilita un cuadro de diálogo de Sonido, en el que puede realizar ajustes al software de audio de su PC. Para que aparezca el cuadro de diálogo

Sound (Sonido) desde la Ventana principal del Panel de Control, elija *Hardware and Sound* (Hardware y Sonido) y luego elija *Sound* (Sonido). En la *Control Panel Classic view* (Vista Clásica del Panel de Control), abra el icono de *Sound* (Sonido).

El cuadro de diálogo *Sound* presenta tres pestañas para ajustes de audio, locura y diversión:

- Reproducción, para controlar la salida de audio y de los parlantes.
- Grabación, para configurar micrófonos y cosas por el estilo.
- Sonidos, para especificar qué sonido debe reproducirse cuando Windows hace determinadas cosas.

Encontrará información más específica sobre el cuadro de diálogo *Sound* (Sonido) en las secciones que siguen.

Configurar los altavoces

Para ajustar los altavoces de la PC en Windows, siga estos pasos:

1. **Presione la pestaña *Playback* (Reproducción) en el cuadro de diálogo de *Sound* (Sonido).**

   El atajo: Haga clic con el botón secundario del mouse sobre el icono de volumen en el Área de Notificación y elija *Playback Devices* (Dispositivos de Reproducción) en el menú emergente.

2. **Elija el dispositivo de reproducción (si fuera necesario).**

3. **Haga clic en el botón *Configure* (Configurar).**

   Si el botón Configurar no está disponible (está atenuado), es que no hay nada para configurar; todo está listo.

4. **Mediante la ayuda del *Wizard Speaker Setup* (Asistente para la Configuración de Altavoces) asegúrese de que sus parlantes estén correctamente instalados y que todo funcione.**

5. **Cierre el cuadro de diálogo de *Sound* (Sonido) cuando haya terminado; haga clic en *OK* (Aceptar).**

Para establecer los niveles de audio de un dispositivo de reproducción específico siga estos mismos pasos, pero haciendo clic en el botón *Properties* (Propiedades) en el Punto 3. En el cuadro de diálogo de *Properties*, haga clic en la lengüeta *Levels* (Niveles) para ajustar los niveles de salida. Esto es especialmente útil para ajustar el volumen de los cascos que no tienen control de volumen por separado.

Configurar el micrófono

Para instalar el micrófono de su PC, siga estos pasos:

1. **Abra *Control Panel Home* (la Ventana Principal del Panel de Control)**

   En este caso tiene que usar la Ventana Principal del Panel de Control y no *Classic View* (Vista Clásica).

2. **Elija *Ease of Access* (Facilidad de acceso).**

3. **Elija *Set Up a Microphone* (Instalar un Micrófono) debajo del encabezado *Speech Recognition Options* (Opciones de Reconocimiento de Voz).**

4. **Déjese guiar por el *Microphone Setup Wizard* (Asistente para Instalar un Micrófono) para configurar el micrófono conectado a su PC.**

Puede configurar el volumen del micrófono desde el cuadro de diálogo de *Sounds* (Sonido), en la pestaña *Recording* (Grabación). Elija su micrófono y haga clic en el botón *Properties* (Propiedades). En el cuadro de diálogo de *Properties* (Propiedades), haga clic en la pestaña *Levels* (Niveles) para ajustar el volumen.

Ajustar el volumen

Para que su PC suene más alto o más bajo, o simplemente para que deje de sonar, puede usar el icono del Volumen en el Área de Notificación. Haga clic en el icono una vez para ver el control deslizante del volumen, como se muestra en la Figura 13-2. Utilice el mouse para deslizar la perilla hacia arriba para aumentar el volumen o hacia abajo para disminuirlo, o haga clic en el botón *Mute* (Silencio) para apagar el sonido.

Figura 13-2:
Control del volumen.

Alternar entre auriculares y altavoces

En algunas configuraciones Windows tal vez le obligue a elegir entre usar los altavoces externos o los auriculares. Para elegir, haga clic con el botón secundario del mouse en el Área de Notificación y elija *Playback Devices* (Dispositivos de Reproducción) en el menú emergente. En el cuadro de diálogo *Sound* (Sonido), en la lengüeta *Playback* (Reproducción), elija el dispositivo que desea utilizar: altavoz o auricular. Haga clic en el botón *Set Default* (Establecer como Predeterminado) para confirmar su elección y luego haga clic en *OK* (Aceptar).

✔ También puede ajustar el volumen en los altavoces de su PC, si es que tienen una perilla para el control de volumen o un control remoto.

✔ Al elegir *Mixer* (Mezclador) en el menú emergente de control del volumen (Figura 13-2), aparece una ventana más compleja para la configuración del volumen, en la cual puede definir el volumen de diversas fuentes de sonido en Windows.

Windows Hace Ruido

En lo que se refiere a software, Windows trae muchas herramientas y programas de sonido. Diversas actividades reproducen sonido, e incluso usted puede configurar sonidos propios. De hecho, puede divertirse mucho con Windows y el sonido. Pero tenga presente que está haciendo *importantes configuraciones informáticas*, no solo divirtiéndose.

Reproducir sonidos en Windows

Escuchar cualquier archivo de sonido en Windows es fácil: Sólo haga doble clic para abrirlo. El sonido se reproduce en el programa *Windows Media Player*.

Para escuchar un CD de música, introduzca el CD en el lector óptico de la PC. Aparece de nuevo *Media Player* para reproducir el CD. O tal vez tenga que elegir *Media Player* en una lista que presenta el cuadro de diálogo *AutoPlay* (Reproducción Automática).

Utilice los controles en *Media Player* para iniciar, detener y repetir el archivo de audio que abrió. *Media Player* funciona exactamente como un estéreo o un reproductor de CD, y los botones están etiquetados de la misma manera.

No se preocupe por esta información sobre archivos de sonido

Los sonidos grabados en una computadora son simplemente datos crudos, información digital que representa sonidos del mundo real. Al igual que otros datos, los sonidos se guardan en un archivo. Windows guarda estos archivos en la carpeta *Music* (Música) ubicada en su carpeta *User Profile* (Perfil de Usuario) en el disco duro. Estos son los tipos de archivo de sonido más populares:

WAV: Este archivo básico de *onda,* o audio, contiene simplemente muestras de sonido digital. La mayoría de los sonidos que escucha en Windows, o inclusive los sonidos que usted mismo graba, son archivos WAV. Se pronuncia archivos "ueiv".

WMA: El formato *Windows Media Audio* es un archivo de audio comprimido, que ocupa menos espacio en disco que un archivo WAV similar.

MP3: Estos archivos de audio se comprimen para ocupar menos espacio en disco. Un típico archivo MP3 ocupa 1MB de espacio en disco por cada minuto de sonido que contiene. Los archivos MP3 son los archivos de audio más populares en la Internet.

MIDI: Este formato de archivo de música sintetizada no contiene sonido: en su lugar, el archivo MIDI contiene instrucciones para reproducir música mediante el sintetizador de sonidos de la PC. MIDI es la sigla de *Musical Instrument Digital Interface* (Interfaz Digital de Instrumentos Musicales).

Existen otros formatos de archivo de sonido, tales como AU y AIFF y muchos otros, demasiados como para mencionarlos aquí. Los cuatro de la lista anterior son los más populares en Windows.

✔ Los archivos de sonido prefieren reproducirse en el mismo programa que los creó. Para obligar a un archivo de sonido a reproducirse en *Windows Media Player*, seleccione el archivo y luego en el botón *Play* de la barra de herramientas de *Windows Explorer*, escoja el comando *Windows Media Player*.

✔ En algunas versiones de Windows, los sonidos pueden reproducirse utilizando el programa *Windows Media Center* en lugar de *Windows Media Player*.

✔ Consulte el Capítulo18 para obtener información adicional sobre *Windows Media Player* y sobre cómo enseñarle a hablar a su PC.

Asignar sonidos a eventos

Windows puede activar sonidos al iniciar determinadas actividades, eventos, acciones o cosas que pasan en su PC. El campo de juego donde esto ocurre es el cuadro de diálogo *Sound*, en la pestaña *Sounds* (Sonidos). Así es como funciona:

1. **Abra el cuadro de diálogo *Sound* (Sonido).**

   Consulte las instrucciones en la sección "Controlar el hardware de sonido", previamente en este capítulo.

2. **Haga clic en la pestaña *Sounds* (Sonido).**

   El cuadro de diálogo presenta una lista desplegable de eventos, que son las tantas cosas que hace Windows o sus aplicaciones. Puede otorgar un sonido específico a cualquiera de estos eventos para que, cuando ocurra tal o cual evento, se reproduzca un sonido específico.

   Por ejemplo, el evento *Critical Stop* (Parada Crítica) — algo malo en Windows — está resaltado en la Figura 13-3. El sonido asociado con ese evento aparece en la lista desplegable de *Sounds* (Sonido) como `Windows Critical Stop.wav` (Parada Crítica de Windows.wav). Este es el archivo de sonido que se reproduce cuando Windows se detiene en crisis.

Figura 13-3: Asignar sonidos a eventos.

3. **Seleccione un evento para asignarle un sonido.**

   Por ejemplo, seleccione el *New Mail Notification* (Correo Nuevo), que es el sonido que se emite cuando Outlook Express recibe un correo nuevo.

4. **Pruebe el sonido actual, si lo hay.**

   Para probar el sonido, haga clic en el botón de prueba.

5. **Asigne un nuevo sonido.**

   Elija uno de los sonidos preseleccionados en la lista de *Sounds* (Sonidos) (`Windows Critical Stop.wav` aparece en la Figura 13-3), o haga clic en el botón *Browse* (Examinar) para buscar un archivo de sonido en otro lugar del sistema de almacenamiento de su PC. (Windows le permite elegir únicamente archivos WAV, ningún otro tipo de archivo).

6. **Repita los Pasos 3 y 5 como para malgastar un poco su tiempo.**

7. **Haga clic en el botón *OK* (Aceptar) cuando termine de asignar sonidos.**

Si usted es impaciente, puede asignar una sinfonía completa de una vez al elegir un esquema de la lista desplegable *Sound Scheme*. Asimismo, puede crear su propio esquema de sonidos personalizado y guardarlo al hacer clic en el botón *Save As* (Guardar Como).

✔ Para eliminar un sonido de un evento, elija (*None*) (Ninguno) en la parte superior de la lista desplegable de *Sounds* (Sonidos).

✔ La mejor fuente de sonidos es la Internet, donde puede encontrar bibliotecas virtuales llenas de muestras de sonido. Vaya a Google (`www.google.com`) y busque **Windows WAV *file* sounds (sonidos WAV para Windows)** para encontrarlos.

✔ También puede utilizar sonidos que haya grabado usted mismo, asignándolos a eventos específicos de Windows. Vea la sección siguiente.

Grabar sus propios sonidos

Para grabar sonidos sencillos puede utilizar el programa *Sound Recorder* (Grabador de Sonidos) que viene con Windows. Ejecútelo desde el menú *Start* (Inicio). Escoja *All Programs* (Todos los programas)⇨*Accessories* (Accesorios)⇨*Sound Recorder* (Grabador de Sonidos). El programa presenta una interfaz sencilla, como se muestra en la Figura 13-4.

Figura 13-4: El Grabador de Sonidos.

La grabación funciona así:

1. **Conecte el micrófono o dispositivo de audio a la computadora.**

   Consulte la sección "Configurar el micrófono" presentada anteriormente en este capítulo, para confirmar si el micrófono de la PC está funcionando.

2. **Inicie *Sound Recorder* (Grabador de Sonido).**

3. **Haga clic en el botón *Start Recording* (Iniciar Grabación).**

4. **Hable, "bla, bla, bla."**

   O, encienda el tocadisco, gramófono o cualquier otro dispositivo de audio.

5. **Haga clic en el botón *Stop Recording* (Detener la Grabación) cuando haya terminado.**

6. **Utilice el cuadro de diálogo *Save As* (Guarda Como) para guardar su grabación en el almacenamiento permanente.**

7. **Cierre la ventana de *Sound Recorder* (Grabador de Sonido) al finalizar.**

A diferencia de las versiones anteriores de *Sound Recorder* (Grabador de Sonido), usted no está limitado a una grabación de 1 minuto. Aún así, *Sound Recorder* es un programa básico que solo sirve para grabar y no para editar. Si necesita algo mejor, recomiendo *Audacity*, que es gratis y está disponible en la Internet en *http://audacity.sourceforge.net.*

- También a diferencia de las versiones anteriores de *Sound Recorder*, no puede utilizar el programa para reproducir sonido. En su lugar, utilice *Windows Media Player*, como se describe previamente en este capítulo.

- Guarde los archivos que grabe en la carpeta *Music* (Música) ubicada dentro de la carpeta de *User profile* (Perfil de Usuario). Es la ubicación regular donde Windows espera hallar archivos de música y audio.

- El *Sound Recorder* guarda sus grabaciones en el formato de *Windows Media Audio File* (Archivo de Sonido Windows Media), que usa la extensión WMA. Vea el recuadro previo "No se preocupe por esta información sobre archivos de sonido" para más detalles.

- Para grabar desde un dispositivo que no sea un micrófono, conecte el dispositivo en el enchufe *Line In* (Entrada) o a un conector de entrada no amplificada. Puede comprar el cable prolongador necesario en cualquier *Radio Shack*.

- Consulte el Capítulo 18 para obtener información adicional sobre el dictado para PC, que es una manera algo más meritoria de utilizar un micrófono y una computadora que imitar la voz de Ethel Merman diciendo "¡*You've Got Mail*!"

Capítulo 14

Módems Poderosos

*O*bserve la extraña y curiosa historia del módem. Hoy lo que llamamos un módem *de conexión telefónica* alguna vez fue *el* módem. Pasó de ser un periférico peculiar a una necesidad vital durante el alba de la Internet. Luego se convirtió en un módem de discado, por no decir un módem *lento*, con la llegada de los módems más veloces de banda ancha.

Puede que encuentre un módem de discado cobijado en el seno de su PC, pero hay más posibilidades de que use un módem de banda ancha para conectarse a Internet y hacer esas cosas en línea que son tan necesarias. A pesar de su velocidad, a pesar de su nombre oficial, los módems siguen siendo una parte vital de cualquier sistema de computación. Bienvenido al capítulo de los módems.

¿Qué Hace un Módem?

El módem es una combinación de dos palabras técnicas y molestas, *mo*dulator (modulador) y *dem*odulator (demodulador). Es más fácil si piensa en el módem como un traductor que convierte las señales digitales de una computadora en señales de audio que se envían por una línea telefónica. Eso es modulación. Del mismo modo, el módem puede digerir señales de audio y convertirlas nuevamente en información digital para la computadora. Eso es demodulación.

A pesar de todo este sinsentido de modulación y demodulación, un módem de computadora sigue siendo un dispositivo sencillo. En cierto modo, es más fácil pensar en el módem como simplemente un aparato que permite que su computadora se comunique con otras computadoras. Ya sea que la comunicación se haga a través de una línea telefónica, o un cable coaxial de TV, o a través del espacio sideral, es el trabajo del módem enviar y recibir los detalles.

✔ Los módems de alta velocidad ya no modulan ni demodulan. Estos módems se comunican únicamente a través de señales digitales.

✔ Por supuesto, todas las líneas telefónicas se digitalizaron hace muchos años. Un módem de discado que envía información digital convierte esa información en señales de audio que la compañía telefónica convierte nuevamente en información digital, que luego se vuelve a convertir en señales de audio, que un módem receptor finalmente vuelve a convertir en información digital para la computadora. Sí, es tonto.

Tipos de Módem

En los viejos tiempos, era fácil ver un módem, especialmente en la TV o en las películas. Los escenógrafos prefieren usar el viejo acoplador acústico de conexión telefónica en el que se conecta el receptor de un teléfono estándar. Un ejemplo clásico se puede ver en la película de 1984 *WarGames* (Juegos de guerra). Pero aunque el módem del tipo acoplador acústico brinda una buena imagen visual, en realidad es el peor tipo de módem que puede usar; es lento y muy vulnerable a filtraciones de ruido.

¡Bienvenido al futuro!

Hoy en día, existen dos tipos populares de módems de computadora:

✔ Dialup (De discado o conexión telefónica)
✔ Broadband (De banda ancha)

Las secciones siguientes brindan los detalles de cada uno.

El módem de discado

Los módems de discado o conexión telefónica se llaman así porque utilizan líneas de teléfono estándar para transmitir y recibir información. Así es como han funcionado los módems por años, hasta que el módem de banda ancha hizo su debut a fines de los años noventa.

Un módem de discado puede ser interno o externo.

Los módems de discado internos son generalmente parte del circuito de chips de la placa base, aunque muchos están disponibles en tarjetas de expansión independientes. La ventaja de un módem interno es que no ocupa espacio en el escritorio, utiliza la fuente de alimentación interna de la PC y está siempre encendido.

Un módem de discado externo existe como un bicho en forma de caja que se sienta en el escritorio. Se conecta a la consola a través del puerto serial (tradicional) o el puerto USB. También necesita una fuente de alimentación independiente, lo que desde ya significa que el módem externo típico tiene dos cables más que su rival interno. Las ventajas de un módem externo son que le permiten ver un sinfín de luces bonitas y que puede apagar el módem manualmente cuando se pone testarudo.

Para ambos tipos de módem el cable telefónico es el mismo, y se conecta a la toma telefónica de la pared. Muchos módems también ofrecen una segunda toma telefónica en la que puede conectar un teléfono estándar.

Una ventaja que ofrece el módem de discado es que puede utilizarlo en cualquier lugar que tenga servicio telefónico. Simplemente conecte el módem en la pared y podrá hacer llamadas telefónicas con la computadora como si usted mismo discara. No se aplican cargos adicionales (bueno, exceptuando los servicios de larga distancia u otras tarifas telefónicas estándar). Además, la conexión telefónica es la forma más barata de ingresar a Internet.

La desventaja de un módem de discado o conexión telefónica es que es dolorosamente lento cuando se compara con otras formas de acceder a Internet.

✔ Casi todas las PCs comercializadas vienen con módems de conexión telefónica preinstalados.

✔ La mayoría de los módems disponibles hoy en día son también *fax módems*. Así que ya sea que utilice un módem de conexión telefónica para comunicarse por Internet o no, igualmente puede utilizarlo como máquina de fax.

✔ La manera más óptima de utilizar un módem de discado es con su propia línea telefónica. Para casi cualquier casa o departamento puede pedir la instalación de una segunda línea sin tener que pagar por el cableado extra. Si es su caso, haga que su compañía conecte esa línea y utilícela para su módem. ¿Por qué? Porque sí.

✔ No puede utilizar su teléfono mientras el módem esté hablando. De hecho, si alguien atiende otra extensión de esa línea, la señal se altera y puede perder su conexión... Por no mencionar que el humano escucha un ruido de chillidos horrible.

✔ Los fanáticos de las computadoras pueden referirse a un módem de conexión telefónica como *narrowband* (de banda angosta), que parodia al término broadband (banda ancha) utilizado para módems más rápidos.

Módems de banda ancha

Los módems de alta velocidad caen en la categoría de módems de *banda ancha*. Estos módems se conectan a Internet a la mayor velocidad. Su única desventaja es que debe vivir en una zona que ofrezca servicio de banda ancha y pagar más por el acceso que en el caso de un módem de conexión telefónica.

Hay tres servicios de banda ancha típicos disponibles: cable, DSL y satélite. Cada uno viene con su propio tipo de módem.

Cable (o cable módem): Este tipo de módem es el más rápido que puede comprar. La única desventaja es que cuando más vecinos comienzan a utilizar sus cable módems, baja la velocidad general. ¡Pero a las 2 de la mañana, su cablemódem *sale disparado*!

DSL: Este tipo de módem brinda un acceso rápido al aprovechar las frecuencias sin usar de las líneas telefónicas existentes. La velocidad está limitada por la distancia desde su domicilio a la central de la compañía telefónica. Por otra parte, los teléfonos que se utilizan en la misma línea que el módem DSL requieren filtros especiales. Por lo demás, después del cable, DSL le ofrece las velocidades de conexión más altas.

Satélite: Combinada con una antena exterior y una suscripción al servicio de satélite, esta es una de las opciones de módem más rápidas disponible en el mercado. Trate de conseguir un módem satelital que le permita enviar y recibir información. Evite el servicio de satélite que se describe como "download only" (sólo para descarga).

En todos los casos, muy probablemente deba conectar el módem de banda ancha a un enrutador y utilizar la red de la computadora para conectar el módem a su equipo. El capítulo 19 describe cómo hacer esto. No es algo intimidante, pero ayuda a conseguir un acceso rápido a Internet para todas sus computadoras, a diferencia de un módem de conexión telefónica que casi siempre se usa en una computadora a la vez.

✔ Puede comprar su propio módem de banda ancha o alquilarlo a través de su proveedor de Internet. Le recomiendo comprar el módem, especialmente cuando sabe que estará en la misma ubicación y usará el mismo servicio durante al menos un año.

✔ Banda ancha es sinónimo de acceso a Internet de alta velocidad.

✔ DSL es la sigla de *Digital Subscriber Line* (Línea Digital de Suscriptor). Tiene variaciones como ADSL y otras opciones del estilo *algo*-DSL. Su compañía telefónica conoce más sobre este tema que yo. Básicamente, todos lo llaman DSL, en cualquier caso.

Velocidad del módem

La velocidad del módem se mide en *kilobits por segundo*. Así es, en kilo*bits*, no kilo*bytes*. Para darle una idea de la velocidad, 100 kilobits es aproximadamente la información que ve en esta línea de texto del libro. Si este libro apareciera en su pantalla a través de su módem, a una línea por segundo, tendría una conexión que vuela a 100 *kilobits por segundo*, o 100 Kbps.

El módem más lento que puede comprar hoy en día es un módem de discado que transporta la información a la vertiginosa velocidad de 56 Kbps. Ese módem puede transmitir aproximadamente 14 páginas de información impresa cada segundo.

El módem más rápido que puede comprar (o alquilar) es un cable módem que corre a 8.000 Kbps, que también se describe como 8 Mbps (megabits por segundo). Eso significa muchísimas páginas de información por segundo, o suficiente velocidad para mostrar una imagen de video con sonido en tiempo real.

✔ La tasa de velocidad de un módem se emplea sólo con fines comparativos. Rara vez los módems facilitan información tan rápido como su máxima capacidad. Ocurre, pero es poco frecuente. Por ejemplo, un módem de conexión telefónica de 56 Kbps generalmente se ahoga al pasar los 48 Kbps. Esto es normal.

✔ Algunas compañías de cable pueden ofrecer garantías de velocidad mínima . . . con un recargo.

✔ Una conexión DSL con la misma velocidad de envío y recepción es *bidireccional*. Si tiene una línea DSL bidireccional de 768 Kbps, está enviando *y* recibiendo información a 768 Kbps.

✔ Los valores por encima de 1.000 Kbps se pueden escribir como 1 Mbps, o 1 megabit por segundo. A veces, la M y la K se escriben en minúsculas: kbps y mbps.

✔ Para los módems de conexión telefónica, Windows muestra la velocidad de conexión cada vez que el módem se conecta. También puede señalar con el mouse el icono pequeño del módem ubicado en la bandeja del sistema para ver su velocidad de conexión.

✔ Puede medir la velocidad de su módem de banda ancha en línea si visita un sitio como www.dslreports.com.

¿Qué es un módem nulo?

Un *null modem* (módem nulo) ni siquiera es un módem. De hecho, es un adaptador pequeño o un cable que funciona como el cable de puerto serial estándar (COM), pero con el cableado invertido. También conocido como *twisted pair* (par cruzado), un módem nulo está diseñado para conectar dos computadoras para comunicaciones directas.

Por ejemplo, si está moviendo archivos de una PC vieja a un sistema más nuevo y la computadora vieja no tiene acceso a la red o una grabadora de CD (ambas opciones hacen que transferir archivos sea más fácil), puede comprar un cable de módem nulo en una tienda de artículos para oficina junto con el software para transferencias y usarlos para enviar archivos de un sistema a otro.

Instalar un Módem de Conexión Telefónica

Instalar un módem es tan fácil que la mayoría de los dirigentes políticos lo puede hacer en cuestión de días. Usted puede hacerlo más rápido, por supuesto, ya que es una persona que no está acostumbrada a tomar decisiones en un comité.

Agregar un módem de discado externo

Los módems externos son fáciles de conectar a la computadora. Conecte el módem en el puerto serial de la consola (COM) o el puerto USB. Conecte el cable de alimentación y luego conecte el módem al toma telefónico en la pared. Encienda el aparato.

En el caso de una conexión USB, Windows debería reconocer inmediatamente el módem y configurarlo rápidamente. Ya está. Para otro tipo de módem externo, debe configurar manualmente las cosas en Windows. Así se hace:

1. **Desde *Control Panel Home* (Página principal del Panel de Control), seleccione *System and Maintenance* (Sistema y mantenimiento) y luego *Phone and Modem Options* (Opciones de teléfono y módem).**

   Desde la vista clásica del Panel de Control, seleccione el icono *Phone and Modem Options* (Opciones de teléfono y módem).

2. **Si se solicita, ingrese la información de su ubicación.**

   Este paso es necesario la primera vez que instala un módem; Windows necesita saber la información básica de discado.

3. **En el cuadro de diálogo *Phone and Modem Options* (Opciones de teléfono y módem), haga clic en la pestaña *Modems* (Módems).**

4. **Haga clic en el botón *Add* (Agregar).**

   Aparecerá una alerta de seguridad. No se puede agregar un módem a menos que tenga permiso del administrador.

5. **Ingrese la contraseña del administrador o haga clic en el botón *Continue* (Continuar).**

6. **Siga los pasos del *Add Hardware Wizard* (Asistente para agregar nuevo hardware) para instalar su módem.**

   Recomiendo que no deje que Windows detecte su módem automáticamente.

7. **Haga clic en *End* (Finalizar) para despedir al asistente.**

Luego de instalar el módem, aún necesita configurar Windows para el discado. Lea la sección "Instalar una conexión" más adelante en este capítulo.

Configurar un módem de discado interno

Los módems internos son más fáciles de configurar que los módems externos, aunque agregar un módem de este tipo lo enfrentará a la angustia de tener que abrir la consola de la PC. Si esto lo incomoda, simplemente ruéguele a otra persona que lo haga por usted.

Para agregar un módem interno usted mismo, debe seguir las siguientes indicaciones generales.

1. **Apague la PC.**

   Consulte el Capítulo 4.

2. **Desconecte la consola del tomacorriente.**

   Nunca puede ser demasiado precavido.

3. **Abra la consola.**

4. **Quite la cubierta trasera del lugar en donde planea instalar el módem.**

5. **Instale la tarjeta de expansión del módem en una ranura de expansión disponible.**

6. **Asegure la tarjeta de expansión del módem correctamente.**

7. **Cierre la consola.**

8. **Conecte la consola.**

9. **Encienda la computadora.**

Windows debería reconocer el hardware del nuevo módem cuando se iniciay configurar todo lo demás por usted. Aún así, necesita decirle a Windows sobre las otras computadoras a las que se estará conectando. Remítase a la sección "Instalar una conexión" más adelante.

Usar el Módem de Conexión Telefónica

Después de instalar el módem, usarlo es fácil: Usted crea iconos de conexión que utiliza para discar y conectarse a Internet u otras computadoras. Siempre que sepa el teléfono al que debe marcar, es realmente muy fácil.

▰ Lástima que Windows Vista no viene con ningún programa de comunicación en línea. Para conectarse a una BBS u otro servicio en línea o similar a Telnet, necesita software de *terminal* o *comunicaciones*. No tengo nada específico para recomendar.

▰ Los módems de conexión telefónica se suelen usar en computadoras portátiles para situaciones especiales. Para obtener información más detallada sobre cómo utilizar un módem de conexión telefónica, incluidas las reglas de discado y tiempos de espera, lea mi libro *Laptops For Dummies*, publicado por Wiley Publishing, Inc.

Instalar una conexión

Usar un módem de conexión telefónica significa que Windows debe conectarse por usted. Windows debe "levantar" el módem, buscar un tono de discado y luego marcar la conexión por usted. Finalmente, debe asegurarse de que se establezca la conexión. Es todo software, y es fácil de configurar. Siga estos pasos:

1. **Abra el *Control Panel* (Panel de Control).**

2. **Desde *Control Panel Home* (Página principal del Panel de Control), haga clic en el vínculo *View Network Status and Tasks* (Ver estado y**

tareas de red) debajo del encabezado *Network and Internet* (Red
e Internet); desde la vista clásica del Panel de Control, abra el
icono *Network and Sharing Center* (Centro de redes y recursos
compartidos).

Aparecerá la ventana *Network and Sharing Center* (Centro de redes y
recursos compartidos).

3. **De la lista de tareas (a la izquierda), seleccione *Set Up a Connection
or Network* (Configurar una conexión o red).**

Aparecerá el *Set Up a Connection or Network Wizard* (Asistente para
configurar una conexión o red).

4. **Seleccione la opción *Set Up a Dial-Up Connection* (Configurar una
conexión telefónica)**

5. **Haga clic en el botón *Next* (Siguiente).**

6. **Complete toda la información sobre la conexión.**

Ingrese el número de teléfono y su nombre de usuario y contraseña.
Note que el nombre de usuario y contraseña puede no ser el mismo
nombre de inicio de sesión y contraseña que utiliza para Windows.

Asegúrese de darle un nombre a la conexión.

7. **Haga clic en el botón *Connect* (Conectar).**

Siéntese y observe cómo Windows disca la conexión.

Después de una conexión exitosa, verá un nuevo icono en el Área de
notificación. Son los "chicos del módem" (o así los llamo yo). Ese icono le
asegura que se realizó la conexión, y también funciona como pista sutil de
que ahora la PC está en línea. Puede hacer clic en ese icono para controlar la
conexión.

Lo que haga a continuación depende del sistema que haya discado. Vea
también "Colgar el módem" al final de este capítulo.

Establecer la conexión

Después de establecer una conexión por primera vez, puede reconectarse
rápida y fácilmente al mismo sistema. Para hacerlo, abra el menú del botón
Inicio y seleccione el comando *Connect To* (Conectarse a). Use la ventana
Connect to a Network (Conectarse a una red) para seleccionar una conexión y
luego haga clic en el botón *Connect* para utilizar la red.

También tenga en cuenta que la conexión a Internet por línea telefónica se activa automáticamente al arrancar cualquier programa de Internet. Por ejemplo, inicie el Internet Explorer o Windows Mail y verá que Windows disca automáticamente el módem para establecer la conexión a Internet.

Colgar el módem

Un módem de conexión telefónica permanece conectado o en línea hasta que se corte la señal, cuando no hay actividad por un período de tiempo específico (se agota el tiempo de espera) o cuando le indica a Windows que cuelgue el módem.

Para colgar el módem, ubique el icono del módem en el Área de notificación. Haga clic con el botón derecho del mouse y seleccione el comando *Disconnect* (desconectar) del menú desplegable.

Capítulo 15

Administración Positiva de la Energía de Su PC

*¡S*obrepoblación! ¡Recursos que desaparecen! ¡Calentamiento global! ¡Pestilencia! ¡Desechos tóxicos! ¡Vándalos! ¡Catástrofes ambientales! ¡Demócratas y republicanos! ¡Soylent Green! ¡Polución! ¡Gas bovino tóxico! ¡Únanse, soldados! ¡Estrellas jóvenes de Hollywood intoxicadas! ¡Todos estamos condenados! . . . ¡Condenados, les digo!

Dejando de lado las tácticas de amedrentamiento, todos deberían aportar su granito de arena en el cuidado de nuestro querido planeta Tierra. Los científicos informáticos lo saben bien. Cada PC está equipada con capacidades de ahorro de energía. Todas caen en la categoría amplia de *administración de energía*, que es el tema de este capítulo.

¿Qué Es la Administración de Energía?

Administración de energía es un término que se utiliza para describir la capacidad de la computadora y otros artefactos como equipos de televisión y sistemas de teletransportación para utilizar la energía en forma inteligente. Es decir que, al usar la administración de energía, una computadora utiliza menos electricidad de lo que haría de otro modo. La idea es ahorrar energía.

 En 1992, el gobierno de los EE.UU. creó el programa *Energy Star*, que impulsaba a los fabricantes a diseñar productos eficaces en el manejo de la energía. Muchas consolas de computadora y monitores de mediados de los noventa mostraban el vistoso logotipo de *Energy Star*, lo que indicaba que estaban diseñados con el ahorro de energía en mente.

Como una computadora es un artilugio tan *inteligente* (por ejemplo, puede programarse), los diseñadores llevaron el ahorro de energía un paso más adelante y crearon aún más formas de ahorrar energía en las computadoras. Parte de la motivación es el calor, uno de los enemigos mortales de la PC. Las computadoras que utilizan menos energía eléctrica generan menos calor, y la disipación del calor es un problema con los microprocesadores y los chips de memoria más rápidos.

Originalmente, se implementó la especificación *Advanced Power Management* (APM o Administración Avanzada de Energía). Esta brindaba un estado de operación de bajo consumo para el procesador de la computadora y se usaba principalmente en laptops para prolongar la vida útil de la batería.

El estándar de administración de energía actual es el *Advanced Configuration and Power Interface* (ACPI o Interfaz Avanzada de Configuración y Energía). El estándar especifica las distintas maneras en las que la PC puede reducir el consumo de energía, lo que incluye poner el microprocesador en un modo de bajo consumo, deshabilitar el monitor, detener los discos rígidos (que normalmente giran todo el tiempo), administrar la energía de la batería en una laptop, además de otras cosas más técnicas y superfluas.

- ✔ Es el hardware de administración de energía el que permite que una computadora se apague sola.

- ✔ La administración de energía también le da a su PC la habilidad de dormir o hibernar. Consulte el Capítulo 4.

- ✔ Una de las mejores maneras de ahorrar energía en su computadora es utilizar un monitor LCD en vez de un CRT. Lea el Capítulo 10.

- ✔ Si realmente le interesa salvar al planeta, asegúrese de descartar apropiadamente las partes viejas de la computadora. Nunca tire directamente a la basura una PC o un monitor, especialmente la batería. Trate de encontrar un lugar en el que reciclen tecnología vieja. (¡Hay oro en las consolas, pirata!)

Administración de Energía en Windows

La ubicación del control de administración de energía en Windows es en la ventana *Power Options* (Opciones de energía) que se muestra en la Figura 15-1. Para acceder a esa ventana, debe usar el Panel de Control. Desde *Control Panel Home* (Página principal del Panel de Control), seleccione *System and Maintenance* (Sistema y mantenimiento) y luego *Power Options* (Opciones de energía). Desde la vista Clásica del Panel de Control, abra el icono *Power*

Options (Opciones de energía) para activar la ventana *Power Options* (Opciones de energía).

Figura 15-1:
La ventana
*Power
Options*
(Opciones
de energía).

Las secciones siguientes describen la administración de energía de la PC desde la ventana *Power Options* (Opciones de energía).

Elegir un plan de administración de energía

La ventana *Power Options* (Opciones de energía) ofrece tres planes preestablecidos para administrar la energía en su PC, como se muestran en la Tabla 15-1. Cada plan cambia principalmente en cómo se establecen los valores de *timeout* — desconexión automática transcurrido un tiempo de espera determinado — para la pantalla y para poner la computadora en modo Sleep (Dormir).

Tabla 15-1	Planes de energía de Windows Vista	
Nombre del plan	**Apagar pantalla después de**	**Poner PC en modo Sleep (Dormir) después de**
Balanced (Equilibrado)	1 hora	2 horas
Power Saver (Economizador)	20 minutos	1 hora
High Performance (Alto rendimiento)	1 hora	Nunca

Para seleccionar un plan, haga clic en el botón radial junto al nombre del plan. Cierre la ventana *Power Options* (Opciones de energía) cuando termine.

También puede personalizar cualquier plan, o crear su propio plan, lo que se cubre en la sección siguiente.

✔ Ambas opciones de ahorro de energía, apagar la pantalla y poner la PC en modo *Sleep* (dormir) se basan en valores de tiempo de desconexión. El tiempo de desconexión tiene lugar después de un período de inactividad (no se escribe en el teclado y no se mueve el mouse). En cualquier momento que presione una tecla o que sacuda el mouse, los contadores para el tiempo de desconexión vuelven a cero.

✔ Si el tiempo de desconexión del monitor se fija antes de que se active el protector de pantalla, nunca verá el protector de pantalla de su PC en acción. Lea el Capítulo 10.

✔ La administración de energía no apaga el monitor; solamente suspende la señal de video que va al monitor. Un monitor con uso de energía inteligente detecta la falta de señal y luego entra automáticamente a un estado de bajo consumo. Esto se suele indicar con la lámpara de poder de la pantalla, la cual se atenúa, brilla con otro color o parpadea mientras el monitor está en modo de ahorro de energía. (También lea el Capítulo 10 para obtener más información sobre los monitores de computadora).

✔ Consulte el Capítulo 4 para obtener más información sobre el modo *Sleep* (Dormir).

Crear su propio plan

Cualquier plan de administración de energía se puede modificar: Simplemente haga clic en el vínculo debajo del plan con el nombre *Change Plan Settings* (Cambiar configuración del plan). Aunque en lugar de hacer eso, debería crear su propio plan de energía personalizado, uno ajustado a sus necesidades ideales de ahorro de energía. Así se hace:

1. **Abra la ventana *Power Options* (Opciones de energía) siguiendo las instrucciones que figuran anteriormente en este capítulo.**

2. **En el lado izquierda de la ventana, seleccione el vínculo *Create a Power Plan* (Crear un plan de energía).**

3. **Seleccione un plan existente en el cual basar su plan: *Balanced* (Equilibrado), *Power Saver* (Economizador), o *High Performance* (Alto rendimiento).**

   Las descripciones de los tres planes se ofrecen en la sección anterior.

4. **Ingrese el nombre de su plan en el cuadro de texto *Plan Name* (Nombre del plan).**

5. **Haga clic en el botón *Next* (Siguiente).**

6. **Seleccione un valor de tiempo de desconexión para la pantalla.**

   Haga clic en el botón del menú y seleccione un valor de tiempo de desconexión.

7. **Seleccione un valor de tiempo de desconexión para poner a la computadora en modo *Sleep* (Dormir).**

   Sí, el valor de tiempo de desconexión para poner la computadora a dormir debe ser mayor que el valor para apagar la pantalla.

   Seleccione *Never* (Nunca) para deshabilitar una función de ahorro de energía.

   Consulte la siguiente sección para obtener más información si ve dos columnas de botones de menú para tiempos de desconexión en vez de una.

8. **Haga clic en el botón *Create* (Crear) para crear e implementar su plan.**

El nuevo plan personalizado aparece en la lista de planes de ahorro de energía disponibles, como se muestra en el cuadro de diálogo *Power Options* (Opciones de energía). Puede modificar todavía más el plan personalizado seleccionando el vínculo que aparece debajo del mismo, *Change Plan Settings* (Cambiar configuración del plan).

Opciones de ahorro de energía para PCs alimentadas con baterías

Si tiene una laptop o está utilizando una PC de escritorio con una UPS (Sistema de Alimentación Ininterrumpida) y la UPS está conectada a la PC por un cable USB, la información de configuración del plan de energía que ve en la ventana *Edit Plan Settings* (Editar configuración del plan) muestra *dos* columnas u opciones en vez de una, como se muestra en la Figura 15-2.

La primera columna tiene el nombre *On Battery* (En batería). La configuración de esta sección se activa cuando se enciende una laptop con batería o cuando una PC de escritorio recibe la alimentación eléctrica de una UPS durante un apagón eléctrico.

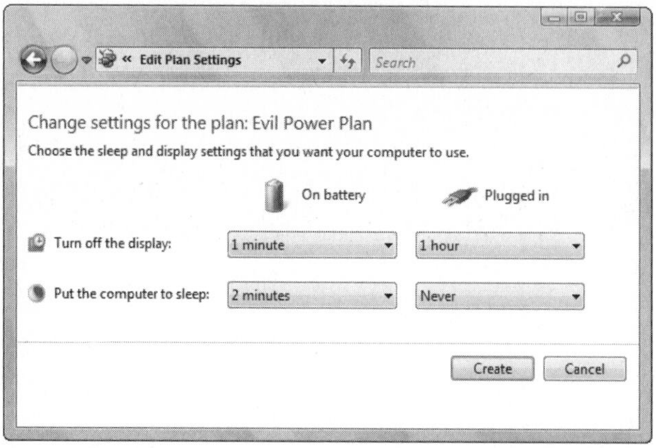

Figura 15-2:
Opciones de
ahorro de
energía
para PCs
alimentadas
con
baterías.

La segunda columna de configuraciones lleva el nombre *Plugged In* (Conectado). Estas configuraciones se usan cuando la computadora está tomando la energía eléctrica desde el tomacorrientes. Esa es la única columna de configuración de energía que aparece (sin título) si tiene una PC sin batería, o una fuente de alimentación con batería como resguardo.

Obviamente, quiere ahorrar más energía cuando su PC funciona con baterías. Para una laptop, acelerar los valores de pantalla y modo *Sleep* (dormir) tiene sentido, mientras no se establezca un intervalo demasiado breve. Para una PC que funciona con una UPS, mi recomendación es que ponga la computadora a dormir lo más pronto posible. Elija como valores de tiempo de desconexión 1 ó 2 minutos, como se muestra en la Figura 15-2.

✔ Cuando su PC de escritorio está funcionando "con baterías", la alimentación se apaga y lo único que hace funcionar a la PC es la UPS. Esto no significa que puede seguir trabajando; significa que debe apagar la PC inmediatamente. Al configurar el tiempo de dormir de la PC en menos de unos pocos minutos, ayuda a que su computadora sobreviva al apagón eléctrico.

✔ También lea el Capítulo 4 para obtener más información sobre UPSs.

✔ Para obtener más información sobre su laptop y cómo administrar la vida útil de la batería, lea mi libro *Laptops para Dummies* (Wiley Publishing, Inc.).

Parte III
La Vida Es Digital

The 5th Wave   Por Rich Tennant

"¡Bueno, bueno! ¿A qué no sabes quién acaba de perder 9 píxeles"?

En esta parte . . .

A pesar de que la PC es más popular que nunca hoy en día, mucha gente todavía quiere limitar su capacidad. Estas personas ven a las computadoras como máquinas de negocios, procesadores de texto o cajas con juegos para niños. Pero la computadora es tanto, pero tanto más, especialmente ahora, en los albores del nuevo milenio.

La PC hoy es más versátil de lo que era antes. De hecho, se está convirtiendo rápidamente en el centro de actividad indispensable para su estilo de vida del siglo XXI. La PC no se fusionará con su teléfono, pero lo ayudará a comunicarse. La PC no se convertirá en su televisor, pero lo ayudará a usar la TV de nuevas y ventajosas maneras. A medida que el mundo se torna más tecnológico, una vez más la PC prueba ser dúctil y necesaria como núcleo de su vida digital.

Capítulo 16

Hágase la Imagen

● ●

En Este Capítulo

▶ Transferir imágenes de su cámara digital

▶ Escanear cosas planas

▶ Comprender la resolución

▶ Trabajar con varios formatos gráficos

▶ Convertir archivos gráficos

▶ Editar sus imágenes

▶ Ver las imágenes

● ●

*L*os que no sabemos pintar ni dibujar estamos profundamente agradecidos de que exista la fotografía. Imagínese el total aburrimiento que sería tener que quedarse parado durante horas delante de la torre Eiffel mientras Papá acaba de pintar un retrato de usted y toda la familia. Pero con una cámara, ¡clic! — y ya está. No solo eso, con una *cámara digital*, puede hacer clic, tener una vista preliminar y contar con infinitas posibilidades de volver a hacerlo si no está conforme con el resultado. ¡Ah! La tecnología es grandiosa.

Su PC no tomará fotos digitales, pero sí puede ayudarlo a manipularlas. La cámara digital y su computadora trabajan a la par para ofrecerle un estudio electrónico de fotografía completo. Dentro de la PC, puede ver, imprimir, enviar por correo electrónico o editar imágenes a su antojo. De hecho, he descubierto que la Dieta Photoshop es un método extremadamente eficaz, diría incluso realista, de presentar una versión más delgada de mí. Pero me voy por las ramas. Bienvenido al capítulo de la imagen digital.

Trasladar Imágenes a la PC

Por supuesto, puede crear sus propias imágenes en la computadora. Windows viene con un programa *Paint* (Pintura). Incluso los que no contamos con el mínimo talento para dibujar un hombre de palitos cerca de un árbol con forma de chupetín podemos usar *Paint* para garabatear un rato. Pero por lo general, las imágenes que tiene en su computadora provienen del mundo real. Los dos artilugios más comunes para transferir imágenes del mundo real a la computadora son la cámara digital y el escáner. Cómo extraer las imágenes de estos dispositivos e ingresarlas en la PC ha sido un misterio durante siglos... ¡hasta ahora!

> ✔ Los escáneres y las cámaras digitales usan la misma tecnología. La principal diferencia es que una cámara digital es portátil y usa un lente para enfocar la imagen.
>
> ✔ Las cámaras digitales y los escáneres vienen con un software especial. Le recomiendo usar ese software, que muchas veces es mejor que las herramientas disponibles en Windows.

La cámara digital

En lo que a su PC respecta, lo más loable que puede hacer con su cámara digital es trasladar las imágenes de la cámara a la PC. Tiene dos alternativas:

La catástrofe del cable: La opción más incómoda para obtener las imágenes de una cámara digital es conectarla a su PC mediante un cable USB. Las imágenes se "transfieren" a la PC desde la cámara, o bien la cámara aparecerá como una "unidad de disco" en la ventana *Computer* (PC). De una u otra forma, este proceso no es el método más eficaz para capturar imágenes.

El método de la tarjeta de memoria: La mejor forma de liberar imágenes de su cámara digital es retirar su tarjeta de memoria y conectarla en la PC. Una vez conectada, lo saludará un cuadro de diálogo de *AutoPlay* (Reproducción Automática), como el que muestra la Figura 16-1, o tal vez aparecerá automáticamente algún programa de gestión de imagen, como *Windows Photo Gallery* o *Windows Media Center*. Si es así, está listo para continuar.

Figura 16-1:
Importar
imágenes
de una
tarjeta de
memoria.

En el cuadro de diálogo de *AutoPlay* (Reproducción Automática), seleccione un programa para trabajar las imágenes. Probablemente vea las opciones presentadas en la Figura 16-1, incluyendo tal vez algún software personal que haya instalado. Recomiendo elegir una de las siguientes opciones para importar:

Importar Imágenes usando Windows: Se leen todas las imágenes de la tarjeta de memoria y se transfieren a la unidad de disco duro de la PC. Las imágenes se organizan y pueden visualizarse usando el programa *Windows Photo Gallery*.

Importar Imágenes y Videos a Mi Computadora: Al ejecutar un asistente para importar, esta opción le brinda un mayor control sobre qué imágenes se copian a la PC. Disponible solo en versiones de Windows Vista que tengan el programa *Microsoft Digital Image Starter Edition*.

Abrir la Carpeta para Ver los Archivos: Se abre una ventana de *Windows Explorer* (Explorador de Windows), que le permite ver archivos almacenados en la tarjeta de memoria. Puede entonces copiar manualmente las imágenes desde la tarjeta de memoria al disco duro de su PC.

Sin importar qué opción elija, como resultado final las imágenes se almacenan en el disco duro de la PC; el mejor lugar para almacenar algo a largo plazo. Una vez ubicadas las imágenes en el disco duro, puede verlas, editarlas, imprimirlas, enviarlas por correo electrónico, almacenarlas en un CD o, manipularlas y destrozarlas de cualquier manera.

- ✔ El cuadro de diálogo de *AutoPlay* (Reproducción Automática) puede ofrecerle opciones adicionales, incluyendo cualquier software personalizado que haya instalado en su PC. Si utiliza ese software, asegúrese de copiar las imágenes de la tarjeta de memoria al disco rígido de la PC.

- ✔ Guarde las imágenes en la carpeta *Pictures* (Imágenes) situada en la carpeta principal *User Account* (Cuenta de Usuario). Vea el Capítulo 25 para más información sobre la carpeta de Imágenes. Consulte el Capítulo 26 para obtener información adicional sobre cómo copiar archivos.

- ✔ La mayoría de las cámaras digitales almacenan sus imágenes en la tarjeta de memoria en una carpeta llamada DCIM, las siglas de d*igital* c*amera* i*mages* (imágenes de cámara digital). Abra esa carpeta y encontrará carpetas adicionales en las cuales están almacenadas las imágenes.

- ✔ Las imágenes extraídas de su cámara digital se almacenan en el disco duro de su PC como *archivos*. Vea la sección "Tipos de archivos gráficos" más adelante en este capítulo.

✔ No es necesario utilizar la PC para imprimir imágenes digitales. Muchas impresoras de fotos pueden leer las tarjetas de memoria de las cámaras digitales e imprimir las imágenes directamente. Vea el Capítulo 12 para información adicional sobre impresoras.

✔ Otra opción "sin-PC" es dejar la tarjeta de memoria en una tienda fotográfica. Le imprimirán las fotos "en una hora" y quizás le regalen un CD con las imágenes para endulzar la oferta.

✔ Consulte el Capítulo 9 para obtener información adicional acerca del almacenamiento en tarjetas de memoria.

El escáner

Los *escáneres* son pequeños dispositivos ingeniosos, que funcionan como fotocopiadoras. En lugar de copiar, el escáner crea una imagen gráfica en su computadora a partir de un original. En cierto modo, el escáner mismo es el dispositivo que ingresa las imágenes a la computadora; no hace falta ninguna operación de transferencia adicional.

La Figura 16-2 ilustra el típico escáner de computadora, no tanto porque usted no esté familiarizado con su aspecto, sino porque realmente me gusta esta ilustración. La mayoría de los escáneres son delgados (como el modelo de la ilustración), usan una interfaz USB y tienen prácticos botones que le permiten al instante digitalizar, copiar, enviar un fax, un correo electrónico, o leer texto de cualquier elemento que ponga sobre la superficie de vidrio del escáner.

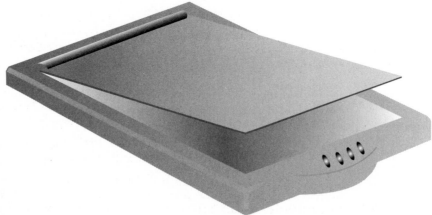

Figura 16-2:
Un típico
escáner.

Básicamente, el escáner funciona así:

1. **Coloque el material que desea digitalizar en el escáner, como si estuviera utilizando una fotocopiadora.**

2. **Encienda el escáner, si no se activa automáticamente.**

3. **Presione el botón de *scan* (digitalizar) en el escáner, que es el botón para adquirir una imagen digital, o si el escáner no tiene ese botón, ejecute el software de escaneo de Windows.**

   Tal vez necesite hacer ajustes adicionales, por ejemplo, si está digitalizando transparencias o diapositivas.

4. **Obtenga una vista preliminar del escaneo.**

5. **Seleccione el área que va a digitalizar.**

   Utilice un zoom o herramienta de aumento para asegurarse de seleccionar la correcta porción de superficie del escáner.

6. **Establezca otras opciones.**

   Por ejemplo, establezca el tipo de escaneo: a color, en escala de grises, o documento. También puede establecer la resolución, aunque el software del escáner probablemente haga estos ajustes por usted. (De lo contrario, 200 dpi está bien).

7. **Digitalice la imagen.**

8. **Guarde la imagen en el disco.**

   Vea la sección "Formatos de archivos gráficos", más adelante en este capítulo, aunque elegir el formato JPEG, o JPG siempre es una decisión acertada.

Una alternativa a guardar la imagen en disco es abrirla desde una aplicación de edición fotográfica — o de imagen — donde puede seguir refinando o editando la imagen. Vea la sección "Editar imágenes", más adelante en este capítulo, para ideas y sugerencias.

✔ Sí, digitalizar una imagen es lento y fastidioso, pero es una de las mejores maneras de trasladar fotografías o diapositivas existentes al mundo digital de la PC.

✔ Solo podrá digitalizar negativos o transparencias (diapositivas) si el escáner está equipado con un adaptador para negativos/transparencias.

✔ Los escáneres vienen con un software. Generalmente, recibe tres paquetes. El primero es una utilidad que le permite usar el escáner para digitalizar una imagen. El segundo es generalmente algún programa de edición de fotos, como *Adobe Photoshop Elements*. El tercero es un programa OCR, que se usa para transferir documentos escritos a texto editable.

¿Para qué molestarse en entender la resolución?

Cuando trabaja con imágenes digitales, el tema de la *resolución* asoma su horrible hocico. La resolución tiene que ver con puntos, más específicamente con la cantidad de *puntos por pulgada* (*dpi,* por sus siglas en inglés). Cada punto representa la parte más pequeña de una imagen, una diminuta mancha de color.

La resolución está en juego en dos áreas: cuando se crea una imagen y cuando se reproduce una imagen.

Usted ajusta la resolución cuando toma una foto digital o cuando escanea una imagen. La resolución determina cuánto detalle, o información visual, contiene la imagen. En otras palabras, una imagen con una resolución de 400 dpi contiene el doble de información que la misma imagen con 200 dpi; 400 es el doble de 200. Aunque la importancia de esta resolución, dependerá del dispositivo de salida, o de dónde irá a acabar la imagen.

Por ejemplo, un monitor de PC tiene una resolución de 96 dpi. Si digitaliza una fotografía de 4x6 pulgadas a 100 dpi y luego visualiza esa imagen en el monitor, la verá casi exactamente del tamaño y detalle originales. Sin embargo, si digitaliza la misma fotografía a 200 dpi, aparecerá dos veces más grande en el monitor. Esto es porque los 200 dpi de la imagen son más del doble que los 96 dpi del monitor.

La resolución de una impresora suele ser de 300 dpi o más. Por lo tanto, una imagen tomada a 100 dpi se imprime a un tercio de su tamaño original cuando la impresora imprime con una resolución de 300 dpi. Si redimensiona la imagen para imprimirla más grande, el resultado será irregular y dentado; no puede crear píxeles en donde no existen.

Para obtener mejores resultados, debe establecer la resolución original de una imagen basándose en su eventual salida. Para enviar una imagen por correo electrónico, que será visualizada en un monitor, 100 dpi es una buena resolución. Para tomar una fotografía que planea imprimir, debe antes pensar un poco. Si la resolución de la impresora es 300 dpi, digitalizar una imagen de 4x5 pulgadas a 300 dpi le permitirá obtener un buen resultado para un tamaño de 4x5 pulgadas. Pero, para imprimir la imagen a 8x10, deberá digitalizar la imagen a 600 dpi para que pueda ampliarse correctamente.

Al trabajar con fotografías, tome en cuenta la totalidad del área de la imagen. Entonces, para obtener una imagen impresa decente de 4x5, calcule 4x300 dpi verticales por 5x300 dpi horizontales. Esto da 1200 por 1500 dpi, o 1.800.000 puntos. Hay un millón de puntos en un *megapíxel*; por lo tanto, una cámara configurada en 2 megapíxeles está bien para imprimir una imagen estándar de 4x5 en una impresora de 300 dpi. Una configuración con mayor resolución, por supuesto, produce mejores resultados.

✔ OCR es la sigla de *optical character recognition* (reconocimiento óptico de caracteres). Es la única forma de poder leer texto en un documento digitalizado y editar ese texto. (Cuando digitaliza texto como imagen, el texto no se puede editar).

✔ Si tiene muchas imágenes para digitalizar, como las diapositivas de vacaciones de toda una vida, considere enviar el material a una tienda especializada. No, no es barato, pero piense cuánto vale su tiempo y cuánto realmente necesita digitalizar sus fotos.

✔ Hay botones en el escáner que pueden resultarle muy útiles. Por ejemplo, yo uso el botón *Copy* (Copiar) todo el tiempo ya que mi oficina no tiene fotocopiadora. La única reserva que tengo con respecto a los botones es que los pequeños iconos son confusos; si hace falta, utilice un *Sharpie* o marcador indeleble y escriba la función del botón.

Trabajar con Archivos Gráficos

La información se almacena en los dispositivos de almacenamiento permanente de su PC en formato de *archivos*. Todo este asunto de los archivos es necesario si usted está pensando en disfrutar de una cordial y duradera relación con su PC. Le recomiendo ampliamente que lea el Capítulo 24 para ponerse al día con el tema. Por ahora, el tema son los archivos gráficos, o los trozos de información en los que la computadora almacena imágenes y fotos bonitas.

Formatos de archivos gráficos

Una imagen guardada en disco no se transforma simplemente en un "archivo gráfico". No, la información digital se puede guardar en una variedad de formatos. Esto fue inventado no solo para fastidiarlo a usted, sino también a causa de la evolución de la gráfica computarizada, sin hablar de las necesidades de los distintos programas y tecnología de imagen, como las cámaras digitales.

Estos son los tipos de archivos gráficos de PC más populares:

JPG: El formato de archivo desarrollado por *Joint Photographic Experts Group* (Grupo de Expertos Fotográficos Unidos) es actualmente el más popular para almacenar imágenes digitales. JPG, o JPEG, utiliza la compresión para asegurar que las imágenes no consuman demasiado espacio en disco o requieran demasiado tiempo para enviarse a través de Internet. Desafortunadamente, la calidad de la imagen no es tan buena cuando se comprime. Por otro lado, la compresión JPG es *con pérdida*, es decir que cada vez que se comprime una imagen JPG, cierta información se pierde en el proceso de transferencia.

PNG: El formato *Portable Network Graphics* (Gráficos de Red Portátiles), también conocido como *ping*, fue diseñado para remplazar el GIF (ver el final de esta lista) como un mejor método para almacenar imágenes en la Internet. Las imágenes PNG también están comprimidas, y la compresión es mejor que la JPG, lo cual convierte a PNG en estándar ideal, aunque JPG sigue estando a la cabeza.

TIFF: El estándar gráfico *Tagged Image File Format* (Formato de Archivo de Imagen con Etiquetas) es ideal para almacenar a largo plazo imágenes gráficas así como intercambiar imágenes entre aplicaciones de edición de imagen o fotografía. Las imágenes TIFF tienden a ser bastante grandes, lo que las torna poco prácticas para su uso en Internet o el correo electrónico. Pero la gran ventaja que ofrecen las imágenes TIFF es que son ideales para aplicaciones profesionales, en el campo editorial o bancos de imágenes.

Algunos otros formatos gráficos comunes incluyen:

BMP: El formato de archivo *Windows Bitmap* es usado principalmente en Windows, pero no tanto como en años anteriores. Los archivos de imagen son grandes y por lo tanto poco prácticos para su uso en Internet o correo electrónico. Evite usar BMP para otra cosa que no sea simples garabatos creados en Paint. TIFF es un formato de archivo más apto para imágenes tratadas en aplicaciones o para almacenar imágenes sin comprimir a largo plazo.

CRW: El formato *Camera Raw* es una imagen sin comprimir, sin modificar, tomada en alta resolución por ciertas cámaras digitales sofisticadas. Es el preferido de fotógrafos profesionales y personas que necesitan las imágenes más crudas y puras posibles. A menos que esté haciendo un trabajo profesional, puede evitar este formato.

GIF: El *Graphics Interchange Format* (Formato de Intercambio Gráfico) es un formato simple y más antiguo para almacenar imágenes a color. Fue (y sigue siendo) popular en Internet porque el tamaño del archivo es pequeño, pero los archivos no contienen suficiente información como para ser dignos de mención en la era digital moderna.

Existen también otros formatos gráficos, pero la mayoría se vinculan al dibujo y gráficos vectoriales. Para la imagen digital, los formatos mencionados en estas listas son los más populares.

- ✔ Un archivo gráfico de un formato específico lleva su sigla como extensión de nombre del archivo. Por ejemplo, IMAGEN.JPG es un archivo gráfico, nombrado IMAGEN, del tipo JPG.

- ✔ El formato se establece cuando usted crea y salva una imagen en disco. Haga clic en el comando *File* (Archivo)➪*Save As* (Guardar Como) y seleccione el tipo de imagen de la lista desplegable *Type* (Tipo) que muestra el cuadro de diálogo *Save As* (Guarda Como). (Vea el Capítulo

24). También verá el comando *File* (Archivo)⇨*Export* (Exportar) para guardar imágenes en un determinado tipo de archivo.

✔ Consulte el Capítulo 25 para más información sobre la carpeta *Pictures* (Imágenes), donde Windows Vista insiste en que usted guarde sus archivos gráficos.

✔ Vea también "Cambiar los tipos de archivos gráficos", más adelante en este . . . pero, ¡aquí está!

Cambiar los tipos de archivos gráficos

De vez en cuando, surge la necesidad de convertir una imagen gráfica de un tipo a otro. Por ejemplo, usted pudo haber cometido la tontería de guardar las imágenes de su cámara digital como archivos TIFF. Aunque este formato de archivo es totalmente válido y las imágenes TIFF son de muy buena calidad, son espantosamente enormes para adjuntarlas en un e-mail. Le conviene convertir esas imágenes a JPG. Así es como lo hago yo:

1. **Abra la carpeta que contiene el icono de la imagen.**

   Consulte el Capítulo 25 para obtener información acerca de las carpetas.

2. **Seleccione el icono de la imagen.**

3. **En la barra de herramientas, haga clic en el botón de menú ya sea pulsando el botón *Open* (Abrir) o *Preview* (Vista Preliminar).**

   El botón de menú está justo a la derecha del botón de la barra de herramientas, adornado con un triángulo apuntando hacia abajo.

4. **Elija el Programa *Paint* en el menú.**

   La imagen gráfica se abre en el programa *Paint.*

5. **Escoja *File* (Archivo)⇨*Save As* (Guarda Como).**

   Aparece el cuadro de diálogo *Save As* (Guardar Como). (Vea el Capítulo 24 para obtener información adicional sobre el cuadro de diálogo *Save As*).

6. **Seleccione JPEG (*.jpg, *.jpeg, *.jfif) de la lista desplegable *Type* (Tipo) que muestra el cuadro de diálogo *Save as*.**

   O bien, seleccione otro tipo de formato en el menú desplegable del comando *Save As.*

7. **Haga clic en el botón *Save* (Guardar).**

   El archivo se guarda bajo el nuevo formato.

8. **Cierre el Programa *Paint*: Escoja *File* (Archivo)⇨*Exit* (Salir).**

Si dispone de un programa gráfico más sofisticado, como Photoshop Elements, puede usarlo en lugar de *Paint* para hacer la conversión. O bien, puede usar cualquiera de los populares programas gráficos de conversión disponibles, si bien ahora no se me ocurre ninguno.

Editar imágenes

Puede aplicar cambios muy simples a las imágenes una vez ingresadas dentro de su PC. Puede emplear el *Poder de la Computadora* para optimizar y perfeccionar cualquier fotografía o imagen. Las herramientas concretas y los comandos específicos varían de programa a programa. Pero, a un nivel básico, estos son las herramientas que puede utilizar:

Crop **(Recortar):** Recortar una imagen es reducir su tamaño, igual que una adolescente furiosa empuñaría un par de tijeras para quitar a su ex novio de una foto, aunque sin la angustia ni las tortuosas y prolongadas llamadas telefónicas. (Vea la Figura 16-3).

Figura 16-3:
Una imagen
recortada.

Redimensionar/graduar: Dado que la imagen está almacenada en la computadora, usted puede cambiar su tamaño: reducirla o ampliarla. (Vea la Figura 16-4). Reducir una imagen es fácil; las imágenes digitales se reducen sin problema. Sin embargo, para ampliar una imagen, su resolución debe ser lo suficientemente alta para soportar un tamaño mayor.

Figura 16-4:
Un imagen redimensionada.

Note que hay una diferencia entre redimensionar una imagen y usar un zoom o herramienta de aumento. La herramienta Zoom tan solo hace que la imagen aparezca más grande o más pequeña en el monitor. Redimensionar o graduar una imagen cambia su tamaño, especialmente sus dpi (resolución).

Ajustar contraste/brillo: Puede ajustar la tonalidad de una imagen mediante la herramienta contraste/brillo. El contraste modifica las diferencias entre las partes oscuras y luminosas de una imagen, mientras que el brillo oscurece o aclara la imagen completa (vea la Figura 16-5).

Figura 16-5:
Cómo el brillo y el contraste afectan una imagen.

Además del contraste y brillo, muchos programas de edición de fotos tienen herramientas de ajuste para el color y tono. Por ejemplo, puede corregir los azules o rojos desgastados de viejas fotografías que esté digitalizando, usando una herramienta para calibrar la tonalidad del color.

Flip/Rotate **(Dar vuelta/rotar):** Hasta el programa más básico de edición fotográfica tienen una herramienta para dar vuelta y rotar. Como su nombre lo indica, dar vuelta y rotar le permite cambiar la orientación de la imagen. (Vea la Figura 16-6).

Image Original   Rotación Vertical   Imagen Original   Rotar 90°

Figura 16-6: Una imagen dada vuelta, rotada, plegada, desencajada y mutilada.

Rotación Horizontal   Rotación horizontal y vertical   Rotar 180°   Rotar 270°

Además de estas herramientas básicas, los programas de edición fotográfica vienen con un montón de herramientas de edición, corrección y reparación — además de alguna herramienta extra capaz de estirar o exagerar rasgos faciales o añadir globos de diálogo a una imagen. Puede divertirse a lo grande con sus imágenes en la PC.

Ver imágenes en Windows

Windows Vista es la mejor versión de Windows para visualizar archivos. De hecho, ni siquiera necesita un programa: Simplemente cambie el tamaño del icono en cualquier carpeta y verá una pequeña vista preliminar o *thumbnail* (vista en miniatura), de las imágenes almacenadas en su PC.

Para ver una imagen determinada, siga estos pasos:

1. **Seleccione el icono de la imagen.**

2. **Haga clic en el botón *Preview* (Vista Preliminar) de la barra de herramientas.**

Luego, un programa muestra la imagen; el programa específico depende del software que haya instalado en Windows. Puede elegir un determinado programa de vista preliminar mediante el botón de menú justo a la derecha del botón *Preview* (Vista Preliminar).

✔ Para ver todos los archivos de una carpeta, haga clic en el botón *Slide Show* en la barra de herramienta. De este modo se ejecuta el programa de presentación que muestra las imágenes una tras otra.

✔ Puede también seleccionar una carpeta específica para usarla como protector de pantalla. Los archivos de imagen de esa carpeta aparecen en la pantalla cuando se activa el protector de pantalla. Vea el Capítulo 10 para información adicional.

✔ Las imágenes que se muestran mediante las opciones *Extra Large Icons* (Iconos Súper Grandes), *Large Icons* (Iconos Grandes), *Medium Icons* (Iconos Medianos) o *Tiles* (Mosaicos) del botón *View* (Ver) de la barra de herramientas aparecen como miniaturas.

Capítulo 17

PC TV

. . . .

. . . .

Ah, recuerdo esos días, no hace mucho, en los que un equipo de televisión era parte necesaria de un sistema de computación personal. Muchas de las viejas microcomputadoras de aficionados, como la Commodore 64, usaban una TV color estándar como monitor. Eventualmente, las computadoras se volvieron "serias" y exigieron sus propios monitores exclusivos y caros. Así que ¿quién hubiera imaginado que, 25 años después de la revolución de la PC, las computadoras y la televisión se volverían a encontrar? Pero esta vez es la TV la que necesita una PC y no al revés.

Este capítulo cubre una parte interesante de su vida digital, en la que su PC devora al equipo de televisión en forma hábil y magistral. No solo puede utilizar la PC para ver y crear video digital, sino que su PC también puede convertirse en el centro estratégico de su sistema de entretenimiento visual hogareño. Es lo que llaman *media PC* (PC de medios), el tema de este capítulo.

Cómo Convertir una PC en una TV

Como con todas las actividades de las computadoras, para ver televisión en la PC necesita una combinación de hardware y software. El software viene con algunas ediciones de Windows Vista y se llama Windows Media Center

(Centro de medios de Windows). Usted utiliza el Windows Media Center para ver y grabar televisión, además de hacer otras cosas con medios (música e imágenes).

Para el hardware, necesita equipar su PC con un sintonizador de TV. Es un aparato que bombea la señal de televisión dentro de su computadora. El sintonizador de TV viene como un dispositivo externo, o puede habitar en una tarjeta de expansión instalada dentro de la consola.

El sintonizador de TV acepta la entrada desde un cable de video coaxial estándar. Los sintonizadores externos se conectan a la PC a través del puerto USB. Algunos sintonizadores de TV pueden tener entradas adicionales para conectar una TV o acceder a radio FM. La lista de características de estos aparatos, además de sus precios, varía ampliamente.

- ✔ Hay una diferencia entre Windows Media Player (Reproductor de Windows Media) y el Windows Media Center (Centro de medios de Windows). Windows Media Player es un programa de audio y música. Windows Media Center hace lo que hace el Windows Media Player, pero también funciona con TV, radio FM, imágenes y video digital.

- ✔ El sintonizador de TV necesita una señal de televisión, se provee con cualquier sistema de TV por cable o satélite al que se suscriba. Usar el sintonizador de TV con su PC no agrega ningún costo a su suscripción de cable o satélite, y no hay necesidad de advertir a su proveedor o alarmarlo de ninguna manera sobre su uso de un sintonizador de TV en la computadora.

- ✔ Sí, olvídese de esos grabadores de video digital (DVR) caros y aparatos similares para grabar de la TV. Cuando compra un sintonizador de TV, está obteniendo lo mejor que tienen para ofrecer esos dispositivos, además de pagar una sola vez para tener un servicio por el cual otros pagan mensualmente.

- ✔ Algunos sintonizadores de TV tienen capacidad para HDTV (televisión de alta definición). Piense en obtener uno de estos si tiene HDTV o cable digital en su zona.

- ✔ No confunda un sintonizador de TV con una tarjeta capturadora de video. Una *tarjeta capturadora de video* lee una señal de video de otro aparato de video, como una cámara de video o VCR y graba, o *captura*, la señal para almacenarla digitalmente en la computadora. El sintonizador de TV se utiliza para ver y grabar TV por cable o satélite en su PC.

Conectar un sintonizador de TV

Instalar el sintonizador de TV es facilísimo, aunque aún así recomiendo que consulte la documentación que lo acompaña. En general, simplemente se conecta al mismo cable coaxial que conecta en la TV. Si tiene un sintonizador de TV externo, conéctelo a una fuente de alimentación además de la consola de PC.

Realice cualquier configuración de software necesaria según las instrucciones que vienen con el sintonizador de TV. A veces, el software debe instalarse antes del hardware, a veces después, a veces no importa.

Después de realizar la configuración adicional, o ejecutar un programa de configuración (según la documentación que viene con el sintonizador de TV), está listo para configurar el Windows Media Center, como se describe en la siguiente sección.

Configurar Windows Media Center

Después de conectar su PC a un sintonizador de TV y conectar ese sintonizador a su servicio de TV por cable o satélite, está listo para configurar el software. Puede hacer esto ejecutando Windows Media Center por primera vez.

Windows Media Center le hace algunas preguntas sobre su sintonizador de TV y su configuración de televisión, como qué compañía de cable está usando y cuál es su ubicación. Esto lo hace para que se pueda descargar el cronograma de programación de TV a la PC. El Media Center utiliza el cronograma de TV no solamente como una guía de programación, sino también para ayudar en la grabación de programas que no estén al aire.

Después de configurar el Media Center, puede empezar a ver TV en su PC.

¡Están Dando Algo en la Tele!

El impulso de ver televisión en su PC se puede satisfacer con solo ejecutar el programa Windows Media Center. Desde el Panel de Inicio, seleccione *All Programs*➪*Windows Media Center* (Todos los programas➪Centro de Medios de Windows).

El Media Center presenta una interfaz sencilla que se desliza hacia arriba y hacia abajo para ver las principales categorías de medios y luego a la izquierda o a la derecha para las subcategorías (ver Figura 17-1). Todo está diseñado para ver fácilmente en un equipo de TV y manejarse con un control remoto de televisión.

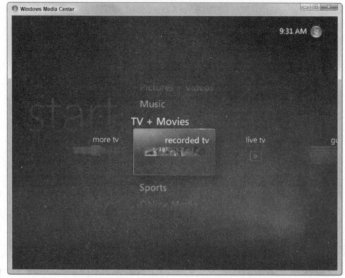

Figura 17-1:
Windows
Media
Center.

En general, es fácil entender cómo funciona el Media Center. Para propósitos de "TV en su PC", las secciones siguientes se concentran en la parte TV + Películas del menú y en grabar televisión, que es uno de los fuertes del Media Center.

✔ El Media Center está diseñado para verse bien en una televisión, que tiene una resolución menor a la de un monitor de computadora estándar.

✔ Puede maximizar la ventana del Media Center para ver la televisión a pantalla completa en el monitor de su PC. Haga clic en el botón *Maximize* (Maximizar) en la esquina superior derecha. O también puede ver la TV en una ventana.

✔ Algunos teclados inalámbricos especiales trabajan directamente con el Media Center. Nuevamente, están diseñados con una configuración de centro de medios hogareño, en la que la computadora está ligada a un monitor de televisión y el teclado está en una mesa de café del otro lado de la habitación. Al menos así es como se ve en los anuncios de las revistas.

Ver qué están dando

La subcategoría *Live TV* (TV en vivo) debajo de *TV + Movies* (TV + Películas) le permite ver la televisión en su computadora al igual que lo hace en una TV. Aquí hay algunos consejos y sugerencias para mejorar el poder de su visualización de TV:

✔ Cambie el canal digitando un número en el teclado. No hace falta presionar *Enter* (Intro); solo pulse el número.

✔ Haga clic con el botón derecho del mouse en la ventana para ver un menú desplegable especial con varias opciones para lo que sea que esté haciendo.

✔ Haga clic con el botón derecho del mouse y seleccione *Program Info* (Información del programa) para obtener más información sobre lo que está viendo.

✔ Si se pierde el principio de un programa y desea verlo de nuevo, haga clic con el botón derecho del mouse en la ventana y seleccione *Program Info* (Información del programa) y, en el siguiente menú, seleccione *Other Showings* (Otras emisiones).

✔ Al mover el mouse, vuelven a aparecer los controles de grabación y reproducción, como se muestra en la Figura 17-2.

Menú
(Menu)

Maximizar
(Maximize)

Figura 17-2:
Ver TV
en vivo.

Grabar
(Record)

Pausar TV
(Pause TV)

Cambiar canal
(Change channel)

Control de volumen
(Volume control)

✔ Para pausar la TV en vivo, mueva el mouse para mostrar los controles de grabación y reproducción y haga clic en el botón *Pause* (Pausa). Haga clic en el botón *Play* (Reproducir) para reanudar, o el botón *Fast Forward* (Avance rápido) para volver a la reproducción en tiempo real.

✔ Algunos canales presentan "contenido restringido". La emisora no le permite ver (o grabar) la información de ese canal. Esto no es un tema de Control para padres, sino un tema de derechos de autor con la emisora.

Ver qué darán después

El Media Center descarga información sobre su servicio de TV por cable o satélite y crea su propia guía. Para ver la guía seleccione *Guide* (Guía) en la opción *TV + Movies* (TV + Películas). Puede desplazarse por toda la lista de canales, moverse hacia arriba y hacia abajo, e incluso ver los horarios futuros con solo deslizarse por la lista de la derecha.

✔ Para ver la programación de un canal específico, haga clic en el canal para seleccionarlo. Luego, puede leer detalladamente la programación para ese canal con hasta una semana de anticipación.

✔ Haga clic en el nombre de un programa para ver una descripción más detallada. Descubrirá, junto con la descripción avanzada, un botón para grabar el programa, un botón para grabar la serie completa y además un botón para ver otras emisiones del programa.

Grabar "al vuelo"

Puede grabar fácilmente cualquier cosa que vea en la TV con el Windows Media Center. Simplemente haga clic en el botón Record (consulte la Figura 17-2) mientras está viendo TV en vivo.

Para dejar de grabar, haga clic en el botón *Record* (Grabar) nuevamente. Cuando se detenga, el programa lo llevará a la sección *Recorded TV* (TV grabada) del menú *Movies + TV* (Películas + TV). Simplemente seleccione *Live TV* desde el menú para seguir viendo el programa. Lea más adelante la sección "Ver TV grabada" para obtener más información sobre el tema.

Programar una grabación

Hay muchas maneras de grabar un programa en el Media Center. Además de grabar "al vuelo" (en la sección anterior), puede utilizar cualquier de las siguientes opciones:

Grabar un programa que encontró en la guía. Utilice la guía como se explica en la sección anterior "Ver qué darán después". Haga clic para seleccionar un programa que quiera grabar y luego haga clic en el botón *Record* (Grabar). El programa listado en la guía se mostrará con un círculo rojo de Grabar, que es su indicador de que ese programa está programado para grabar.

Grabar una emisión futura del programa actual. El mantra "No hay nada en la Tele" es verdad principalmente porque gran parte de la programación de TV consiste en emitir los mismos programas una y otra vez. Por lo tanto, si se pierde de grabar un programa, puede comprobar si se volverá a emitir y programar al sistema para que lo grabe. Para grabar una copia completa del programa que está viendo ahora, siga estos pasos:

1. **Haga clic derecho en la ventana de Media Center.**

2. **Seleccione *Program Info* (Información del programa).**

   Aparece un segundo menú.

3. **Seleccione *Other Showings* (Otras emisiones).**

4. **Navegue por la lista hasta encontrar la emisión futura que desea.**

5. **Haga clic en la emisión futura.**

6. **Seleccione *Record* (Grabar) desde el menú.**

Grabar una serie. Para grabar todos los episodios de una serie, como su programa favorito todos los sábados por la noche, siga estos pasos:

1. **Seleccione el programa de la guía.**

2. **Haga clic en *Record Series* (Grabar serie).**

Cada instancia de ese show se marca para grabaciones futuras. Tenga en cuenta que grabar todas las instancias de un programa consume una buena cantidad de espacio en disco. ¡Lea más adelante la sección "Depurar TV grabada" antes de que sea demasiado tarde!

✔ No hay necesidad de establecer un "horario de finalización" cuando se programa el Media Center para grabar un programa. Gracias a la guía que descargó de la Internet, Media Center sabe cuándo comienza y termina un programa. La grabación empieza un minuto antes de que comience el programa, y termina aproximadamente tres minutos después de que el programa termina. Automáticamente.

✔ La TV grabada, lógicamente, se guarda en la subcategoría *Recorded TV* (TV Grabada) de la sección *TV + Movies* (TV + Películas). Lea la sección siguiente.

Ver TV grabada

El Media Center almacena los programas de TV que graba, además de la información sobre grabaciones próximas, en la subcategoría *Recorded TV* (TV Grabada) de la sección *TV + Movies* (TV + Películas). Los programas ya grabados aparecen en la lista, de izquierda a derecha: Señale con el mouse una grabación para resaltarla y ver más información; haga clic en una grabación para ver un menú, desde el cual puede seleccionar *Play* (Reproducir) para verla.

Para ver las grabaciones próximas o programadas, haga clic en el elemento del menú *View Scheduled* (Ver grabaciones programadas) en el extremo superior de la zona *Recorded TV* (TV grabada). La programación aparece en forma de lista que puede ordenar por fecha, título, serie o historial.

Un beneficio estupendo de ver TV grabada es que puede saltear los comerciales. Utilice el botón *Next Chapter* (Siguiente capítulo) para saltar a la siguiente marca.

Grabar un DVD de TV grabada

Puede crear un DVD de video con los programas y emisiones que grabó. Es realmente facilísimo; siga estos pasos:

1. **Inserte un disco DVD-R o DVD+R en la unidad de DVD de su PC.**

   Sí, debe ser una unidad grabadora de DVD.

   Prefiero los discos DVD-R porque son más compatibles con los reproductores de DVD.

2. **Cierre el cuadro de diálogo *AutoPlay* (Reproducción automática) si aparece.**

   Haga clic en el botón X de la esquina superior derecha del cuadro de diálogo de reproducción automática.

3. **Grabe un programa siguiendo las instrucciones que aparecen anteriormente en este capítulo.**

4. **En el Media Center, seleccione *Movies + TV* (Películas + TV) y luego Recorded TV (TV grabada).**

5. **Haga clic para seleccionar el programa que quiere grabar en un disco.**

6. **En el menú que se muestra en pantalla, seleccione *Burn CD/DVD* (Grabar CD/DVD).**

7. **Haga clic en el botón *Yes* (Sí) si aparece un mensaje que le advierte que se detendrá la reproducción de medios.**

8. **Si el programa solicita que seleccione una calidad más baja para que el programa entre en el disco, haga clic en *Yes* (Sí) u OK (Aceptar) para continuar.**

9. **Seleccione *Video DVD* (DVD de video) para crear un disco que pueda reproducirse como cualquier otro video. Seleccione *Data DVD* (DVD de datos) para un disco que pueda verse solamente en una computadora.**

10. **Haga clic en el botón *Next* (Siguiente).**

11. **(Opcional) Escriba un nombre para el disco.**

    El nombre del programa aparece como opción predeterminada.

12. **Haga clic en el botón *Next* (Siguiente).**

13. **Haga clic en el botón *Burn DVD* (Grabar DVD).**

14. **Haga clic en *Yes* (Sí) para confirmar.**

15. **Espere mientras se crea el disco.**

    (Opcional) Haga clic en el botón *OK* (Aceptar) para dedicarse a hacer otras cosas con su PC mientras se crea el disco. Tenga en cuenta que algunos discos toman muchísimo tiempo para grabarse.

16. **Quite el disco de la PC.**

    Los discos grabados se expulsan automáticamente.

17. **Haga clic en el botón *Burn* (Grabar) para crear un disco duplicado, o haga clic en *Done* (Finalizar) y habrá terminado.**

Recomiendo etiquetar el disco. Suelo usar un marcador indeleble para escribir el nombre del programa y la hora y fecha en que creé el disco. Luego pongo el disco en un sobre especial para guardarlo a largo plazo.

Después de grabar el disco, contemple la posibilidad de eliminar el programa de la biblioteca de TV grabada. De ese modo, libera espacio en el disco duro de su PC para almacenar otra información.

✔ El programa puede no caber en el disco. Si es así, el Media Center le avisará. En ese caso, no puede crear un DVD, pero todavía puede ver el programa grabado en su PC.

✔ Puede conseguir sobres para discos en cualquier tienda de artículos para oficina.

✔ El DVD que crea es para uso personal únicamente. No puede hacer copias adicionales para amigos, ni puede vender los discos que haya creado.

✔ También lea el Capítulo 28 para obtener información sobre cómo crear DVDs de datos.

Depurar la TV grabada

Sí, el video en su PC es una de esas cosas que traga espacio en el disco más rápido de lo que un adolescente consume minutos de llamada en un celular. Pero el Media Center no es tonto al usar el espacio del disco. La mayoría de los programas que graba se quedan por ahí mientras tenga espacio para ellos. Así que, cuanto más grabe, menos guarda.

La mejor manera de conservar un programa que haya grabado es crear un DVD, como se describe en la sección anterior. De otro modo, puede eliminar manualmente programas viejos para liberar espacio para programas futuros. Las siguientes actividades suponen que está usando el Media Center y que tiene el área *Recorded TV* (TV grabada) visible:

✔ **Eliminar un programa grabado.** Para eliminar un programa ya grabado, haga clic para seleccionar el programa. Desde el menú que aparece, seleccione *Delete* (Suprimir). Haga clic en el botón Yes (Sí) para confirmar.

✔ **Eliminar una grabación futura.** Para eliminar un programa que haya programado para grabar en el futuro, seleccione la opción *View Scheduled* (Ver grabaciones programadas) desde el extremo superior de la ventana *Recorded TV* (TV grabada). Haga clic para seleccionar el programa. Desde el menú que aparece, seleccione *Do Not Record* (No grabar). El programa se elimina de la lista de grabaciones programadas.

✔ **Eliminar una serie.** Para eliminar un episodio particular de una serie, siga los pasos del párrafo anterior. De otro modo, seleccione *View Scheduled* (Ver grabaciones programadas) y luego haga clic para seleccionar cualquier episodio de la serie. Desde el menú que aparece, seleccione *Series Info* (Información de la serie). Finalmente, haga clic en el botón *Cancel Series* (Cancelar serie) y luego haga clic en *Yes* (Sí) para confirmar.

A diferencia de lo que hizo NBC con *Star Trek* (Viaje a las estrellas) en 1969, cuando cancela una serie, usted solamente le indica al Windows Media Center que no grabe la serie; la serie sigue al aire en televisión.

Si no elimina una grabación, entonces Media Center conserva la grabación hasta que su PC tenga poco espacio en el disco rígido. En ese momento, comienzan a eliminarse los programas más antiguos para liberar espacio para nuevas grabaciones.

Imágenes en Movimiento

Además de mirar TV, puede usar su computadora para ayudarlo a crear o ver sus propios videos. Se llama *digital video* (video digital), y es *otra* manera que tiene para extender el funcionamiento de su PC hacia el mundo real.

El video digital implica usar una cámara de video para grabar videos... imágenes en movimiento. La cámara de video, o video digital, no es lo mismo que una cámara digital, la que generalmente captura imágenes fijas únicamente. (Algunas cámaras digitales pueden grabar videos cortos). La información de las siguientes secciones es sobre video digital únicamente; para obtener información sobre cámaras digitales, lea el Capítulo 16.

¡Está viva! ¡Y vive encima de su monitor!

La cámara digital más simple que puede obtener para su PC es la cámara de video de escritorio, también conocida como *web camera* (cámara web). La mayoría de estas cámaras tienen el tamaño de un puño, aunque a veces son más pequeñas y comúnmente se pegan a la parte superior del monitor. Un cable USB establece la conexión con la PC.

Puede verificar la conexión usando el Control Panel (Panel de Control). Desde *Control Panel Home* (Página principal del Panel de Control), seleccione *Hardware and sound* (Hardware y sonido) y luego *Scanners and Cameras* (Escáneres y cámaras). Desde la vista clásica del Panel de Control, seleccione el icono *Scanners and Cameras* (Escáneres y cámaras).

Lo que puede hacer con la cámara web depende del software disponible. La mayoría de las tareas comunes incluyen participar en un chat con video (o, como se dice profesionalmente, *videoconferencia*), subir imágenes a la Web como una *webcam*, o simplemente capturar imágenes para enviar por correo electrónico o guardarlas para usarlas más adelante.

✔ Las cámaras Web vienen con una gran cantidad de programas de muestra que le permiten probar toda la gama de posibilidades que ofrece.

✔ Yo tengo una webcam afuera de mi oficina, aunque tengo que actualizar el software. Con suerte, estará lista y funcionando para cuando este libro se empiece a imprimir. Visite mi webcam en `www.wambooli.com/fun/live/`.

Tipos de archivos de video

Como todo lo que se almacena en una computadora, las imágenes en movimiento se guardan en el disco como archivos. Y, como con otros archivos de medios (imágenes y sonido), tiene una enorme cantidad de formatos para elegir, y todos dependen de con qué programa guarde el archivo de video, qué tipo de compresión esté usando y otros detalles aburridos. En general, los siguientes tipos de video son populares en el mundo de la computación.

AVI: El archivo de *Audio Video Interleave* (Intercalado de Audio y Video) utiliza un formato de video y audio antiguo diseñado por Microsoft hace mucho, mucho tiempo. Todavía puede encontrar archivos AVI en la Internet, aunque rápidamente están desapareciendo del medio.

MOV: El archivo MOV, que utiliza el reproductor QuickTime de Apple, no solo puede guardar videos, sino también información de audio. MOV es bastante popular en la Internet, aunque necesitará obtener una copia gratuita de QuickTime para ver o escuchar archivos MOV en su PC: `www.apple.com/quicktime`.

MPEG: El *Motion Pictures Experts Group* (Grupo de Expertos en Imágenes en Movimiento) es un formato de compresión general para video y audio. En algunos casos, puede ver archivos de video con la extensión MPG o MPEG, aunque normalmente otros formatos utilizan la compresión MPEG, como WVM y MOV.

WMV: El formato *Windows Media Video* es el formato de video más popular utilizado en Windows y es muy común en Internet también.

Existen otros formatos, por supuesto, pero los que acabo de mencionar son los más comunes.

- ✔ La mayoría de los archivos utilizan el acrónimo de formato de archivo como extensión en su nombre de archivo. Lea el Capítulo 24 para obtener más información sobre extensiones de nombre de archivo.

- ✔ ¡Los archivos de video son *enormes*! No solo son el tipo de archivo más complejo, tragan un montón de espacio del disco.

- ✔ Si planea hacer mucho trabajo con videos, recomiendo especialmente que utilice una buena unidad externa de alta capacidad (300 o más GB) para almacenar sus archivos de video, proyectos y fragmentos. También puede configurar la mayoría de los programas de video para usar la unidad externa como bloc de notas para video en muchos de los programas de edición de video de nivel intermedio a avanzado.

ASPECTOS TÉCNICOS

Sobre eso de los "códecs"

Cuando trabaja con medios en una computadora, como audio o video almacenados en un archivo, suele toparse con la palabra *códec*. Como *módem*, códec es una combinación de dos palabras: *co*mpressor-*dec*ompressor (compresor-descompresor). Un códec descomprime información comprimida y almacenada en un archivo de medios para que usted pueda entretenerse o informarse.

Hay gran variedad de códecs que se utilizan para codificar y decodificar información de medios. El problema con la variedad es que su PC no viene con todos los códecs necesarios para cada tipo de archivo de medios. Así que cuando decide ver un determinado archivo de medios, verá un mensaje que le indica que un códec no está disponible o le pedirá que visite alguna página Web para descargar un códec. Y ahí es en donde se puede meter en problemas.

Mi mejor consejo es ser muy cuidadoso al instalar códecs. A menudo, los chicos malos disfrazan un programa malintencionado como códec requerido para ver algún archivo de medios, típicamente pornografía. Instalar ese códec falso es perjudicial para su PC.

No estoy diciendo que todos los códecs sean malvados. Muchos son buenos y hacen falta para ver determinados archivos de medios. Pero asegúrese de obtener códecs solamente de fuentes confiables, como sitios Web con marcas reconocidas o directamente de Microsoft.

Editar video

No tema, mi amigo loco por los videos. Windows le da algo para hacer con todos esos fragmentos de video que escamotea de Internet, saca de su cámara de video, captura de la TV, o pesca de su cámara web. Reúna una buena biblioteca de fragmentos, porque Windows viene con el programa de video fácil de usar Windows Movie Maker, que se muestra en la Figura 17-3.

Windows Movie Maker utiliza imágenes de video guardadas en el disco duro de su PC y le permite montarlas, junto con distintas ediciones y transiciones de nivel profesional, para hacer su propia película. Después de que retoca todo, incluso puede grabar su propio DVD para enviar a sus amigos y familiares, o quizás a algún agente de Hollywood en busca de un nuevo talento.

Usar Windows Movie Maker es un tema para un libro entero, pero debe saber
que existe esta herramienta, que es muy poderosa y no está disponible en
todas las versiones de Windows Vista.

Capítulo 18

El Oído Digital

*L*as computadoras han tenido la capacidad de hacer ruido desde que algún contador oportunista le dio el gusto a un ingeniero de pegar un altavoz barato a la consola. Manipulando el altavoz, los programadores podían producir sonidos primitivos; incluso voces digitalizadas o reproducción de audio. Claro que, el sonido era *espantoso*. Sin embargo, a los pocos años las computadoras fueron optimizadas con sonido digital de calidad, sintetizadores y otras tantas virtudes del audio.

Hoy en día la PC es la norma para reproducir sonidos y tocar música. Desde que la unidad de CD-ROM se convirtió en un equipo estándar allá a mediados de los años noventa, las computadoras tuvieron la capacidad de reproducir CDs de música. Agréguele los progresos en materia de software para reproductores digitales y obtendrá una computadora que canta, habla y escucha. Ahora, sólo falta que baile.

Su PC Ahora es Su Estéreo

Sí, hace más de una década que el estéreo de su casa está celoso de su PC. De hecho, al comprar una PC y un equipo portátil de música, el estéreo se vuelve un tanto obsoleto. Pero no le diga esto a la tienda de descuento de estéreos del Loco Omar, al menos no todavía.

Al igual que todo, la música se reproduce en su PC mediante una combinación de hardware y software. El hardware es la unidad de DVD, que también puede reproducir CDs de audio. El software es *Windows Media Player*, que le permite compilar, reproducir y compartir su música.

Ejecutar Windows Media Player

Para iniciar Windows Media Placer, selecciónelo en el menú de *All Programs* (Todos los programas): Haga clic en el botón *Start* (Inicio) y elija *All Programs* (Todos los Programas) y luego Windows Media Player. El icono de Windows Media Player también se encuentra en la barra de *Quick Launch* (Inicio Rápido).

Windows Media Player presenta una interfaz simple y fácil de usar, como se muestra en la Figura 18-1. Los Medios están organizados a la izquierda. Su música está enumerada debajo del encabezado *Library* (Biblioteca) o puede ser más específico aún eligiendo una categoría como *Album* (Álbum) o *Songs* (Canciones).

Copiar música de CD
(Copy music from CD)

Crear nueva lista
de reproducción
(Create new playlist)

Crear CD
(Create CD)

Los reproductores
MP3 aparecen aqui
(MP3 players appear here)

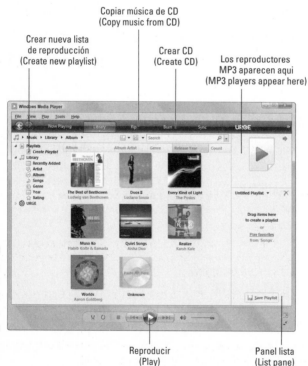

Figura 18-1:
Windows
Media
Player.

Reproducir
(Play)

Panel lista
(List pane)

Para reproducir una canción o escuchar un álbum, haga clic para seleccionar lo que desea escuchar y luego haga clic en el viejo botón amigo, *Play* (Reproducir), en el sector inferior central de la ventana de Media Player.

Las secciones que siguen en este capítulo detallan varias funciones básicas de Windows Media Player.

✔ Windows Media Player no es el único tocadiscos digital disponible en Windows. Otras alternativas son el *Musicmatch Jukebox* (`www.musicmatch.com`) y el *iTunes* de Apple (`www.apple.com`). Note que Windows Media Player es el tocadiscos preferido de Windows.

✔ Puede cambiar la apariencia de Windows Media Player eligiendo una nueva *piel*, o interfaz visual, en el menú *View* (Ver). La Figura 18-1 muestra a Windows Media Player tal como aparece en una ventana estándar sin que se la haya aplicado ninguna textura en particular.

Recopilar canciones

El método más común de agregar música en Windows Media Player es *ripear* esa música desde un CD propio. Preste atención a estas indicaciones:

1. **Introduzca un CD de audio en la unidad de CD-ROM.**

2a. **Windows Media Player se inicia automáticamente y comienza a copiar música del CD.**

   O:

2b. **Si aparece el cuadro de diálogo *AutoPlay* (Reproducción Automática), elija la opción *Rip Music Form CD Using Windows Media Player* (Ripear música de CD utilizando Windows Media Player).**

   O:

2c. **Inicie Windows Media Player y elija *Rip* (Ripear) en la barra de herramientas.**

   En pocos instantes, aparece la lista de temas del CD. Si su PC está conectada a la Internet, podrá ver información sobre el disco y las canciones ¡como por arte de magia! Luego, Windows Media Player copia la música del CD a la biblioteca.

   La velocidad a la cual se copia la música del CD depende de la velocidad de la unidad de CD/DVD. Consulte el Capítulo 9 para obtener más información sobre la velocidad de las unidades de CD.

3. **Expulse el disco una vez copiadas las canciones: Elija *Eject* (Expulsar) en el menú *Play* (Reproducir) o presione Ctrl+J.**

   Guarde el disco.

Ya copiadas, las canciones aparecen en la biblioteca junto a otra música y otros álbumes. Haga clic en el botón *Library* (Biblioteca) en la barra de herramientas para examinar la lista más en detalle.

Crear una lista de reproducción

Windows Media Player le permite organizar su música en *playlists* (listas de reproducción). Por ejemplo, puede crear su propia mezcla especial para una fiesta, para escuchar en el auto o una de grandes éxitos. Yo escucho la inspiradora "música de mis ondas cerebrales" cuando escribo. Todo esto se logra creando una lista de reproducción. Siga estas indicaciones:

1. **Haga clic en el botón *Library* (Biblioteca) en la barra de herramientas.**

2. **En el lado izquierdo de la ventana, debajo de *Playlists* (Listas de Reproducción), seleccione *Create Playlists* (Crear Lista de Reproducción).**

   Consulte la Figura 18-1 para la ubicación exacta.

3. **Escriba un nombre para la lista de reproducción, algo corto y descriptivo.**

   El nombre se repite en el lado derecho de la ventana, en el área del panel lista, donde se crea la lista de reproducción (consulte la Figura 18-1).

4. **Ubique una canción en la biblioteca para añadir a la lista de reproducción.**

   Haga clic en *Songs* (Canciones) a la izquierda para ver la lista de todas las canciones almacenadas en la biblioteca.

5. **Arrastre la canción desde la biblioteca hasta el panel lista sobre el lado derecho de la ventana.**

6. **Repita los Pasos 4 y 5 para armar su lista de reproducción.**

7. **Haga clic en *Save Playlist* (Guardar Lista de Reproducción) abajo del panel lista.**

8. **Haga clic en el botón X para ocultar la lista de reproducción y terminar la edición.**

   No puede escuchar la lista de reproducción sin antes despejar la pantalla.

Las listas de reproducción completas aparecen debajo del encabezado *Playlists* en la biblioteca de música. Para escuchar las canciones recopiladas en su lista de reproducción, seleccione la primera canción en la lista a la izquierda de la ventana. Haga clic en el botón *Play* en la parte inferior de la ventana.

✔ Para reeditar una lista de reproducción, haga clic para seleccionarla y luego haga clic en el botón *Edit in List Pane* (Editar en Panel Lista) en la extremo inferior de la ventana.

✔ Cuando una lista de reproducción aparece en el panel lista, es porque está siendo "editada". Ahí es cuando usted puede agregar o quitar canciones, o cambiar el nombre. Para eliminar una canción, haga un clic derecho y elija *Remove Form List* (Eliminar de la lista) en el menú emergente. Para cambiar el nombre de una lista de reproducción, haga clic en el botón del nombre y, en el menú, elija *Rename Playlist* (Cambiar el Nombre).

✔ Las canciones de una lista de reproducción se escuchan en el mismo orden que aparecen. Para reorganizar las canciones, simplemente arrástrelas hacia arriba o hacia abajo con el mouse.

Llevar la música consigo

El concepto de utilizar una PC como tocadiscos no se impuso antes de que ocurrieran dos cosas. Primero, en lo que a software se refiere, los simples programas de reproducción de CD de la PC evolucionaron en programas capaces de ripear música de CD y almacenarla a plazo largo en la computadora. Segundo, y más importante, tenían que evolucionar los equipos de música portátiles.

Los reproductores de música portátiles, a menudo llamados *reproductores MP3*, ya existían desde hacía algún tiempo cuando se pusieron de moda. Los primeros modelos eran voluminosos, no tenían baterías de larga duración y solo podían almacenar un puñado de canciones. Con la revelación de los *iPod* de Apple, los reproductores MP3 no solo se volvieron sexy sino que además interconectaron bien con el software para tocadiscos computarizados.

Windows Media Player funciona con varios dispositivos portátiles de música. Generalmente, opera de este modo:

1. **Conecte el reproductor MP3 portátil a su PC.**

   Normalmente, se usa un cable USB.

2. **Abra Windows Media Player, si no se activa automáticamente.**

   El cuadro de diálogo *AutoPlay* (Reproducción Automática) puede solicitarle abrir Windows Media Player la primera vez que conecte el dispositivo, si no puede iniciar Windows Media Player manualmente.

El dispositivo portátil aparece en la porción superior derecha de la ventana de Windows Media Player (consulte la Figura 18-1).

3. **Arrastre hacia el panel lista la música que desea copiar al artilugio portátil.**

Este paso funciona exactamente igual que para crear una lista de reproducción. De hecho, puede arrastrar listas de reproducción al aparato de la misma manera.

4. **Haga clic en el botón *Start Sync* (Iniciar la Sincronización) para copiar música en el dispositivo portátil.**

Observe cómo se van copiando las canciones.

5. **Desconecte el dispositivo.**

¡Está listo para emprender el viaje!

Sin duda, su artilugio MP3 vino con un software especial para administrar música. Aunque estos pasos le explican lo básico sobre sincronización de música en Windows Media Player, tal vez deba recurrir al software adicional de su MP3 para gestionar mejor su música, eliminar canciones o cambiar el orden en que se reproducen los temas.

✔ Asegúrese de que su artilugio portátil de música esté debidamente cargado. Verifique las baterías antes de lanzarse a una sincronización exhaustiva.

✔ *iPod* no es un nombre genérico que se aplica a todos los reproductores MP3. Su PC puede funcionar con un iPod, pero tenga en cuenta que es el iPod, y no Windows Media Player, el que está diseñado específicamente para usar el software de *iTunes*.

Hacer sus propios CDs de música

Crear un CD de audio en Windows Media Player es un juego de niños. Siga este procedimiento:

1. **Inicie Windows Media Player si es que todavía no lo ha hecho.**

2. **Introduzca un CD-R en la unidad.**

Utilice un disco CD-R. Aunque se puede grabar música en un CD-RW, ese tipo de disco no es compatible con varios reproductores de CD disponibles en el mercado, sin mencionar que los CD-RW son más caros que los CD-R.

Tipos de archivos de audio

Al igual que otros medios en la computadora, la información de audio se almacena en un archivo. A medida que se optimizó el almacenamiento de audio, también evolucionaron los diversos formatos. Los formatos más comúnmente utilizados para almacenar audio en una PC se enumeran a continuación:

AIFF: El *Audio Interchange File Format* (Formato de Archivo de Intercambio de Audio) es un formato antiguo, si bien se sigue usando en las computadoras Macintosh para almacenar sonido. Tiene pocas probabilidades de cruzarse con uno de estos archivos de audio, a menos que su PC esté en íntima comunión con una Mac.

Au: El formato Au (sí, con U minúscula) fue desarrollado por *Sun Microsystems* y se usa comúnmente en los sistemas Unix y Linux para almacenar audio. Si bien puede encontrar algunos archivos Au en la Internet, Windows no puede reproducirlos a menos que descargue un reproductor de audio compatible con el formato Au.

MP3: El formato *MPEG-1 Audio Layer 3*, apodado MP3, es uno de los formatos de audio más frecuentes. Los archivos MP3 están comprimidos y almacenan aproximadamente un minuto de sonido en un megabyte de datos. Casi toda la música almacenada en la Internet está disponible en formato MP3.

OGG: El formato Ogg es un estándar *abierto*, es decir que no es propiedad de nadie y se puede usar sin tener que abonar derechos. Encontrará archivos de sonido Ogg sobre todo en Internet, específicamente en Wikipedia. Ogg no es la sigla de nada en particular.

WAV: El formato de audio *Waveform* es el estándar anterior de Windows (previo a WMA). Los archivos WAV no están comprimidos, por lo tanto son más grandes que los archivos MP3.

WMA: El archivo de Windows Media Audio es un formato comprimido, diseñado para reemplazar el WAV en Windows.

Los archivos de audio almacenados en su PC a menudo llevan la sigla del tipo de formato como extensión en su nombre de archivo. Consulte el Capítulo 24 para obtener información adicional sobre los nombres de archivo y sus extensiones.

3. **Cierre el cuadro de diálogo** *AutoPlay* **(Reproducción Automática), si aparece.**

4. **Haga clic en el botón** *Burn* **(Quemar) en la barra de herramientas.**

   El CD-R aparece en la esquina superior derecha de la ventana.

5. **Arrastre canciones individuales o listas de reproducción al panel lista.**

   Las canciones que coloca en el panel lista se escriben, o *queman*, en el CD en el mismo orden en que las colocó.

Esté atento al termómetro de "MB restantes" justo arriba del panel lista. Ese indicador le informa cuánto se llenará el disco; no querrá agregar más música de la que puede soportar el disco.

6. **Haga clic en la ficha *Start Burn* (Iniciar Grabación).**

Mire como las pistas se van grabando en el CD. El tiempo dependerá de la velocidad de grabación del CD-R (vea el Capítulo 9) así como del número de canciones que está grabando en el disco.

7. **Retire el disco, rotúlelo y guárdelo en un lugar seguro.**

El disco se expulsará automáticamente cuando se termine de grabar; ya está.

Puede reproducir el disco en cualquier reproductor de CD o DVD o en cualquier computadora.

✔ Es posible que algunos reproductores de CD antiguos no puedan leer un CD-R de audio.

✔ Vea también el Capítulo 28 para obtener información sobre grabar CDs de datos.

✔ A diferencia de un CD-R de datos creado en el sistema *Live File*, no puede agregar más música a un CD-R una vez grabado. (Nuevamente, consulte el Capítulo 29).

✔ No todos los archivos de sonido pueden copiarse a un CD de audio. Los archivos MIDI, por ejemplo, deben convertirse a un formato de archivo de audio para ser grabados en un CD. Hace falta un software especial para hacer esta conversión. Del mismo modo, algunos archivos de audio pueden grabarse en un formato de baja calidad, que los rinde incompatibles con CDs de audio. Insisto, los archivos deben convertirse usando software especial.

La PC Puede Hablar y Escuchar

No se entusiasme demasiado. Aún están *lejos* los días en que podrá mantener una conversación informal con su PC. De hecho, dudo que algún día podamos siquiera ladrar órdenes a una PC; si volvieran a filmar *Star Trek* hoy, estoy seguro de que el Sr. Spock tendría un teclado y un mouse en su terminal de trabajo (con un juego de solitario minimizado). Pero estoy divagando.

Sí, su PC puede hablar y escuchar. Las siguientes secciones analizan el estado actual del habla en una PC funcionando con Windows Vista.

Parlotear en Windows

Su PC es más que capaz de hablar. La tarjeta de sonido puede programarse para imitar la voz humana, y existe un software para dictar las cosas que escribe o para leer documentos enteros. Desafortunadamente, ese software no viene con Windows.

Lo que sí tiene en Windows es un programa llamado *Narrator* (Narrador), ilustrado en la Figura 18-2. *Narrator* es una herramienta diseñada para ayudar a las personas con problemas visuales a usar el interfaz de Windows. No lee texto. De hecho, pasa su tiempo repitiendo como un loro cada tecla que usted presiona en el teclado. Esto puede sonar agradable, pero después de un rato se vuelve muy molesto.

Figura 18-2:
Narrator no es de ninguna ayuda.

Para ejecutar *Narrator*, en el menú *Start* (Inicio) elija *All Programs* (Todos los Programas)⇨*Accessories* (Accesorios)⇨*Ease of Access* (Accesibilidad)⇨ *Narrator*. Se inicia el Programa y al instante le comenta las opciones disponibles en su ventana. Si puede tolerar esto, bien. De lo contrario, haga clic en el botón *Exit* (Salida) y termínela con eso.

Una mejor herramienta en Windows para las personas con problemas visuales es el *Magnifier* (Lente de aumento), que también se encuentra siguiendo el recorrido *Start*⇨*All Programs*⇨*Accessories*⇨*Ease of Access*.

Dictar a la PC

Parlotear con su PC aún se puede perfeccionar, pero ha mejorado mucho desde aquellos días en que uno pasaba horas (hasta 20) para entrenar a la computadora a entender su voz. Amigo, eso era agotador, sin mencionar la sensación de sequedad en la boca de tanto hablar y modular. Hoy, todo es mejor.

Para empezar con el reconocimiento de voz en Windows Vista, necesita un micrófono o, preferentemente, un casco. La próxima etapa es el *Control Panel* (Panel de control). En la Ventana Principal del Panel de control, elija *Ease of Access* (Accesibilidad) y luego *Speech Recognition Options* (Opciones de Reconocimiento de Voz). En la Vista Clásica del Panel de control, abra el icono de *Speech Recognition Options* (Opciones de Reconocimiento de Voz). Sin importar como llegue ahí, aparecerá la ventana de *Speech Recognition Options* (Opciones de Reconocimiento de Voz).

En términos generales, déjese guiar por las opciones empezando desde arriba, exceptuando los dos primeros elementos. Haga lo siguiente:

1. **Instale el micrófono.**

2. **Inicie *Speech Recognition* (Reconocimiento de Voz).**

3. **Siga el tutorial de voz.**

4. **Entrene a su computadora para que logre entenderlo.**

El Paso 3 es muy interesante y tan solo le llevará una hora. Pero tendrá que soportar el entrenamiento de la Etapa 4 para que su PC lo entienda *de verdad*. Requerirá tiempo, pero la inversión vale la pena porque podrá dictarle a la computadora en vez de escribir.

 Cuando está activado el reconocimiento de voz, aparece el micrófono de *Speech Recognition* (Reconocimiento de Voz) en el escritorio, como se muestra en la Figura 18-3. Si no ve la ventana, haga doble clic en el icono de Reconocimiento de Voz en el Área de Notificación. Al hacer clic derecho sobre el icono de Reconocimiento de Voz, aparece un práctico y cordial menú emergente con opciones.

Figura 18-3:
Ventana del micrófono de Reconocimiento de Voz.

RECUERDE

✔ Las personas que aprovechan al máximo el software de dictado pasan mucho tiempo entrenando a la computadora para que los entiendan.

✔ Otro programa de dictado popular es *Dragon Naturally Speaking*, en www.nuance.com.

Parte IV
Redes e Internet

"¿Sabe, Jekyll? Éste es un sistema que inicia sesión con una sola ID. No hace falta usar identidades múltiples".

En esta parte . . .

El trabajo con computadoras en red ha sido durante mucho tiempo un terreno sagrado en el que solamente la elite más destacada de *nerds* podía transitar. Es más, ningún usuario de computadoras común podía meterse con la red de trabajo o incluso vislumbrar su uncionamiento. La división entre usuario de computadoras y sacerdote de la red de trabajo era cósmica y estaba celosamente vigilada. Gracias a Dios, esos días se terminaron.

El trabajo en red no es ese cuco temible que era hace años. Casi cualquiera puede conectar una red de trabajo sencilla en el hogar o en una oficina pequeña y permitir que dos o más computadoras compartan una impresora o una conexión a Internet de alta velocidad. Tener una red de trabajo es algo bueno porque satisface el deseo de comunicar a las computadoras y de compartir los recursos. Esta parte del libro ayuda a que conquiste los misterios del trabajo en red con computadoras. . . . Incluyendo esa cosa llamada Internet.

Capítulo 19

R de Redes

*E*n el restaurante de las redes informáticas, deben tomarse muchas decisiones. Por ejemplo, ¿prefiere una mesa alámbrica o inalámbrica? O, quizás, ¿le gustaría compartir una impresora? ¿Compartir archivos con otra computadora, tal vez? Y, sin duda, querrá compartir el módem y el acceso a Internet. ¡Por supuesto! ¡Todo puede lograrse alegre y eficazmente, y sin ese falso acento francés! Este capítulo le explicará los aspectos básicos.

El Panorama General de la Red

Una red informática no es otra cosa que compartir con otros, como en un jardín de infantes. Pero, en vez de compartir colores o juguetes, una red informática sirve para compartir *recursos* y comunicar información. Para una computadora, esto es lo esencial.

Pero, ¿qué es un recurso?

Un *recurso* es algo que usa una computadora para hacer su trabajo, como memoria o potencia de procesador. A los fines de una red, las computadoras conectadas suelen comparten tres recursos:

✔ Almacenamiento de disco

✔ Impresoras

✔ Módems (acceso a Internet)

Cuando un recurso se pone a disposición de otros para su uso en la red, se dice que ese recurso está *compartido*. Así, Sergio puede compartir su impresora a color o Antonieta puede compartir espacio extra en el disco duro, poniéndolo a disposición de otros conectados a la red.

Internamente, la red misma, como todo lo demás en la computadora, es una combinación de hardware y software. El hardware conecta físicamente las computadoras y permite que se comuniquen. En una PC, el hardware puede ser alámbrico o inalámbrico.

El software controla el hardware pues permite que el sistema operativo tenga acceso a la red y le permite a *usted* acceder a dichos recursos en otras computadoras. En una PC, Windows brinda todo el software de red que necesita.

Estos son algunos términos importantes sobre redes con los que puede familiarizarse:

802.11: No es ni una clasificación del sistema decimal Dewey ni la medida del sombrero de Abe Lincoln en el Monte Rushmore. El número 802.11 se refiere al estándar actual de red inalámbrica. Al 11 lo sigue una letra: a, b, g ó n, que describe la antigüedad del estándar (n es el más moderno y rápido) y cuán compatibles pueden ser dos dispositivos de red inalámbrica.

Ethernet: El término *Ethernet* se refiere a los estándares y protocolos usados por Windows para redes. Ethernet es el estándar de red personal más popular, y también es un estándar para comunicaciones en Internet (es la razón por la cual la red está íntimamente relacionada con Internet). Las especificaciones de Ethernet no son realmente importantes para entender todo el caos de una red. Simplemente asegúrese de pronunciar bien la palabra: "*E-ter-net*".

LAN: Al conectar un grupo de computadoras para formar una red, se crea una red de área local o LAN (*Local Area Network*). Se pronuncia LAN así como cuando exclama: ¡**LA N**oche que me espera! al darse cuenta de que olvidó hacer la reserva en el restaurante para festejar su aniversario de bodas.

Red *peer-to-peer* (punto a punto, P2P): Una red que sólo conecta computadoras se llama *red P2P o peer-to-peer*. En este esquema, ninguna de las computadoras manda; cada una es parte "de la red", igual que el resto. Peer-to-peer contrasta con otro esquema llamado *cliente-servidor*. En esa configuración, hay una computadora principal, el *servidor* (o una computadora que sólo ejecuta un software específico de servidor). Comúnmente, los servidores no se encuentran en las redes P2P, y este libro no cubre el uso de servidores ni la instalación de un software servidor.

Hardware de Redes

No hay red sin hardware. Primero viene el adaptador de red, necesario para conectar la PC a la red. Las redes alámbricas precisan cables, obviamente. Y todas las redes, tanto las alámbricas como las inalámbricas, necesitan un concentrador o *hub*, donde se conectan todos los cables o hacia donde van las señales inalámbricas para completar la red.

La Figura 19-1 ilustra un diseño típico de red. En el centro de la red hay una combinación de estación base inalámbrica y enrutador. El enrutador está conectado a un módem de banda ancha que se conecta a Internet. También está conectado por un cable a una PC y a una impresora. Dos PC adicionales tienen acceso a la estación base mediante una conexión inalámbrica a Internet.

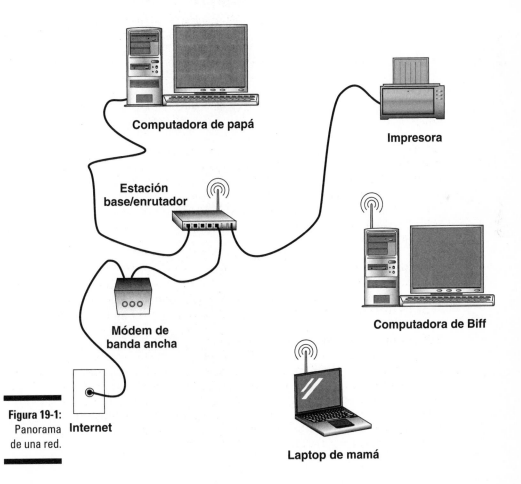

Computadora de papá

Impresora

Estación base/enrutador

Computadora de Biff

Módem de banda ancha

Internet

Laptop de mamá

Figura 19-1: Panorama de una red.

La configuración de red que ilustra la Figura 19-1 es típica, pero no estándar. La red que decida crear puede ser parecida, ser completamente inalámbrica o alámbrica, o tener más o menos componentes. Esto es, sin duda, una gran noticia porque la red puede estar configurada a la medida de sus necesidades. Es muy flexible.

Santo NIC

Su PC necesita contar con hardware adecuado para la red Ethernet y, así, poder conectarse con la red. El hardware específico se llama *network information card* (tarjeta de información de red) o *NIC*. También se la conoce como tarjeta Ethernet o adaptador de red. La mayoría de las veces, el circuito es parte del chipset de la placa base.

Hay dos tipos de NIC: la tradicional, que usa el adaptador RJ-45 (Consulte el Capítulo 2 para identificarlo), y la NIC *inalámbrica* que, algunas veces, se puede ver como una pequeña antena que sale de la parte de atrás de su PC. También puede agregarse una NIC inalámbrica mediante un adaptador USB especial.

✔ Si su PC no tiene una NIC, puede agregarle una fácilmente. Podrá encontrarlas en cualquier tienda de computación o de artículos de oficina.

✔ Si decide usar una inalámbrica, asegúrese de que todos los dispositivos cumplan con el mismo estándar de red inalámbrica. Por ejemplo, si elige el estándar 802.11g, compre todos los adaptadores de red inalámbrica y el enrutador 802.11g, como se describe más adelante en este mismo capítulo.

✔ La NIC alámbrica estándar se mide según su velocidad en Mbps, o megabits por segundo. 10 Mbps es demasiado lenta, 100 Mbps es más rápida y 1000 Mbps (1 *gigabit*) es la más rápida y la mejor.

✔ Recomiendo conseguir un adaptador inalámbrico con una antena externa. Por algún motivo, gracias a la antena es más fácil tomar la señal inalámbrica, especialmente si la antena es *direccional* (puede moverse).

✔ Una laptop equipada con una red inalámbrica incorporada rara vez tiene una antena externa. La antena está allí, pero adentro de la coraza de la laptop.

✔ Así es; puede tener NIC estándares e inalámbricas dentro de su PC.

Cables para red

A menos que decida usar una red inalámbrica, necesitará cables para conectar las computadoras y, de esa forma, armar la red. El cable que usa se conoce como cable para red Cat5, o Categoría 5. Un extremo del cable se enchufa en la NIC de su computadora y el otro, en un concentrador (del cual hablaremos en la próxima sección).

✔ El cable Cat 5 viene en diferentes longitudes y en diferentes colores llamativos y alegres.

✔ También puede usar cable para red Cat 5 con su sistema telefónico.

✔ Puede usar su imaginación a la hora de colocar los cables de red en su casa u oficina. Yo me arrastro por debajo de mi casa para extender el cableado y uso el ático y las paredes externas. También puede comprar canales para cable, conectores y cajas si no quiere derribar las paredes. (Si no es un experto en el tema, le recomiendo que llame a un electricista para que haga el trabajo).

✔ Es posible y bastante conveniente pasar los cables de red por los conductos de la calefacción de su casa. Si elige hacerlo así, asegúrese de comprar cable especial para altas temperaturas, con suficiente aislación. Se llama *cable plenum,* y no es nada barato.

✔ Sí, los conductos de calefacción son asquerosos.

✔ Otra forma de conectar las computadoras en red es usar el puerto IEEE 1394, o *FireWire*. Puede conectar dos PC, como una computadora de escritorio y una laptop, mediante el puerto IEEE y, luego, configurar Windows para que use el puerto para red. Sin embargo, esta no es una solución para conectar muchas PC o para compartir una impresora o un módem con banda ancha.

El concentrador

En el centro de su red está el concentrador o *hub*. Es allí donde se conectan y se comunican todos los cables de la red. El concentrador es una de las tantas piezas específicas de hardware:

Hub (Concentrador): La forma más simple de conectar una red es con un concentrador. Es una pieza de hardware simple y barata que no hace otra cosa que conectar la red.

Interruptor: Mejor que el concentrador, el interruptor no solamente conecta la red sino que ayuda a administrar las señales.

Router **(Enrutador):** La mejor forma de conectar su red es mediante un enrutador. Es bastante sofisticado y lo suficientemente inteligente para no sólo administrar cientos de computadoras en la red sino también vérselas con el tráfico de Internet.

¿Cuál debería comprar? Fácil: Si sólo tiene dos computadoras y no le interesa la velocidad, compre un concentrador. Si quiere un rendimiento mejor, compre un interruptor. Si la red está conectada a Internet, la única opción es un enrutador.

- ✔ Muchos enrutadores inalámbricos también soportan redes alámbricas, como se ilustra en la Figura 19-1. Además, pueden tener puertos USB para agregar una impresora o un disco duro para red. Esta es una gran ventaja.

- ✔ Recomiendo comprar un enrutador con protección Firewall incorporada. Si tenemos en cuenta que, en la actualidad, casi todos los routers (alámbricos e inalámbricos) vienen con protección firewall incorporada, no es gran cosa. Pero verifíquelo, por las dudas.

- ✔ La señal de red inalámbrica sólo alcanza cierta distancia, por eso es importante colocar un concentrador inalámbrico. Habrá escuchado decir que algunas señales de red inalámbrica sirven para "varios cientos de pies". Eso debe ser cierto en la Luna. Porque acá, en la Tierra, simples obstáculos, como paredes y ventanas, afectan sensiblemente una señal inalámbrica. Para su casa u oficina, piense en dejar el concentrador inalámbrico en la misma habitación que la computadora (o las computadoras). Si las computadoras están en diferentes habitaciones, use múltiples concentradores inalámbricos, uno en cada habitación.

El Lado Software de la Red

Windows Vista es bastante experto en configurar el software para las capacidades de red de su PC. De hecho, queda poco por hacer realmente, no como en los viejos tiempos en que para configurar una red hacía falta pasar por muchas etapas, reiniciar la computadora varias veces y sufrir una gran frustración. ¡Esa época se acabó y para siempre!

Llegar a la central de la red

La ubicación principal en Windows de casi todos los asuntos de red es la ventana *Network and Sharing Center* (Centro de Redes y Recursos compartidos), que se muestra en la Figura 19-2. Para mostrar esa ventana desde *Control Panel Home* (Página principal del Panel de control), seleccione *View Network Status and Tasks* (Ver Estado de red y tareas), debajo del encabezado Network (Red) e Internet. Desde *Control Panel Classic View* (Vista clásica del Panel de control), abra el icono *Network and Sharing Center*.

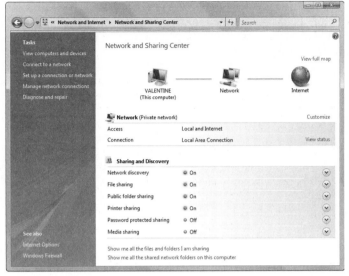

Figura 19-2:
Ventana
Network
and Sharing
Center.

La parte superior de esta ventana muestra una vista de cómo se conecta la PC a una red y, opcionalmente, a Internet.

El área de Red de la ventana contiene detalles acerca de su conexión. Haga clic en el vínculo *View Status* (Ver Estado) a la derecha si quiere ver los aburridos detalles técnicos.

La parte inferior de la ventana se refiere a los recursos compartidos por la red, que se tratan en el Capítulo 20 de este libro.

Finalmente, en la parte izquierda de la ventana encontrará algunos vínculos útiles para tareas comunes de red y ubicaciones para divertirse en la red con Windows.

Conectarse a una red

Deberá darle instrucciones a Windows para que encuentre y se conecte a una red determinada antes de poder utilizar cualquiera de los recursos de la red. Siga estas pautas generales:

1. **Abra el *Network and Sharing Center* (Centro de redes y recursos compartidos).**

2. **Desde Tareas al lado izquierdo de la ventana, seleccione *Connect to a Network* (Conectarse a una red).**

3. **Si no se encuentran redes, el procedimiento terminó. La red ya fue configurada automáticamente. De lo contrario, continúe.**

4. **Elija una red de la lista.**

   Algunas redes inalámbricas ocultan su nombre como medida de seguridad. Si es el caso, las verá en *Unnamed Network* (Red no identificada) en la ventana *Connect to a Network* (Conectar a una red).

5. **Haga clic en el botón Conectar.**

6. **Ingrese la contraseña de la red, si es necesario.**

   Si no hay contraseña, aparecerá una advertencia, que lo alerta sobre redes inseguras. No se alarme. Las redes inalámbricas inseguras son comunes en espacios públicos, como los cafés. Haga clic sobre el botón *Connect Anyway* (Conectar igual) para continuar.

7. **Elija una red pública o privada.**

   Una red *privada* es aquella que usa en su hogar u oficina, es decir, una red que usted mismo controla. Una red *pública* es una red a la que se conecta en la calle, en un cibercafé o en el vestíbulo de un hotel.

8. **Guarde la información de conexión.**

   Al guardar esta información, facilitará la reconexión con la red en el futuro.

9. **Haga clic en el botón *Close* (Cerrar).**

   Puede aparecer una advertencia del Control de Cuentas de Usuario (*UAC*, por sus siglas en inglés), lo cual es normal en este momento. Haga clic en el botón *Continue* (Continuar) para completar la configuración de conexión de la red.

Después de haberse conectado a la red en forma exitosa, debería ver un icono nuevo en el Área de notificación. Yo llamo a ese icono "compinches de red" porque parecen dos computadoras muy amigas. Puede hacer clic sobre el icono para ver la burbuja desplegable que describe la conexión de la red.

✔ No existe un procedimiento para desconectarse de la red; simplemente, apague la PC o, en el caso de una conexión inalámbrica, cierre la tapa de la laptop o muévase a otro lugar.

✔ Como atajo para los Pasos 1 y 2 del procedimiento anterior, en especial para usuarios de laptops con red inalámbrica, elija *Connect To* (Conectar a) en el Panel de Inicio.

✔ La cuestión pública/privada (en el Paso 6) tiene que ver con la seguridad. Cuando le dice a Windows que está conectado a una red pública, se inician medidas de seguridad adicionales.

✔ Se dice que una red inalámbrica es una red *ad hoc* (si no se usa un enrutador inalámbrico). Este término implica que las conexiones de red van y vienen, a diferencia de una red P2P o *peer-to-peer*, que tiene conexiones más continuas.

Elegir el nombre de red de su computadora

Todas las computadoras en red tienen un nombre. Puede especificar ese nombre para que su computadora tenga más personalidad que si mantiene el nombre común y corriente Microsoft Home, Windows PC o, inclusive, NCC1701. Para cambiar el nombre de red de su PC, siga estas instrucciones:

1. **Abra la ventana *System* (Sistema).**

   Desde *Control Panel Home* (Página principal del Panel de control), elija *System and Maintenance* (Sistema y Mantenimiento) y, luego, *System* (Sistema). Desde *Control Panel Classic View* (Vista clásica del Panel de control), abra el icono *System* (Sistema).

   La configuración de red está resumida en la parte inferior de la ventana *System*.

2. **Elija el vínculo *Change Settings* (Cambiar configuración) que se encuentra en *Computer Name* (Nombre de la computadora), *Domain* (Dominio) y *Workgroup Settings* (Configuración de grupo de trabajo) de la ventana *System* (Sistema).**

3. **Ingrese la contraseña del administrador o haga clic sobre el botón *Continue* (Continuar) cuando aparezca la advertencia *UAC*.**

   Aparece la ventana *System* (Sistema).

4. **En esta ventana, sobre la pestaña *Name* (Nombre), haga clic en el botón *Change* (Cambiar).**

   Aparece el recuadro de diálogo *Computer Name/Domain Changes* (Nombre de la computadora/Cambios en el dominio).

5. **Escriba el nuevo nombre de la computadora en el recuadro de texto *Computer Name* (Nombre de la computadora).**

6. **Haga clic sobre OK.**

7. **Haga clic sobre OK para cerrar la ventana *System* (Sistema), y luego cierre esta ventana.**

   Si se le solicita reiniciar Windows después de haber hecho estos cambios, hágalo ahora.

El nombre de computadora que eligió aparecerá cuando busque las computadoras conectadas a la red. Consulte el Capítulo 20 para más información.

> ✔ Dos computadoras del mismo grupo de trabajo no pueden tener el mismo nombre. (Consulte la próxima sección para mayor información sobre grupos de trabajo).
>
> ✔ Después de haber asignado un nombre a su computadora, no lo cambie. Hacerlo podría afectar las conexiones de otras computadoras en la red.

Unirse a un grupo de trabajo

El tipo sencillo de red que se mostró anteriormente en la Figura 19-1 es una red P2P o *peer-to-peer*, que también se conoce como grupo de trabajo. El término *grupo de trabajo* se refiere simplemente a un grupo de computadoras que comparten la misma ubicación u organización en una red. Puede ahorrar tiempo si tiene todas las computadoras en un mismo grupo de trabajo. Para hacerlo, siga estos pasos:

1. **Siga los Pasos de 1 a 4 de la sección anterior.**

   Necesita abrir el recuadro de diálogo *Computer Name/Domain Changes* (Nombre de la computadora/Cambios en el dominio).

2. **Elija *Workgroup* (Grupo de trabajo) si no está seleccionado previamente.**

3. **Escriba el nombre del grupo de trabajo de su red.**

   Es probable que diga Microsoft Home o, simplemente, W*orkgroup* (Grupo de trabajo). Recomiendo cambiar ese nombre por uno propio, por razones de seguridad. Por ejemplo, todas las computadoras de mi oficina pertenecen al grupo de trabajo CAT.

4. **Haga clic sobre OK para cerrar el recuadro de diálogo *Computer Name/Domain Changes*.**

5. **Haga clic sobre OK para cerrar la ventana *System*.**

6. **Cierre la ventana *System*.**

   Si le solicita reiniciar Windows después de haber confirmado estos cambios, hágalo ahora.

No hace falta volverse loco en esta etapa. Está bien poner todas las PC en un solo grupo de trabajo. No se tome el trabajo de crear grupos separados de trabajo cuando haya menos de 10 computadoras en la red.

En realidad, diferentes grupos de trabajo entran en juego cuando navega la red a través de la ventana *Network* (Red), como se explica en el Capítulo 20.

Obtener la dirección MAC

Cada adaptador de red de su PC tiene un número de dirección llamado *Media Access Control* (Control de Acceso al Medio), o MAC. Este número es único, ya que nunca dos adaptadores de red comparten la misma dirección MAC. Por lo tanto, la dirección MAC de su PC es una forma de seguridad para limitar el acceso a su red inalámbrica.

Para obtener la dirección MAC de su computadora, siga estas instrucciones:

1. Abra la ventana *Network and Sharing Center* (Centro de redes y recursos compartidos).

2. Haga clic sobre el vínculo *View Status* (Ver estado) en su conexión de red.

3. En el recuadro de diálogo *Connection Status* (Estado de la conexión), haga clic sobre el botón *Details* (Detalles).

El recuadro *Network Connections Details* (Detalles de conexiones de red) enumera la dirección MAC que es como la dirección física. Aparece como seis pares de valores separados por guiones. Los valores incluyen los números del 0 al 9 y las letras de la A a la F. Anote la dirección por si acaso la necesita para acceder a un enrutador inalámbrico o para ganar un concurso de preguntas y respuestas sobre computadoras personales.

Configurar el router (enrutador)

Lo último que hay que configurar para completar la red es el router. A diferencia del concentrador y del interruptor, el router es un dispositivo técnico que, con frecuencia, requiere cierta atención antes de enchufarlo y dejarlo volar. Por suerte, la configuración es bastante simple.

Después de conectar el enrutador a la red o, simplemente, encender un enrutador inalámbrico, se establece la conexión utilizando el navegador Web de su PC, como Internet Explorer. En la documentación que lo acompaña encontrará su dirección de Internet. Generalmente, es numérica, por ejemplo:

```
http://192.168.0.1/
```

Luego de acceder al enrutador y (opcionalmente) ingresar su contraseña, verá la página web. La página web es, en realidad, el programa de configuración del router. Siga las instrucciones para su configuración básica. Además de estas instrucciones, mis sugerencias son:

✔ Habilite el firewall del router. No hay necesidad de ajustar el firewall. La mayoría de los routers configuran las cosas a medida que las necesitan. Sin embargo:

✔ Cuando use un firewall para hardware, como el que viene con la mayoría de los routers buenos, no hay necesidad de usar un firewall para software, como el que viene con Windows Vista. Los dos firewalls son redundantes y no ofrecen ninguna protección extra. Con el firewall para hardware es suficiente. Consulte el Capítulo 23.

✔ Establezca un *Service Set Identifier* (Identificador del Servicio), o *SSID*, para su red inalámbrica. Con este nombre se conoce la red inalámbrica.

✔ Puede elegir entre un nombre SSID visible o invisible. Si la seguridad es muy importante, elija que el nombre sea invisible. De esta manera, la estación base no difunde el nombre y sólo las computadores que lo conocen pueden conectarse con la red inalámbrica.

✔ Establezca el encriptado de la red, conocido como Privacidad equivalente cableada o *WEP* (*Wired Equivalent Privacy*). ¡Asegúrese de anotar la contraseña! Es una larga sucesión de números y letras que deberá ingresar en forma exacta para acceder a la red.

✔ Es posible que haya escuchado o leído que la contraseña es opcional. Mi opinión: No es opcional. No ponga en riesgo la red al omitir la contraseña. De hecho, es posible que Windows no se conecte a una red inalámbrica sin contraseña.

✔ (Opcional) Configure la estación base para permitir conexiones sólo desde computadoras conocidas. Especifique esto incluyendo la lista de direcciones MAC del adaptador inalámbrico Ethernet de cada PC. Consulte el apartado "Obtener la dirección MAC", para mayor información.

✔ Indique al router inalámbrico que suministre la dirección IP en forma dinámica para todas las computadoras de la red. A esto también se lo conoce como *DHCP*. (Protocolo de Configuración Dinámica de Servidor).

✔ La información más importante sobre un router inalámbrico es el SSID y la larga y críptica contraseña, necesaria para tener acceso a la red. Recomiendo que las anote y las guarde en un lugar seguro.

Capítulo 20

Estuve Trabajando en la Red

. . . .

En Este Capítulo

▶ Explorar la red de su PC

▶ Ver un mapa de PCs en la red

▶ Configurar Windows para compartir carpetas e impresoras

▶ Compartir una carpeta

▶ Mapear una unidad de red

▶ Dejar de compartir una carpeta

▶ Compartir la impresora de su PC

▶ Dejar de compartir la impresora

. . . .

*M*e pregunto si las computadoras se sienten solas. ¿O están tan ocupadas que la idea de aislamiento nunca cruza el microprocesador? Si es así, ¡imagínese el shock cuando conecta una PC a una red! ¿Su PC estará feliz de encontrarse con otras PCs? O, tal vez, la idea de que existe una impresora en la red o un solitario disco duro en la red llene a la PC de una sensación de inseguridad . . . Quizás, ¿el caos de todas las comunicaciones que ofrece una red y la conexión a Internet por banda ancha provoquen que su PC vuelva al sistema operativo DOS?

No tema. Su computadora no involucionará a su estado primitivo. Configurar y trabajar en la red es una cosa, ya tratada en el Capítulo 19. Lograr conectar equipos y compartir impresoras, unidades de disco y un módem brinda inmensa satisfacción. Pero eso no es todo el panorama. El resto de la historia tiene que ver con las comunicaciones que puede establecer entre equipos en la red. De eso trata este capítulo.

Windows Forma la Red

 Curiosamente, el principal elemento de red de Windows se llama *Network* (red). Se puede acceder a él abriendo un icono del escritorio o desde un elemento del menú *Start* (Inicio) o desde la barra de direcciones de cualquier ventana de carpetas. No importa cómo llegue, siempre verá la ventana *Network*, como se muestra en la Figura 20-1.

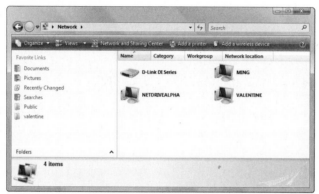

Figura 20-1:
La ventana
Network
(Red).

La ventana *Network* enumera todos los dispositivos de red que contiene la red de su equipo. Específicamente, debería ver los otros equipos que utilizan el mismo *grupo de trabajo* que su PC. (En caso contrario, y si hay otras PC conectadas a su red, consulte la sección sobre cómo unirse a un grupo de trabajo en el Capítulo 19). También es posible que vea algunas impresoras de red, una unidad de disco duro en la red (si la tiene), y tal vez el enrutador, que se muestra como *D-link DI Series* en la Figura 20-1.

✔ Si no ve ningún icono y *está seguro* de que la configuración del grupo de trabajo es correcta, tal vez no activó la detección de redes. Consulte la sección "Activar la detección de redes", más adelante en este capítulo.

✔ Windows busca equipos disponibles en la red y luego completa la ventana *Network* con lo que ha detectado.

✔ Puede actualizar la ventana *Network* presionando la tecla F5, que le mostrará los nuevos equipos que se hayan incorporado a la red.

✔ La ventana Network se llamaba *My Network Places* (Mis sitios de red) en Windows XP. En versiones anteriores de Windows, la carpeta se llamaba *Network Neighborhood* (Entorno de Red).

Explorar la red

La ventana *Network* es la ubicación principal desde donde puede explorar su red para examinar otros equipos de la red y detectar cuáles recursos están compartiendo.

Por ejemplo, en mi red, puedo hacer doble clic sobre el icono de un equipo de la ventana *Network* (Consulte la Figura 20-1) para visualizar cuáles recursos está compartiendo. En la Figura 20-2, puede ver que el equipo NETDRIVEALPHA comparte dos carpetas y una impresora.

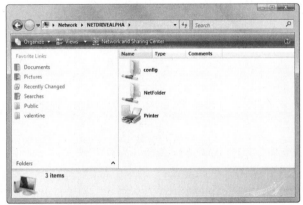

Figura 20-2:
Carpetas e
impresora
compartidas
en la red.

- ✔ Explorar la red es como explorar carpetas en su equipo. Consulte el Capítulo 25.

- ✔ Las carpetas que se muestran en la ventana de un equipo en la red son carpetas *compartidas*, disponibles para que accedan los demás usuarios de la red.

- ✔ Algunas carpetas compartidas requieren una contraseña de acceso o una configuración de cuenta en la computadora que está compartiendo las carpetas.

- ✔ Tanto las carpetas como las impresoras compartidas aparecen como iconos con la "tubería de red" abajo.

- ✔ Abrir una carpeta compartida le permite ver y acceder a archivos que se encuentran dentro de esa carpeta, como en Windows, pero los archivos en realidad existen en otro equipo de la red.

✔ Puede asignar una letra de unidad de disco a las carpetas compartidas para que sean parte del sistema de discos de su PC. Consulte la sección "Asignar una letra de unidad de disco a una carpeta de red" más adelante en este capítulo.

✔ Las impresoras disponibles para usar en la red también se ven en la ventana *Printers* (Impresoras), así como en los cuadros de diálogo *Print* (Imprimir). Consulte el Capítulo 12.

Activación de la detección de redes

Antes de ordenar a su PC que vaya a merodear la red, asegúrese de que esté activa la detección de redes para Windows Vista. Esto es lo que debe hacer:

1. **Abra la ventana *Network and Sharing Center* (Centro de Redes y Recursos Compartidos).**

   Para acceder allí, puede hacer clic sobre el botón *Network and Sharing Center* de la barra de herramientas de la ventana *Network* o ver el Capítulo 19 para obtener instrucciones.

2. **Si es necesario, haga clic sobre la flecha *Show More* (Ver más) para ver el área de Detección de Redes de la ventana.**

3. **Elija *Turn On Network Discovery* (Activar la detección de redes) si no está activada.**

4. **Haga clic sobre el botón *Apply* (Aplicar).**

5. **Ingrese la contraseña de administrador o haga clic en el botón *Continue* (Continuar) para seguir.**

6. **(Opcional) Cerrar la ventana *Network and Sharing Center*.**

Más adelante en este capítulo se configurarán otras opciones de red en la ventana *Network and Sharing Center*, por lo que sería conveniente dejar esa ventana abierta por ahora.

Ver el mapa de red

Una característica interesante de Windows Vista es que le permite ver un mapa gráfico de su red. Para ello, abra la ventana *Network and Sharing Center* y haga clic sobre el vínculo *View Full Map* (Ver mapa completo) que se encuentra cerca del extremo superior derecho.

El mapa gráfico de la red, ilustra bien las PC con Windows Vista conectadas a la red. Es posible que los equipos con versiones anteriores de Windows, así como algunos dispositivos independientes de la red (discos duros e impresoras) no aparezcan en el mapa, pero aparecen al final.

La Red: Compartir y No Compartir

Para aprovechar al máximo de la red de su equipo, sepa que puede hacer más que simplemente compartir una conexión a Internet. También puede acceder a la información en otros equipos compartiendo carpetas y además puede compartir impresoras. Las siguientes secciones exploran todas estas posibilidades.

✔ Consulte el Capítulo 19 para obtener más información sobre cómo configurar una red.

✔ También consulte el Capítulo 19 para obtener instrucciones sobre cómo visitar la ventana *Network and Sharing Center* y consulte el Capítulo 5 para obtener información sobre cómo acceder a otros lugares específicos en Windows.

✔ Consulte el Capítulo 25 para obtener información sobre las carpetas si el concepto es nuevo para usted.

Configurar Windows para compartir cosas

Para poder compartir entre su PC y otras de la red, debe realizar algunas configuraciones en la ventana *Network and Sharing Center*. Específicamente, las seis configuraciones que se encuentran en la parte inferior del control de redes y recursos compartidos de esa ventana, enumeradas en la Tabla 20-1.

Tabla 20-1	Configuraciones que controlan el uso compartido en la red
Configuración	*Efecto de activar*
Detección de redes	Permite que su PC vea otros equipos de la red y que los otros equipos vean su PC.
Compartir archivos	Permite que los demás usuarios de la red accedan a las carpetas y archivos compartidos de su PC.
Compartir carpetas públicas	Controla el acceso a la carpeta pública de su PC.
Compartir impresora	Permite que otros usuarios de la red utilicen las impresoras conectadas a su PC.
Compartir con protección de contraseña	Controla quién accede a los archivos e impresoras compartidas de su PC.
Compartir medios	Permite que otros usuarios de la red accedan a la música y archivos multimedia utilizando Windows Media Center en toda la red.

Para activar o desactivar una opción o realizar otras configuraciones necesarias, haga clic sobre el botón *Show More (*Ver más*)* al lado del título de la configuración. Se mostrará más información sobre la configuración y sus opciones. Luego de cambiar una configuración, haga clic sobre el botón *Allow* (Permitir) y luego confirme la elección ingresando la contraseña del administrador o haciendo clic sobre el botón *Continue* (Continuar). Estas son mis recomendaciones:

- ✔ *La Detección de redes* debe estar activada como se describió anteriormente en este capítulo, en la sección "Activación de la detección de redes".

- ✔ *Compartir archivos* debe estar activado cuando desea compartir carpetas (y sus archivos) en su equipo con otros usuarios de la red. Elija la opción *Turn On File Sharing* (Activar Compartir archivos) cuando abra un área de archivos compartidos.

- ✔ *Compartir carpeta pública* controla el acceso a las carpetas del nivel público de Windows. En general, la carpeta pública se usa para compartir archivos entre varios usuarios de una misma PC. Pero puede permitir que cualquier usuario de la red haga cambios. Le recomiendo que elija la opción *Turn on Sharing So Anyone with Network Access Can Open, Change and Create Files* (Activar Compartir para que todos los usuarios con acceso a la red puedan abrir, modificar y crear archivos). Esta opción permite acceso ilimitado. (Utilice la primera opción para evitar que otras personas borren o modifiquen sus archivos).

- ✔ *Compartir impresora* se puede activar cuando su PC está conectada a una impresora que desea compartir en la red.

- ✔ *Compartir con protección de contraseña* limita el acceso a su PC y sus archivos a quienes tengan una cuenta protegida por contraseña en su PC. Esta opción es una molestia para las redes hogareñas y cuando la seguridad no es un problema. Yo la desactivo en mi oficina pero recomiendo activarla en todas las situaciones, excepto las muy seguras.

- ✔ *Compartir multimedia* debe estar activado sólo cuando planea usar Windows Media Center para reproducir o acceder a archivos multimedia de otra PC de la red.

Compartir una de sus carpetas

Si desea que otros usuarios de la red tengan acceso a una carpeta de su equipo, debe *compartirla*. Esto permite que la carpeta, y su contenido (todos los archivos y subcarpetas), estén disponibles para todos los demás equipos de la red. Así se comparte una carpeta:

1. **Asegúrese de que *Network Discovery* (Detección de redes) y *File Sharing* (Compartir archivos) estén activados en su PC.**

   Consulte la sección anterior.

2. **Haga clic derecho sobre la carpeta que desea compartir.**

3. **Elija *Properties* (Propiedades) del menú desplegable.**

   Aparecerá el cuadro de diálogo con las propiedades de la carpeta.

4. **Haga clic en la pestaña *Sharing* (Compartir).**

5. **Haga clic en el botón *Advanced Sharing* (Opciones avanzadas de uso compartido).**

6. **Cuando aparece la advertencia *UAC*, ingrese la contraseña del administrador o haga clic sobre el botón *Continue*.**

   Aparecerá el cuadro de diálogo *Advanced Sharing*.

7. **Haga clic para marcar la opción llamada *Share This Folder* (Compartir esta carpeta).**

8. **Puede cambiar el nombre para compartir (opcional).**

   El *nombre para compartir* es el mismo que el nombre de la carpeta, pero recuerde que puede resultar poco preciso; yo tengo muchas carpetas en mi equipo que se llaman `trabajo`. Es mejor utilizar un nombre más descriptivo para la red, algo como Vacaciones 2008 o Proyecto secreto.

9. **Haga clic sobre OK.**

   Ahora la carpeta está compartida.

10. **Haga clic sobre el botón *Close* (Cerrar) para cerrar el cuadro de diálogo de propiedades de la carpeta.**

Los iconos de las carpetas compartidas aparecerán con el gráfico de uso compartido debajo, como se muestra en el margen. Ahora los otros equipos pueden acceder a la carpeta, que aparece en sus PC con el nombre que usted eligió en el cuadro de diálogo *Advanced Sharing* (Consulte el paso 8).

✔ No comparta una unidad de disco completa. Esto es un riesgo para la seguridad; Windows le advertirá cuando trate de hacerlo.

✔ Puede sentirse tentado a utilizar el botón *Share* (Compartir) de la barra de herramientas o el comando *Share* del menú contextual de un icono. Esta forma de compartir es sólo *local*: afecta únicamente a diferentes usuarios de una misma PC. Para compartir un archivo en la red, debe seguir los pasos descritos en esta sección.

Acceder a una carpeta de la red

Puede acceder a una carpeta en cualquier otro lugar de la red igual que accedería a las carpetas del sistema de discos de su PC. La diferencia es que debe explorar la carpeta desde la ventana *Network*.

Una vez que abrió la ventana *Network*, como se indicó antes en este capítulo, puede abrir cualquier equipo para ver qué carpetas comparte. Abra el icono de una carpeta para ver su contenido.

Asignar una letra de unidad de disco a una carpeta de red

Si le parece que acceder a una carpeta de otro equipo (como se describe en la subsección anterior) es tedioso, puede optar por asignarle a esa carpeta una letra de unidad de disco, es decir, *mapear* esa carpeta en su sistema de disco local. Esta opción le permite un acceso fácil, rápido y consistente al contenido de la carpeta, como si la carpeta fuese otra forma de almacenamiento permanente dentro de su PC.

Para mapear una carpeta, siga estos pasos:

1. **Abra la carpeta de red que quiere mapear.**

   Abra la ventana *Network* y luego el icono del equipo que comparte la carpeta que desea mapear.

2. **Haga clic derecho sobre el icono de la carpeta.**

3. **Elija *Map Network Drive* (Mapear unidad de red) del menú contextual.**

   Aparecerá el recuadro de diálogo para mapear una unidad de red.

4. **Elija una letra de unidad para la carpeta de red.**

   Puede asignarle cualquier letra que no esté en uso.

   La letra de unidad que asigne es personal para su equipo. No afecta ningún otro equipo de la red.

5. **Pregúntese "¿Quiero usar siempre la unidad de red?"**

   Si la respuesta es "sí", tilde el elemento llamado *Reconnect at Logon* (Volver a conectar cuando inicie sesión). De esta manera, Windows mapeará esa carpeta a esa letra específica cada vez que inicie su equipo. Si la respuesta es "no", el mapeo queda sin efecto cuando cierra la sesión.

6. **Haga clic en el botón *Finish* (Finalizar).**

   Windows abrirá esa carpeta y mostrará su contenido.

Las carpetas mapeadas aparecen en la ventana *Computer*, junto con los demás dispositivos conectados a su PC. Específicamente, las carpetas mapeadas aparecen bajo la categoría *Network Location* (Ubicación de red). Acceder a una carpeta de red es fácil e igual que utilizar la letra de unidad de disco de su propia PC; puede incluso elegir esa carpeta en cualquier cuadro de diálogo *Save As* (Guardar como) u *Open* (Abrir).

Dejar de compartir una carpeta

Para quitar las propiedades mágicas de compartir una carpeta, repita los pasos de 2 a 10 de la sección "Compartir una de sus carpetas", anteriormente en este capítulo. Esta vez, sin embargo, destilde la opción compartir carpeta del paso 7.

Desconectar una unidad de red mapeada

Para quitar una unidad de red mapeada, abra *Computer* y haga clic derecho en la unidad de disco mapeada. Elija el comando *Disconnect* (Desconectar) del menú desplegable. La unidad ya no se mapeará.

Compartir una impresora

Compartir una impresora conectada a su PC funciona como compartir una carpeta, pero debe asegurarse de que ha activado *Printer Sharing* (Compartir impresora) en la ventana *Network and Sharing Center*, como se describió con anterioridad en este capítulo. Además, siga estos pasos:

1. **Abra la ventana *Printers* (Impresoras).**

   Para ver rápidamente la ventana *Printers*, haga clic sobre la barra de direcciones de la ventana de cualquier carpeta y escriba la palabra ***printers***. Presione *Enter* (Intro).

2. **Haga clic derecho sobre la impresora que desea compartir.**

3. **Elija *Sharing* (Compartir) del menú desplegable.**

   Aparecerá el recuadro de diálogo de las propiedades de la impresora, con la pestaña *Sharing* seleccionada.

4. **Haga clic en el botón *Change Sharing Options* (Cambiar opciones de uso compartido).**

5. **Si aparece una advertencia *UAC*, ingrese la contraseña del administrador o haga clic sobre el botón *Continue*.**

6. **Marque la opción *Share This Printer* (Compartir esta impresora).**

7. **Dele un nombre a la impresora (opcional).**

   Por ejemplo, llámela Láser Color para que todos sepan que finalmente compartirá su tan preciada impresora láser color.

8. **Haga clic en el botón *OK*.**

   Opcionalmente, puede cerrar la ventana *Printers*.

 Al igual que en una carpeta compartida, el icono de la impresora compartida aparece con el símbolo de uso compartido debajo.

Usar una impresora de red

Dado que Windows espía automáticamente y luego carga las impresoras de red, lo único que debe hacer para usar una de ellas es seleccionarla de la lista desplegable de un recuadro de diálogo *Print* (Imprimir). Consulte el Capítulo 12 para mayor información sobre imprimir.

Dejar de compartir una impresora

Dejar de compartir una impresora es tan fácil como compartirla: Repita los pasos de la subsección "Compartir una impresora" antes mencionados, pero en el Paso 6 haga clic para quitar la marca.

Capítulo 21

Dan, el Vaquero y Su Rodeo de Internet

*ola, niños y niñas!*

¡Hola, Dan, el vaquero!

¿Adivinen qué hora es? ¡Es hora de navegar por Internet!

Ah, sí. El silencio de la audiencia es estridente. Es que se quedaron dormidos. Verá, hace quizás 10 ó 15 años hacía falta ofrecer una meticulosa presentación de Internet. Había necesidad de explicar qué era y cómo funcionaba. . . . ¡Especialmente en Windows! (Aunque cueste creerlo). Hoy, sin embargo, prácticamente no hace falta explicar a nadie cómo usar Internet. De hecho, sería mucho más controvertido explicar cómo evitar el uso de Internet.

Probablemente ya sepa algo de Internet; aun si nunca utilizó una computadora. Así que en vez de aburrir a usted y a todos los niños y niñas de la audiencia, Dan, el vaquero, presenta este capítulo: el Rodeo de Internet. Considérelo mi introducción rápida más consejos para quienes estén agotados de la Web y exhaustos del correo electrónico.

¿Qué Es Internet?

Internet está compuesta por cientos de miles de computadoras de todo el mundo. Las computadoras envían información. También reciben información. Y, lo que es más importante, almacenan información. Eso es Internet.

Hora del cuestionario.

Teniendo en cuenta lo que conoce sobre Internet, ¿cuál de los siguientes enunciados es verdadero?

1. Internet es un tipo de software o programa que uno compra.

2. Internet es una sola computadora.

3. Bill Gates, Google y AT&T son dueños de Internet.

Encontrará las respuestas al final de este capítulo.

Cómo Acceder a Internet

Conectarse a Internet no es una odisea. Windows está hecho para usar Internet. Aún más, Windows prefiere que tenga una conexión a Internet de banda ancha y que su PC esté *siempre* conectada a Internet. Pero antes de satisfacer la lujuria en línea de su PC, hay unas pocas cosas que debe tener en cuenta, y que se tratan en las secciones siguientes.

Elegir un ISP

Para tener acceso a Internet, se necesitan 5 elementos:

✔ Una computadora

✔ Un módem

✔ Software de Internet

✔ Dinero

✔ Un **proveedor de servicios** de Internet o ISP (por sus siglas en inglés).

Usted ya tiene los primeros tres elementos. El cuarto elemento, dinero, es necesario para pagar el quinto elemento, que es la empresa que le brinda el acceso a Internet.

Su ISP puede ser su compañía telefónica o compañía de cable, las cuales compiten para ofrecerle servicios DSL de banda ancha o cable.

Para acceso a Internet por satélite, debe buscar en las páginas amarillas, al igual que para el viejo y sencillo acceso a Internet de conexión telefónica. Los ISP aparecen en la sección *Internet* en cualquier guía telefónica comercial o tradicional.

El ISP le brinda acceso a Internet. (Recuerde: nadie es dueño de Internet, ni siquiera su ISP). Puede configurar su módem de banda ancha por usted o brindarle información sobre cómo configurar las cosas usted mismo. Además, también debe ofrecerle lo siguiente:

- Para un módem de conexión telefónica, el número de teléfono al que debe llamar.

- Para un módem de banda ancha, la dirección IP del módem, la dirección DNS y posiblemente una dirección de puerta de enlace.

- El nombre de dominio de su ISP: la parte `blorf.com` o `yaddi.org`.

- Su identificación de usuario y contraseña de Internet.

- Su nombre, dirección y contraseña de correo electrónico (si es distinta de su ID de inicio de sesión y contraseña).

- El nombre del servidor de correo electrónico de su ISP, que incluye las siglas POP3 o SMTP.

- Una página Web personal o "espacio Web", además de la dirección de dicha página (opcional, pero es bueno tenerla).

- Un número de teléfono para llamar y pedir ayuda (muy importante).

Asegúrese de verificar estos puntos cuando elija un ISP.

Finalmente, el ISP le cobrará por el acceso a Internet. Los precios pueden ser baratos, a veces menos de US$10 por mes para un acceso de conexión telefónica. Usted paga más por conexiones más rápidas, ciertas conexiones de banda ancha superan los US$50 por mes. Asegúrese de comparar precios cuando elija un ISP.

- La S en ISP es por *Servicio*. Usted paga una tarifa y ellos le brindan acceso a Internet *y* servicio. Eso significa soporte técnico: alguien a quien puede llamar para que lo ayude, clases, software . . . lo que sea. Cuanto más soporte ofrece, mejor es el ISP.

- En algunas situaciones, es posible que no necesite ninguno de los cinco elementos de mi lista de acceso a Internet. Por ejemplo, si trabaja para una compañía grande, puede que ya le ofrezca acceso a Internet a través de la red de trabajo de su oficina. Lo mismo para universidades y algunas oficinas gubernamentales. Además, siempre dispondrá de acceso a Internet gratis en una biblioteca comunitaria cercana a su hogar.

Configurar Windows para Internet

Windows está configurado automáticamente para usar Internet. Con solo conectar un módem de banda ancha a su PC o a la red de trabajo de su PC, tendrá acceso a Internet súbita e instantáneamente. Windows la reconoce. Ya está.

Las cosas funcionan de distinta manera cuando obtiene acceso mediante una conexión telefónica. En ese caso, debe crear una conexión de red de trabajo para que utilice el módem. Las instrucciones para esta tarea debe proporcionarlas su ISP. Le dará un número de teléfono para marcar, además de algunas otras opciones como tal vez configurar su programa de correo electrónico o establecer una página de inicio en Internet Explorer.

Conectarse a Internet

No hay motivo para preocuparse si se conecta a Internet mediante un cable módem, un módem DSL o un módem de satélite. La conexión de banda ancha está siempre activa. Los programas de Internet se inician rápidamente y se conectan a Internet con igual velocidad.

Las conexiones de acceso telefónico solamente están activas cuando usa Internet. Cuando ejecuta un programa de Internet, o cuando cualquier software intenta acceder a Internet, la PC le indica al módem que marque el teléfono de su ISP. Después de establecer la conexión, usted está "en" Internet y puede usar software para Internet.

✔ Para probar la conexión a Internet, ejecute el programa Internet Explorer. Al ejecutar Internet Explorer, o cualquier programa que accede a Internet, su computadora intenta establecer una conexión. Si la conexión funciona, usted verá una página Web en Internet Explorer. De no ser así, verá un mensaje de error. En ese caso, contacte a su ISP para obtener asistencia técnica.

✔ Mientras tenga una conexión a Internet, podrá ejecutar cualquier programa que acceda a información en Internet.

✔ Sí, puede ejecutar más de un programa de Internet a la vez. Generalmente tengo tres o cuatro ejecutándose a la vez. (Como la conexión a Internet es lenta, puedo leer una ventana mientras espero que algo aparezca en otra ventana).

✔ También puede permanecer en Internet mientras utiliza un programa de aplicación, como Word o Excel. Simplemente, no olvide que está en línea.

✔ Debe colgar o *desconectarse* de la conexión a Internet de acceso telefónico cuando termine de usar Internet. Remítase al Capítulo 14 para obtener más información sobre cómo desconectar el módem en Windows.

✔ Por varias razones, debe siempre ingresar manualmente su contraseña cuando se conecta a Internet. La primera razón es que está utilizando una laptop que no guarda su contraseña de Internet por cuestiones de seguridad. La segunda es que no inició sesión apropiadamente en Windows con una cuenta protegida por contraseña. La tercera es que, por alguna razón, Windows se olvida de su contraseña y lo obliga a reingresarla (tal vez por cuestiones de seguridad).

✔ Para otros problemas, dificultades y preocupaciones sobre la conexión a Internet, consulte mi libro *Troubleshooting Your PC For Dummies* (Wiley Publishing, Inc.), disponible solamente en librerías con empleados y empleadas guapos de todo el mundo.

✔ Para cancelar una conexión de acceso telefónico, haga clic en el botón *Cancel* (Cancelar) cuando está marcando.

✔ ¿Por qué su computadora está conectada a Internet? Lo más probable es que algún programa o el propio Windows está solicitando información. Cancelar esa solicitud no es un problema, tampoco es confundir las cosas. Los programas pueden esperar hasta que *usted* quiera conectarse a Internet para realizar su trabajo. ¡Diablos! ¡Usted es el que manda!

Es una Red de Alcance Global Que Nosotros Mismos Tejemos

La *World Wide Web* (Red de alcance global), o "la Web" (la red), es directamente responsable por volver a Internet tan popular como es hoy. La Web introdujo gráficos bonitos y texto formateado, lo que la arrancó de su horrible pasado de solo texto a un presente atractivo y popular.

Consejos de navegación

Probablemente no tenga problemas para navegar en la Web, así que una revisión de los conceptos básicos aburriría a la audiencia otra vez. En vez de refritar lo que ya sabe, aquí están mis consejos y trucos de navegación en la Web. Observe que muchos de estos son específicos para Internet Explorer (IE) el navegador Web que incluye Windows Vista.

✔ Si prefiere ver la barra de menú real en vivo de Internet Explorer 7.0, presione la tecla F10 del teclado. Para mantener esa barra de menú todo el tiempo, seleccione *View➪Toolbars➪Menu Bar* (Ver➪Barra de herramientas➪Barra de menú).

✔ En la esquina inferior derecha de la ventana de IE, encontrará un menú de Zoom. Utilícelo para hacer que las páginas Web con texto pequeño sean más legibles.

✔ Puede recuperar fácilmente las direcciones de páginas Web que haya escrito en la barra de direcciones: Haga clic en el botón con la flecha hacia abajo a la izquierda de la barra de direcciones.

✔ Para eliminar todas las direcciones de páginas Web que haya escrito anteriormente, haga clic en el botón *Tools* (Herramientas) de la barra de herramientas y seleccione *Delete Browsing History* (Eliminar historial de exploración). En el cuadro de diálogo que aparece, haga clic en el botón *Delete History* (Eliminar historial).

✔ La forma más sencilla de establecer una página de inicio es visitar la página web que desea como página de inicio. Una vez ahí haga clic en el botón de menú junto al icono *Home* (Inicio) de la barra de herramientas. Seleccione *Add or Change Home Page* (Agregar o cambiar página de inicio) en el menú. En el cuadro de diálogo que aparece, seleccione *Use This Webpage As Your Only Home Page* (Usar esta página web como su única página de inicio) y haga clic en el botón *Yes* (Sí).

✔ Si una página web no se carga, ¡vuelva a intentarlo! La Web puede estar ocupada, y a veces eso genera un mensaje de error.

✔ Cuando obtiene un error `404`, probablemente no escribió la dirección de la página web correctamente. Intente nuevamente.

✔ Puede escribir la dirección de una página web sin la parte `http://`, pero si no llega a destino, intente nuevamente con el `http://`.

✔ Si la URL comienza con `ftp://` o `gopher://`, se le pedirá que escriba estos comandos.

✔ No todos los vínculos a páginas web son texto. Hay muchos vínculos que son gráficos. La única manera de saberlo realmente es señalar con el puntero del mouse lo que cree que puede ser un vínculo. Si el puntero cambia y se convierte en una mano que señala, entonces es un vínculo en el que puede hacer clic para ver algo más.

✔ Hay un pequeño botón de menú a la derecha del botón *Forward* (Adelante). Use ese botón de menú para recuperar páginas web que haya visitado recientemente.

✔ Cuando haga clic en un vínculo por accidente y cambie de idea, haga clic en el botón *Stop* (Detener). En ese momento, Internet deja de enviarle información. (Es posible que también necesite hacer clic en el botón Back (Regresar) para volver adonde estaba).

✔ El botón *Refresh* (Actualizar) tiene un propósito útil en el mundo de la informática siempre cambiante. *Refresh* (Actualizar) simplemente le indica a Internet que actualice la página que está viendo.

✔ Hacer clic en el botón *Refresh* (Actualizar) es una forma rápida de resolver el problema de la "imagen faltante".

✔ Presione Ctrl+D para agregar cualquier página web que esté viendo a sus Favoritos. ¡No tenga miedo de hacerlo! Es mejor agregar la página ahora y borrarla después que lamentarse por no haberla guardado en un principio.

Imprimir páginas web

Para imprimir cualquier página web, haga clic en el botón *Printer* (Impresora) en la barra de herramientas. No hay ningún truco.

Por desgracia, algunas páginas web no se imprimen bien. Algunas son demasiado anchas. Algunas tienen texto blanco sobre un fondo negro, lo que no imprime bien. Mi recomendación es usar el comando *Print Preview* (Previsualizar impresión), que se encuentra en el menú del botón *Print* (Imprimir) de la barra de herramientas, para ver lo que se va a imprimir antes. Si aún tiene problemas, considere estas soluciones:

✔ Tenga en cuenta la posibilidad de guardar la página web al disco, seleccione *Save As* (guardar como) desde el menú del botón *Page* (Página) de la barra de herramientas. Asegúrese de seleccionar la opción *Web Page, Complete* (Página web, completa) en la lista desplegable *Save As Type* (Guardar como tipo). Entonces podrá abrir el archivo de página web en Microsoft Word o Excel, o cualquier programa de edición de páginas web y editarla o imprimirla desde allí.

✔ Use el comando *Page Setup* (Configurar página) que se encuentra en el menú del botón *Print* (Imprimir) de la barra de herramientas y seleccione la orientación apaisada para imprimir páginas web más anchas de lo normal.

✔ Utilice el botón *Properties* (Propiedades) en el cuadro de diálogo *Print* (Imprimir) para ajustar la impresora; presione Ctrl+P para ver el cuadro de diálogo *Print* (Imprimir). La configuración de *Properties* (Propiedades) depende de la propia impresora, pero he visto impresoras que pueden reducir la salida hasta un 75 ó 50 por ciento, lo que asegura que toda la página web se imprima en una sola hoja de papel. Otras opciones le permiten imprimir en tonalidades de gris (*grayscale* o "escala de grises") o en blanco y negro.

Consejos de búsqueda

La Web está llena de información ¡y parte de ella incluso es verdadera! Por supuesto, el asunto es llegar a la información que desea. Los siguientes son mis consejos de búsqueda de páginas web.

- Mi principal motor de búsqueda estos días es Google, en `www.google.com`. Lo admiro porque es sencillo y minucioso.

- Google, como muchos otros motores de búsqueda, ignora las palabras más pequeñas del idioma. Palabras como *es, a, el, para, son* y otras no se incluyen en la búsqueda. Por lo tanto:

- Utilice solamente palabras clave cuando busca. Por ejemplo, para buscar *La declaración de la independencia*, alcanza con escribir **declaración independencia.**

- El orden de las palabras importa. Si desea encontrar cómo se llama ese bicho rojo con seis patas, pruebe todas las combinaciones: *bicho rojo seis patas, rojo bicho seis patas*, o incluso *seis patas bicho rojo*.

- Cuando las palabras se *deben* encontrar juntas, enciérrelas en comillas dobles, como **"Isla de Gilligan" canción MIDI** o **reparación "cortadora de césped Toro"**. Una búsqueda entre comillas encuentra solamente las páginas web que tengan las palabras *cortadora de césped Toro* juntas y en ese orden.

- Si el resultado, es decir las páginas web conicidentes o encontradas, son muy numerosas, haga clic en el vínculo (cerca del extremo inferior de la página) que dice `Search within results` (Restringir la búsqueda a los resultados). De ese modo, puede refinar aún más su búsqueda. Por ejemplo, si encontró varios miles de páginas de Walt Disney World pero está buscando específicamente un mapa del Animal Kingdom, puede buscar **"mapa Animal Kindgom"** dentro de los resultados que encontró para Walt Disney World.

¡Llegó el Correo!

Nada anima tanto su día en Internet como recibir nuevo correo electrónico. *¡Ahhhh, le importo tanto a la gente que me escriben! ¡¡Me quieren!!*

Windows Vista viene con el nuevo programa de correo electrónico Windows Mail, que es básicamente una versión actualizada y mejorada del viejo Outlook Express. Los siguientes son consejos básicos y sugerencias sobre correo electrónico para usar en Windows Mail, además del correo electrónico en general.

- ✔ No coloque espacios en una dirección de correo electrónico. Si cree que es un espacio, probablemente sea un guión bajo o un punto.

- ✔ Debe ingresar la dirección de correo electrónico completa: `zorgon@wambooli.com`. Observe la única excepción: Si tiene configurados los sobrenombres para correo electrónico, puede escribir el sobrenombre en vez de la dirección de correo electrónico completa en el campo To (Para).

- ✔ Puede escribir más de una dirección en el campo To (Para). Si desea hacerlo, separe cada dirección con punto y coma o con coma, por ejemplo:

  ```
  president@whitehouse.gov, first.lady@whitehouse.gov
  ```

- ✔ Escriba el asunto del mensaje. ¿De qué se trata el mensaje? Es útil que el asunto sea algo relacionado con el mensaje (porque los destinatarios ven el tema en su bandeja de entrada, al igual que usted). Evite el hábito de usar temas cortos y sin sentido.

- ✔ Cuando haya terminado de escribir su epístola electrónica, revise su ortografía haciendo clic en el botón *Spelling* (Ortografía).

- ✔ Si no quiere enviar el mensaje, cierre la ventana *New Message* (Mensaje nuevo). Se le preguntará si desea guardar el mensaje. Haga clic en *Yes* (Sí) para guardarlo en la carpeta *Drafts* (Borradores). Si hace clic en No, el mensaje se elimina.

- ✔ Si escribe la dirección de correo electrónico equivocada, el mensaje *rebota* hacia usted. No es nada malo; simplemente vuelva a intentarlo con la dirección correcta.

- ✔ Por favor no escriba TODO EN MAYÚSCULAS. Para la mayoría de las personas, las mayúsculas se leen como si ¡ESTUVIERA GRITÁNDOLES!

- ✔ Tenga cuidado con lo que escribe. Los mensajes de correo electrónico se suelen escribir con poco cuidado y pueden malinterpretarse fácilmente. Recuerde mantenerlos claros.

- ✔ No espere una respuesta rápida de un correo electrónico, especialmente de gente que está en la industria de la computación (lo cual es irónico).

- ✔ Para enviar un mensaje que ha metido en la carpeta *Drafts* (Borradores), abra esa carpeta. Luego, haga doble clic en el mensaje para abrirlo. La ventana original *New Message* (Mensaje nuevo) vuelve a aparecer. Desde ahí, puede editar el mensaje y hacer clic en el botón *Send* (Enviar) para finalmente enviar el mensaje.

Poner a la *Bcc* (Cco) a trabajar

El campo furtivo *Bcc* (Cco) se utiliza para enviar una *Blind carbon copy* (copia carbónica oculta), que significa enviar una copia de un mensaje a alguien, pero *sin* que su nombre aparezca en ninguna copia del correo electrónico. De ese modo, puede poner al tanto a una persona de un mensaje sin que los verdaderos receptores conozcan los nombres de todos los demás destinatarios del mensaje.

Para acceder al campo *Bcc* (Cco), seleccione *View➪All Headers* (Ver➪Todos los encabezados) en el menú de la ventana *New Message* (Mensaje nuevo). Las personas en el campo *Bcc* reciben una copia del mensaje de correo electrónico, como todos los demás; sin embargo, las personas en los campos *To* (Para) o *Cc* no ven los nombres que aparecen en el campo *Bcc* (Cco).

Una excelente forma de usar el campo *Bcc* es cuando envía un mensaje a varias personas. Por ejemplo, cuando envía ese último chiste, solamente ponga el nombre de todos en el campo *Bcc* (Cco) y ponga su propio nombre en el campo *To* (Para). De ese modo, a todos les llega el chiste (aunque no lo entiendan) y no ven la enorme lista de nombres amontonados al principio del mensaje de correo electrónico.

✔ Cuando tenga problemas para ver el texto en un mensaje de correo electrónico, seleccione *View➪Text Size* (Ver➪Tamaño del texto) y elija un tamaño mayor o menor desde el submenú.

✔ También lea el Capítulo 22, que cubre los archivos adjuntos del correo electrónico.

Respuestas del Cuestionario

Aquí están las respuestas al cuestionario que aparece al principio del capítulo.

1. Falso. Si bien utiliza software para acceder a Internet y necesita software para enviar o recibir información, Internet en sí misma no es un programa de software.

2. Falso. Internet consiste en todas las computadoras conectadas a Internet. Cada vez que su computadora está "en" Internet, es parte de Internet.

3. Falso. Ningún individuo puede ser dueño de Internet, del mismo modo que ningún individuo puede ser dueño de los océanos.

Capítulo 22

Mover Archivos con Total Libertad

*L*a interconexión por redes, que incluye a Internet, nació de la necesidad de las primeras computadoras a vapor del siglo pasado por comunicarse. No, no jugaban a *World of Warcraft* allá en los años sesenta. De hecho, la comunicación consistía principalmente en enviar fragmentos de datos ida y vuelta entre dos computadoras. En la elegante jerga informática, estos fragmentos de datos se llaman *archivos.* Incluso hoy, intercambiar archivos entre dos computadoras es algo habitual y necesario, y mucho más fácil de lo que fue en el pasado.

✔ Copiar un archivo a su computadora se conoce como *downloading (descargar).* Cuando alguien le envía un archivo por Internet, usted lo *descarga.* (Imagine que la otra computadora está en la cima de una montaña; puede no estarlo, pero ayuda pensar que es así).

✔ Enviar un archivo a otra computadora se conoce como *uploading (cargar).*

✔ Lamentarse con su mejor amigo frente a una cerveza se conoce como *descargarse.*

Capturar Cosas de una Página Web

Todo lo que aparece en una página Web ya está en su computadora. El texto ha sido enviado a su PC para ser visualizado en su navegador Web. Lo mismo ocurre con las imágenes. Pero, el navegador Web guarda esa información en una ubicación especial a la cual no es fácil acceder. Por lo tanto, cuando quiera conservar una imagen de una página Web o copiar algún texto, se requiere un trabajo adicional. No es nada complicado; las siguientes secciones explican cómo funciona.

Guardar una imagen de una página Web

Para guardar una imagen de una página Web en el disco duro de su PC, haga clic derecho sobre la imagen y elija *Save Picture As* (Guardar Imagen Como), en el menú emergente que aparece. Utilice el cuadro de diálogo de *Save As* (Guardar Como) para encontrar un hogar feliz para la imagen en su disco duro.

✔ Windows prefiere guardar las imágenes en la carpeta *Pictures* (Imágenes) ubicada en su cuenta principal, o en la carpeta *User Profile* (Perfil del Usuario). Consulte el Capítulo 25 para obtener mayor información sobre carpetas.

✔ Casi todas las imágenes en la Web están protegidas por derechos de autor. Si bien usted tiene la libertad de guardar una copia en su disco duro, no es libre de duplicar, vender o distribuir la imagen sin el consentimiento del propietario de los derechos de autor.

✔ Para establecer la imagen como papel tapiz de su escritorio, elija *Set As Background* (Establecer como Fondo) en el menú emergente que aparece al hacer clic derecho sobre la imagen.

Guardar texto de una página Web en el disco

Además de gráficos, las páginas Web están compuestas de texto. Puede copiar ese texto y guardarlo en el disco del mismo modo que copiaría texto de una aplicación y lo pegaría en otra. Así es como se hace:

1. **Seleccione el texto que desea copiar.**

   Arrastre el mouse sobre el texto, lo que lo resaltará en pantalla. Ahora, el texto está seleccionado.

2. **Presione Ctrl+C para copiar el texto.**

3. **Inicie cualquier procesador de textos.**

   Puede iniciar Notepad, WordPad, o su procesador de textos, como Microsoft Word.

4. **Pegue el texto en su procesador de textos.**

   Ctrl+V o *Edit* (Edición)⇨*Paste* (Pegar).

5. Imprima. Guarde. Haga lo que quiera.

Utilice los comandos de menú apropiados para salvar, imprimir o editar el texto que copió de la página Web.

El texto que copia de una página Web contiene cierta información sobre el formato. Éste se mantiene solo cuando pega el texto en un programa que entiende el formato de páginas Web, o HTML.

Software Proveniente de Internet

Internet es un gran depósito de software, contiene diversos programas disponibles en forma gratuita o casi gratuita, que usted puede descargar en su computadora para usarlos, probarlos o simplemente porque sí. También hay actualizaciones para software que ya posee, software de apoyo o *drivers* (controladores) para su hardware. Obtener este tipo de software es una actividad frecuente en Internet.

La clave, por supuesto, es encontrar el software. Para software que ya posee, visitar la página Web del fabricante o programador debería ser su primera opción. Evite visitar esas páginas Web que anuncian "*free driver*" (controlador gratuito), porque la mayoría de las veces se trata de publicidad y a menudo contienen *spyware* o descargan virus — no controladores de hardware legítimos — en su PC.

Para software de uso general, yo recomiendo la página Web SourceForge.net: `www.sourceforge.net`. También puede usar Google o cualquier motor de búsqueda Web para localizar programas.

✔ Un *repository (depósito)* es una ubicación donde se almacenan cosas.

✔ Un *suppository (supositorio)* es un medicamento que se ingiere, pero no a través de los orificios de la cara.

Descargar software de Internet

Es fácil obtener un archivo de Internet. Más lo hace, más fácil se pone, ¡aunque siempre es mejor ser precavido! No descargue archivos al azar y evite sobre todo descargar un archivo que no solicitó. Por lo demás, así es como se hace:

1. Haga clic sobre el enlace o la imagen gráfica que inicia la descarga.

A veces, al hacer clic sobre el enlace se inicia automáticamente la descarga, y otras veces lo remitirá a otra página. Tenga paciencia; terminará por conseguir su archivo.

2. **Si aparece una advertencia en la Barra de Información, haga clic en el botón *Close* (Cerrar).**

3. **Haga clic en la barra de Información.**

4. **En el menú emergente que aparece, elija el comando *Download File* (Descargar Archivo).**

   Aparece un cuadro de diálogo de *File Download* (Descarga de Archivos).

5. **Haga clic en el botón *Save* (Guardar).**

   Recomiendo hacer clic en *Save* ya que le permite reinstalar el programa más fácilmente si algo anda mal. Elija *Open* (Abrir) sólo si se le indica hacerlo.

6. **En el cuadro de diálogo de *Save As* (Guardar Como), haga clic en el botón *Save* (Guardar).**

   Por lo general, el nombre de archivo y la ubicación están bien. Internet usa el mismo nombre de archivo que el original, que es generalmente una descripción de lo que está descargando y, quizás, un número de versión. El archivo se almacena en la carpeta *Downloads* (Descargas), lo cual está perfecto.

7. **Siéntese y mire cómo se copia el archivo desde Internet a su PC.**

   La Figura 22-1 muestra la evolución de la descarga, aunque en modo estático.

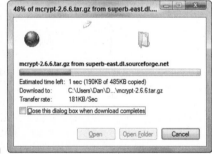

Figura 22-1:
Un archivo descar-
gándose.

8. **Para instalar el programa de inmediato, haga clic en el botón *Open* (Abrir).**

9. **Siga las instrucciones en la pantalla para terminar la instalación.**

   Las instrucciones son específicas de lo que sea que esté instalando.

Una vez instalado el programa, puede ejecutarlo o hacer lo que normalmente haría con cualquier software instalado en su computadora. Consulte el Capítulo 27 para obtener información adicional sobre la instalación de software.

✔ Descargar un programa e instalarlo funciona exactamente igual que instalar un software que compró en una tienda. La única diferencia es que en vez de usar un CD o DVD, usa un archivo que descargó de Internet.

✔ Para más información acerca del programa, busque un archivo *README* (LÉAME) entre los archivos instalados o descargados.

✔ Descargar el archivo es gratis. Sin embargo, si el archivo es *shareware*, se supone que debe pagar por él si lo utiliza.

✔ Aunque el archivo haya sido descargado, si no lo quiere, debe desinstalarlo como desinstalaría cualquier programa (Consulte el Capítulo 27).

✔ A veces puede elegir entre varios servidores o *mirrors* (espejos) desde los cuales descargar los archivos. Si es posible, intente escoger un servidor o espejo cercano al lugar donde está, ya que acelerará el proceso de descarga.

✔ Está bien borrar un archivo de la carpeta de Descargas una vez que el programa ha sido instalado. Yo, sin embargo, no lo hago porque me gusta conservar todo, en caso de que necesite reinstalarlo otra vez.

✔ Otra carpeta, ubicada en la carpeta de Windows, se llama *Downloaded Program Files* (Archivos de Programas Descargados). Esta carpeta sirve para actualizaciones en Internet Explorer, y sus contenidos no son para jugar.

Instalar desde un archivo Zip

Cuando descargue software, recomiendo descargar la versión de instalación automática. Si el sitio Web especifica el nombre de archivo, notará que los programas de instalación automática terminan con EXE. Más allá de eso, puede descargar la versión comprimida de un archivo. Esos archivos terminan en ZIP, y son conocidos en Windows como *carpetas comprimidas*.

Descargar una carpeta comprimida funciona exactamente como descargar cualquier archivo de Internet. Consulte los pasos del 1 al 7 en la sección anterior. Luego continúe así:

8. Haga clic en el botón *Open Folder* (Abrir Carpeta).

Aparece la carpeta *Downloads* (Descargas) La carpeta comprimida que acaba de descargar está seleccionada, lista para la acción.

9. **Abra la carpeta comprimida que descargó; presione la tecla *Enter* (Intro).**

10. **Haga clic en el botón *Extract All Files* (Extraer Todos Los Archivos) de la barra de herramientas.**

11. **Haga clic en el botón *Extract* (Extraer) en la ventana *Extract Compressed (Zipped) Folders* (Extraer Carpetas Comprimidas).**

    Windows crea una carpeta con el mismo nombre que la carpeta comprimida y copia todos sus archivos a la nueva carpeta. Esa nueva carpeta luego se abre, apareciendo en pantalla.

12. **Ejecute o Instale el programa o haga lo necesario para seguir instalando el software.**

Cuando haya terminado, puede eliminar la carpeta que creó en el paso 11, aunque recomiendo conservar la carpeta comprimida original en caso de que necesite reinstalar el programa más adelante.

¡Tiene un Documento Adjunto en Su Correo!

La capacidad para enviar y recibir archivos con su correo electrónico es probablemente lo que convirtió al correo electrónico en una herramienta tan increíblemente popular. No sólo es posible enviar y recibir imágenes, sino que además el envío de documentos por correo electrónico ha dejado prácticamente sin trabajo al correo postal. De hecho, ya pasaron 17 años desde que mandé el último manuscrito impreso de un libro. Casi todas las transferencias de archivos entre individuos ahora se hacen por datos adjuntos a un correo electrónico.

Todos los programas de correo electrónico tienen la capacidad de enviar y recibir datos adjuntos. Las secciones a continuación son propias al programa Windows Mail que viene con Windows Vista. Quizás su programa de correo electrónico sea otro, pero los consejos que doy se aplican a cualquier programa de correo electrónico que utilice.

Recibir un documento adjunto en Windows Mail

El documento adjunto a un mensaje de correo electrónico aparece en la bandeja de entrada de Windows Mail como un diminuto icono en forma de clip. Esa es la clave para saber que el mensaje contiene un dato adjunto.

Para guardar el archivo adjunto, siga estos pasos:

1. **Escoja** *File* **(Archivo)**⇨*Save Attachments* **(Guardar Datos adjuntos).**

   Aparece el cuadro de diálogo de *Save Attachments*.

2. **(Opcional) Use el botón** *Browse* **(Explorar) para buscar una carpeta apropiada para el dato adjunto.**

   Por ejemplo, yo uso mi carpeta Video para guardar todas las películas que me envían.

3. **Haga clic en el botón** *Save* **(Guardar).**

   Se guardó el archivo.

Para ver o acceder al archivo, deberá salir de Windows Mail y abrir la carpeta en la que guardó el dato adjunto. A partir de ahí, acceder al archivo funciona exactamente como cuando se accede a cualquier otro archivo en su computadora.

✔ No abra datos adjuntos que no esperaba recibir, especialmente archivos de programa, por más que sean de personas que conoce. Simplemente, elimine el mensaje. O si tiene instalado un antivirus (lo que recomiendo ampliamente), probablemente le advierta sobre la peligrosidad del programa, incluso antes de que abra el correo electrónico.

✔ En algún momento, quizás reciba un archivo que su PC no puede digerir: un archivo de algún formato desconocido. En ese caso, Windows muestra una tipo de cuadro de diálogo que dice "Windows no puede abrir este archivo" ¿Mi consejo? Haga clic en el botón *Cancel* (Cancelar). Responda el mensaje y diga que no puede abrir el archivo y que deben reenviar el dato en otro formato.

Enviar un documento adjunto en Windows Mail

Para adjuntar un archivo a un mensaje saliente, siga estos adorables pasos:

1. **Redacte el mensaje como haría normalmente. Escriba el nombre, asunto y contenido del mensaje.**

   Algunas personas esperan hasta *después* de haber adjuntado el archivo para escribir el mensaje. De esa manera, no olvidan enviar el dato adjunto.

2. **Haga clic en el botón** *Attach File to Message* **(el icono en forma de clip, como se muestra en el margen) en la barra de herramienta.**

3. **Use el cuadro de diálogo** *Open* **(Abrir) para ubicar el archivo que desea adjuntar.**

4. **Seleccione el archivo en el cuadro de diálogo *Open*.**

5. **Haga clic en el botón *Open*.**

6. **(Opcional) Para agregar otro dato adjunto, repita los pasos del 2 al 5.**

7. **Haga clic en el botón *Send* para enviar el mensaje.**

Enviar un mensaje con un dato adjunto demora más que enviar un mensaje regular de sólo texto.

✔ Conviene asegurarse de que el destinatario del mensaje pueda leer el tipo de archivo que está enviando. Por ejemplo, enviar un archivo Word a un usuario de WordPerfect tal vez no arroje resultados satisfactorios.

✔ Tenga en cuenta que algunas personas no pueden recibir archivos muy pesados. A veces, el límite es 5MB, pero he visto capacidades tan bajas como 1MB. ¿La alternativa? Grabar un CD-R y enviar los archivos por correo normal. (Consulte el Capítulo 28 para obtener información sobre cómo grabar CD-Rs).

✔ Envíe imágenes JPEG o PNG. Cualquier otro formato de imagen es, por lo general, demasiado grande y el destinatario debe esperar mucho para recibir el mensaje.

✔ Puede enviar más de un archivo a la vez; simplemente siga adjuntando archivos.

✔ O en lugar de mandar muchos archivos pequeños, considere colocarlos todos en una carpeta comprimida y enviar directamente esa carpeta.

✔ No envíe accesos directos de archivos, envíe solo los originales. Si envía un acceso directo, quien recibe el archivo no obtiene el original. En su lugar, recibe el acceso directo de 296 bytes, que no le sirve de mucho.

✔ Trate de no mover o borrar ningún archivo que adjunte a un mensaje de correo electrónico hasta *después* de enviar el mensaje. Ya sé que suena tonto, pero a menudo, mientras espero que el correo electrónico se envíe (y estoy desocupado), comienzo a borrar archivos. ¡Ay!

Capítulo 23

Seguridad en Internet y Su PC

· ·

En Este Capítulo

▶ Entender qué son los monstruos informáticos

▶ Luchar contra las ventanas emergentes

▶ Lidiar con falsas páginas Web

▶ Usar un firewall

▶ Mantener a Windows actualizado

▶ Detener el spyware

▶ Soportar las advertencias UAC

· ·

A pesar de ser una comunidad próspera y llena de información, Internet no es exactamente el lugar más seguro por donde andar. Debido a que prácticamente cualquiera puede ingresar a Internet, dado que es un sistema abierto, muchos villanos andan merodeando por ahí. Crean programas malignos y pueden ser muy crueles con su computadora si no toma precauciones.

Por suerte, Windows Vista está absolutamente repleto de herramientas y programas útiles que lo ayudan a mantener a salvo su PC. Este capítulo cubre todo el espectro, aunque recomiendo echar un vistazo a mi libro *Troubleshooting Your PC for Dummies* (Wiley Publishing, Inc.) para más información sobre cómo curar los males de la PC.

Villanos y Superhéroes

Sí, su PC puede oficiar muchas veces de anfitrión para una multitud de villanos y sus antagónicos superhéroes. Los villanos tienen nombres que seguramente ha escuchado:

✔ *Phishing* (Robo de identidad)

✔ *Pop-up* (Elemento emergente)

✔ *Spyware*

> ✔ Troyano
>
> ✔ Virus
>
> ✔ Gusano

Todos nombres de cosas malignas o fastidiosas que restan diversión a usar Internet. Por suerte, Windows ofrece muchas maneras de defenderse contra estos programas maliciosos. Más específicamente, estos tres programas.

 Internet Explorer: La última versión de Internet Explorer (7.0, al momento de imprimir este libro) cuenta con una vasta gama de funciones para cuidar a su PC. Estas incluyen amplias advertencias cuando un software intenta instalarse en su PC desde Internet.

 Windows Defender: El nuevo lujo de Windows Vista es *Windows Defender*, una colección de programas y utilidades diseñadas no solo para luchar contra programas malignos sino también para eliminarlos.

 Firewall de Windows: El *firewall* (Pared de fuego) es indispensable si va a usar Internet, por más triste que suene. Windows Firewall ha progresado desde su versión original y ahora lo ayuda a cerrar ventanas y bloquear las puertas que los villanos antes usaban para infectar las PC.

Las siguientes secciones brindan información adicional acera de cómo usar estas herramientas para mantener a su PC a salvo y a su dueño contento.

> ✔ Todos los programas malignos entran en la categoría de *malware*, que es una combinación de las palabras *mal*icioso y soft*ware*.
>
> ✔ Puede evitar muchos de estos programas malignos simplemente usando el sentido común. De hecho, los virus informáticos más exitosos prosperan sencillamente por cuestiones de naturaleza humana. Los villanos cuentan con esa *ingeniería humana*, o su capacidad de ser inducido a hacer algo que de otra forma no haría, como abrir un dudoso dato adjunto a un correo electrónico o hacer clic en un enlace Web porque lo engañaron haciéndole creer que "¡su PC está en riesgo!"
>
> ✔ Para cuidar a sus hijos en Internet, le recomiendo que examine detenidamente las propiedades del Control para Padres (*Parental Control*) en Windows Vista. Una buena fuente de información sobre los Controles para Padres se incluye en mi libro *Find Gold in Windows Vista* (Wiley Publishing, Inc.).
>
> ✔ Su ISP puede ser de gran ayuda cuando tenga que batallar contra programas maliciosos en Internet. No olvide utilizar su servicio de ayuda, especialmente cuando intenta arreglar las cosas usted mismo sin obtener resultados.

Conocer a los villanos

Como con todo lo que tenga que ver con computadoras, el software maligno, o *malware*, suele tener un nombre ya sea extremadamente técnico o, como sucede a menudo, muy tonto. El nombre es bonito, pero no ayuda realmente a entender qué hace exactamente el programa malo. Por lo tanto, aquí está su guía práctica sobre los villanos que se divierten acosando a su PC.

***Phishing*:** Se pronuncia "*fishing*" ("pescar" en inglés), este término se aplica a una página Web o un correo electrónico diseñado para engañarlo pretendiendo ser otra cosa, tal como la página Web de su banco. La idea es *pescar* información, como números de cuenta y contraseñas. La página Web o el correo electrónico lo inducen a suministrar esa información ya que parece una fuente legítima. No lo es.

***Pop-up* (Elemento emergente):** Un elemento emergente no es realmente un programa maligno, pero puede ser muy molesto; sobre todo cuando lo asaltan varios elementos emergentes a la vez. Cómo un auténtico experto en marketing puede creer que múltiples y fastidiosas ventanas emergentes puedan incitar a alguien a comprar algo, es algo que me supera, pero sucede y puede hacer algo al respecto.

***Spyware*:** Una categoría bastante amplia, el *spyware* se refiere a todo programa o técnica que monitorea, o espía, lo que usted hace en Internet. La lógica es el marketing: al saber qué sitios visita y qué hace en Internet, la información recopilada sobre usted puede venderse a anunciantes que luego le envían publicidad.

Troyano: Un programa es denominado *Troyano* (caballo) cuando alega hacer una cosa pero en realidad hace otra. Por ejemplo, un Troyano común es un protector de pantalla especial que cuida la pantalla pero también usa su PC en Internet para transmitir imágenes pornográficas.

Virus: Un *virus* es un programa maligno que reside en su PC sin que usted lo sepa e infecta la computadora. El programa puede iniciarse en cualquier momento, y entonces tomará el control de la computadora, desviará el tráfico de Internet, usará su computadora para inundar a otros con mensajes de correo no deseado (*spam*), o tantas otras cosas maliciosas e inoportunas.

Gusano: Un *gusano* es simplemente un virus que se autoreproduce, enviando copias a sus contactos de correo electrónico, por ejemplo.

Herramientas de Internet Explorer

Internet Explorer (IE) versión 7.0 alberga una infinidad de nuevas funciones, además de protección blindada para ayudarle a mantenerse a salvo en Internet. La lista de propiedades es vasta, pero para hacerla breve voy a limitar mi exposición en las siguientes secciones a las dos cuestiones más molestas que trata IE 7.0: ventanas emergentes y phishing.

Puede iniciar Internet Explorer de 17 maneras distintas. La más popular es ubicar el icono de IE en el escritorio o en el menú del botón *Start* (Inicio). Al abrir el icono, se ejecuta IE. Las dos secciones siguientes asumen que IE está abierto y listo para la acción en la pantalla de su computadora.

Bloquear los elementos emergentes

Prohibir la aparición de fastidiosas ventanas emergentes es un talento innato de IE. Para confirmar que se están bloqueando elementos emergentes, siga estos pasos:

1. **Haga clic en el botón *Tools* (Herramientas) en la barra de herramienta.**

   Aparece el menú de *Tools* (de hecho, emerge).

2. **Elija *Pop-up Blocker* (Bloqueador de Elementos Emergentes)**

   Aparece el submenú de *Pop-up Blocker*.

3. **Elija *Turn On Pop-up Blocker* (Activar el Bloqueador de Elementos Emergentes), si hace falta, y luego haga clic en el botón *Yes* (Aceptar) para confirmar.**

   De lo contrario, si el comando de menú es *Turn Off Pop-up Blocker* (Desactivar el Bloqueador de Elementos Emergentes), ya está hecho el ajuste.

Cuando está activo, el bloqueador de elementos emergentes suprime casi todas las ventanas emergentes. ¡Es decir, evita todos los anuncios! ¡Olé!

Cuando IE bloquea una ventana emergente, verá aparecer una advertencia justo arriba de la ventana en la que está viendo la página Web. Dice: "Elemento Emergente Bloqueado. Para ver este elemento emergente u opciones adicionales, haga clic aquí." Al hacer clic, se despliega un menú de opciones.

- ✔ Bloquear las ventanas emergentes puede deshabilitar algunas propiedades de la página Web, tal como una ventana emergente de video, un menú u otro visor de información. En esos casos, es obviamente correcto permitir esos elementos emergentes para esa ventana o página Web. Haga clic en la advertencia y elija *Temporarily Allow Pop-ups* (Permitir Temporalmente los Elementos Emergentes) en el menú.

- ✔ El bloqueador de elementos emergentes de IE no funciona para bloquear ciertas ventanas emergentes animadas. Por ejemplo, las animaciones Flash pueden exhibir ventanas emergentes sin importar la configuración del bloqueador. (Sí, al parecer cada vez que se gana terreno a los villanos, ellos inventan una nueva forma ataque).

Combatir el Phishing

La estafa de *phishing* o robo de identidad, es muy popular, sobre todo porque es eficaz para inducir a personas inocentes a hacer cosas que jamás harían por iniciativa propia. (Vea el recuadro anterior "Conocer a los villanos" para obtener información adicional acerca del *phishing*). Afortunadamente, puede despreocuparse un poco (aunque no completamente) de las estafas de phishing cuando IE está configurado para detectarlas.

Para verificar la configuración del filtro anti-phishing, preste atención a estas indicaciones:

1. **Haga clic en el botón *Tools* (Herramientas) en la barra de herramientas.**

2. **Elija *Phishing Filter* (Filtro de Suplantación de Identidad) para desplegar ese submenú.**

3. **Confirme que el segundo comando diga *Turn Off Automatic Website Checking* (Desactivar la Comprobación Automática de Sitios Web).**

   En ese caso, está listo; de lo contrario, continúe:

4. **Elija *Turn On Automatic Website Checking* (Activar la Comprobación Automática de Sitios Web).**

   Aparece un cuadro de diálogo de seguridad especial, el *Microsoft Phishing Filter* (Filtro de Suplantación de Identidad de Microsoft).

5. **Haga clic en *OK* (Aceptar).**

   El filtro anti-phishing ahora está activado.

El filtro de phishing lo alerta acerca de cualquier enlace de página Web que, bueno, parezca sospechoso. El enlace quizás pretenda que va a una página Web cuando en realidad va a otra. O bien, el enlace podría llevar a un sitio Web conocido por hacer travesuras con la información personal de las personas. Cualquiera sea la astucia, usted está advertido.

Si sospecha que una página Web no es la verdadera, haga clic en el botón de *Tools* (Herramientas) de la barra de herramientas y elija *Phishing Filter* (Filtro de suplantación de identidad) y luego *Check This Website* (Comprobar este Sitio Web) en el menú. Después de hacer clic en el botón *OK* (Aceptar), IE realiza una verificación rigurosa y específica del sitio Web para confirmar si está siendo embaucado o no.

No baje la guardia solo porque IE posee un filtro de phishing. Recuerde: los villanos toman ventaja de la ingeniería humana para que funcionen sus estafas. Ninguna institución financiera envía información vital por correo electrónico. ¡Ninguna lo hace! Cuando dude, llame a su banco y confirme el mensaje. La mayoría de las veces, descubre que el mensaje es falso. Por más que no lo fuera, siempre es mejor estar seguro a ser estafado por un rufián.

El Centro de Seguridad de Windows

La sede central para todo lo que tenga que ver con seguridad en Windows es un lugar llamado *Windows Security Center* (Centro de Seguridad de Windows), ilustrado en la Figura 23-1. La ventana del Centro de Seguridad brinda un rápido resumen de todos los aspectos importantes de la configuración de seguridad de su PC, y ofrece además enlaces hacia otros sitios importantes y programas de seguridad en Windows.

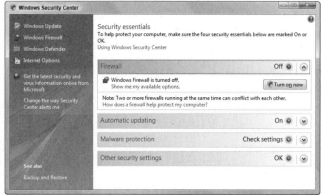

Figura 23-1:
El Centro de Seguridad de Windows.

 Para iniciar el Centro de Seguridad de Windows, abra primero el Panel de Control. Desde la Ventana Principal del Panel de Control, debajo del encabezado *Security* (Seguridad), elija el enlace etiquetado *Check This Computer's Security Status* (Verificar el Estado de Seguridad de la Computadora). En la Vista Clásica del Panel de Control, abra el icono de *Windows Security Center*.

Cualquier cosa que requiera atención inmediata estará resaltada en rojo en la ventana de *Windows Security Center*: las advertencias menores están resaltadas en amarillo. La información en verde es considerada como buena.

 Para ver información adicional, haga clic en la flecha *Show More* (Ver más) en cualquier área determinada, aunque muchas veces, cuando se trata de algo importante, el área se abre sola, como en el caso del área de Firewall, que se muestra en la Figura 23-1.

  ✔ En términos generales, siga los consejos de la ventana.

  ✔ En la Figura 23-1, el Firewall de Windows está deshabilitado. Esto es porque mi PC está protegida por un firewall con un enrutador de hardware. Duplicar el firewall sería redundante.

✔ También en la Figura 23-1, el área de *Malware Protection* (Protección contra Malware) está resaltada en amarillo. Esto es porque mi PC no tiene instalado un antivirus.

Firewall de Windows

El término *firewall* (pared de fuego) tiene su origen en la industria de la construcción, donde una pared de fuego en un edificio sirve para frenar el avance del fuego. El *firewall* está fabricado con material de combustión lenta, estimado en *horas.* Por ejemplo, un firewall de tres horas, en teoría demora tres horas en quemarse completamente, y esto ayuda a proteger un edificio evitando que se incendie por completo antes de que llegue el cuerpo de bomberos.

En una computadora conectada a Internet, el *firewall* está diseñado para restringir el acceso a Internet, principalmente para no dejar pasar invitados indeseados. El firewall tapa eficazmente los agujeros a través de los cuales los villanos podrían infiltrarse y alborotar su PC.

 Windows Vista viene con un firewall llamado, casualmente, *Windows Firewall* (Firewall de Windows). Puede iniciarlo en la ventana de *Windows Security Center* (desde un enlace a la izquierda), o puede localizarlo en el Panel de Control.

En lo que respecta a su intervención, el Firewall de Windows tiene solo dos configuraciones: On (Encendido) y Off (Apagado). A menos que su PC esté protegida por un firewall de hardware en un enrutador (vea el Capítulo 19), deberá configurar su Firewall de Windows en la posición *On*. De lo contrario, si su PC está protegida por un firewall, o si prefiere usar otro software de firewall, puede apagar tranquilamente el Firewall de Windows.

 ✔ Recomiendo probar el firewall de su PC. Hay muchos programas disponibles en Internet que sondean el firewall de su PC y buscan fallas. Uno de estos programas es *ShieldsUP*, de *Gibson Research*.

```
http://grc.com/
```

✔ El firewall verifica tanto la información entrante como saliente. El sólo hecho de que exista información saliente imprevista es un signo inequívoco de que su PC está infectada con un virus o un spyware.

✔ Cuando el firewall detecta un acceso no solicitado, aparece una ventana emergente que lo alerta sobre la intromisión. Llegado a ese punto, puede elegir entre permitir o denegar el acceso, aunque si es imprevisto debería hacer clic en el botón *Deny* (Denegar). De hecho, hacer clic en el botón *Deny* no daña ningún software; sin embargo, si bloquea incorrectamente un programa legítimo aparecerán muchos mensajes de acceso denegado.

✔ Internet no fue diseñada teniendo en mente la seguridad. En los viejos tiempos, los científicos mantenían abiertos sus sistemas y no sentían la necesidad de proteger sus computadoras de otros usuarios. Por ende, los *puertos*, o vías de comunicación entre computadoras en Internet, se concibieron completamente abiertas y desprotegidas. La tradición perdura hoy en día, por lo tanto se necesita software extra, como el firewall.

Actualizar Windows

Recomiendo ampliamente que actualice el sistema operativo de su PC. Esto exige comunicaciones regulares entre su computadora y la nodriza Microsoft. No hay de qué preocuparse, la planificación es automática (normalmente los martes, por alguna razón). Si se requiere cualquier tipo de actualización o *patches* (parches), estos se instalarán automáticamente en su computadora. No necesita hacer nada.

Bueno, sí necesita asegurarse de que configuró su PC para que acepte actualizaciones automáticas mediante el servicio de *Windows Update* (Actualizaciones de Windows). Así es como se hace:

1. Abra la ventana *Windows Update*.

Puede fácilmente llegar ahí desde la ventana *Windows Security Center*, como se describió anteriormente en este capítulo. También puede abrir la ventana *Windows Update* en el Panel de Control.

La ventana *Windows Update* enumera las actualizaciones que están instaladas, además de todas las actualizaciones pendientes, como se muestra en la Figura 23-2.

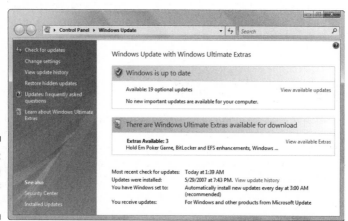

Figura 23-2: Ventana de Windows Update.

2. **En la parte izquierda de la ventana, haga clic en *Change Settings* (Cambiar Configuración).**

3. **Asegúrese de que la opción superior esté seleccionada, *Install Updated Automatically (Recommended).***

   Para las computadoras portátiles, recomiendo la segunda opción, *Dowload Updates But Let Me Choose Whether to Install Them* (Descargar actualizaciones, pero permitirme elegir instalarlas o no.). Esa opción es más conveniente, sobre todo si su computadora portátil está funcionando con baterías.

4. **Haga clic en el botón *OK* (Aceptar).**

5. **Ingrese la contraseña del administrador o haga clic en el botón *Continue* (Continuar) para confirmar el cambio.**

Al actualizar automáticamente Windows, tiene la garantía de poseer el último parche de seguridad de Microsoft. Dado que Windows es un blanco *gigantesco* para los villanos, es buena idea.

✔ En el pasado, recomendaba no actualizar a Windows. Pero después de unos años, Microsoft finalmente logró descifrar cómo hacerlo correctamente. Asumiendo que usted tiene Windows Vista, recomiendo ampliamente que lo mantenga actualizado con *Windows Update*.

✔ Cuando está conectado a Internet a través de una conexión de banda ancha, recibe actualizaciones todo el tiempo. Cuando hay actualizaciones en espera, un globo emergente del Área de Notificación lo alerta sobre su presencia. También podría aparecer un pequeño icono en forma de escudo en el botón del menú *Start* (Inicio).

✔ El programa *Windows Update* puede ocasionalmente reiniciar su computadora. Esto es más perceptible cuando deja su PC encendida las 24 horas; es posible que al acercarse a la computadora en la mañana descubra que ha sido reiniciada. Ningún problema: es solo resultado de una actualización automática.

Defender a Windows

Windows Defender no es realmente un único programa sino más bien múltiples herramientas, que pueden ayudarlo a proteger su computadora contra invasiones hostiles. Específicamente, *Windows Defender* lo ayuda a proteger su PC contra spyware y otros programas malignos que intenten monitorear, o hasta controlar, las actividades de su computadora.

¿Qué hay del antivirus?

La ventana de Seguridad de Windows tiene un espacio disponible para software de antivirus. El espacio se encuentra en el área de Protección contra Malware. El problema es que Windows mismo no ofrece nada para llenar ese espacio; debe conseguir y usar un programa antivirus aparte para completar la protección de su PC contra programas maliciosos, en especial aquellos que infectan su PC a través de datos adjuntos a un correo electrónico.

Los dos mejores programas antivirus son Norton Antivirus y McAfee VirusScan. Personalmente, recomiendo Kaspersky Anti-Virus: www. kaspersky.com. Parece ser más eficaz en la lucha contra los virus porque no es tan popular ni tan ampliamente utilizado como el Norton o McAfee (y por ende no está sujeto a tantos ataques).

A propósito, la razón por la cual se propagan los virus es sencillamente ingeniería humana. La mayoría de las personas saben que no deben abrir datos extraños e inesperados adjuntos al correo electrónico. Sin embargo, los virus continúan propagándose mediante este tipo de técnica. Quizás, la mejor herramienta antivirus que posee sea su cerebro. Estar atento y no ser negligente es lo que previene que los virus se instalen en primer lugar, tornando así a los programas antivirus necesarios aunque no vitales.

 Para iniciar *Windows Defender*, debe visitar el Panel de Control, o puede hacer clic en el enlace de Windows Defender en la ventana *Windows Security Center* (consulte la Figura 23-1).

La ventana principal de *Windows Defender* es bastante aburrida — bueno, a menos que usted tenga un problema. De lo contrario, ofrece simplemente un rápido resumen que indica que su PC está funcionando normalmente. Uff. Para acción de verdad, haga clic en el botón *Tools* (Herramientas) en la barra de herramientas y verá algo parecido a lo que muestra la Figura 23-3. Las diversas configuraciones y herramientas que se detallan pueden ayudarlo no solo a rastrear atroces programas sino también a eliminarlos.

Por ejemplo, al hacer clic en el enlace *Software Explorer* (Explorador de Software) se despliega información acerca de varios programas iniciados o funcionando en su PC. Eliminar programas malignos es pan comido, gracias a esta información. (Consulte mi libro *Troubleshooting Your PC For Dummies*, publicado por Wiley, para obtener información adicional sobre cómo usar Windows Defender).

Figura 23-3:
Herramientas
de *Windows
Defender*.

Lidiar con las Fastidiosas Advertencias de Control de Cuentas de Usuario

La parte más significativa de la seguridad de Windows Vista es el omnipresente cuadro de diálogo de advertencias del Control de Cuentas de Usuario (UAC, por sus siglas en inglés), como se muestra en las Figuras 23-4 y 23-5. Esas cosas parecen emerger todo el tiempo, pero en realidad son muy predecibles.

Figura 23-4:
La cuenta
UAC del
Usuario
Estándar.

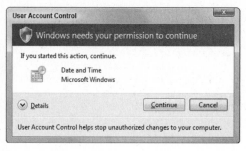

Figura 23-5:
La UAC del
Usuario
Adminis-
trador.

La única vez que debería visualizarse un cuadro de diálogo UAC es cuando usted hace algo para cambiar el sistema de la PC. Por ejemplo, instalar nuevo software o nuevo hardware activa una advertencia UAC. Acceder al administrador de dispositivos o cualquier parte sensible de Windows hace aparecer una UAC. Hasta cambiar la hora del sistema hace emerger a una UAC. La acción que debe tomar es simple: Si la UAC es previsible, introduzca la contraseña del administrador o haga clic en el botón *Continue* (Continuar).

¿Cómo puede saber si una UAC es previsible? Simple: cualquier botón, enlace o comando que requiera la aprobación del administrador está marcada con el icono en forma de escudo, como se muestra en el margen. Si accede a cualquier elemento que esté marcado con el icono de escudo, es de esperar que aparezca una UAC.

Cuando no esperaba que aparezca una UAC es cuando debe preocuparse. Por ejemplo, cuando está en Internet y ve una advertencia UAC sobre la instalación de algún software o un cambio en su página inicial, ¡haga clic en Cancel (Cancelar)!

- ✔ Vista tiene dos tipos de UAC. La primera requiere que ingrese la contraseña del administrador para continuar. Puede ver esta UAC cuando ingresa a Windows mediante una cuenta estándar. Al ingresar como administrador, verá el segundo tipo de UAC, que es un simple cuadro de diálogo de *Continue* (Continuar) o *Cancel* (Cancelar).

- ✔ Consulte un buen libro sobre Windows Vista, tal como *Find Gold in Windows Vista*, para información adicional sobre las cuentas de Administrador y Estándar.

- ✔ Las UAC también tienen distintos niveles de advertencia. El nivel más alto es la UAC roja, que indica un cambio potencial serio en la computadora. Luego vienen las UAC anaranjadas, seguidas por las UAC amarillas y azules. El color aparece en la parte superior del cuadro de diálogo, aunque es bastante obvio por el texto del cuadro de diálogo si la situación es grave o no.

Parte V
El Lado Soft de la Computación

The 5th Wave   Por Rich Tennant

"Ah, mira. Esta debe ser una de esas PCs que ensamblan los reclusos en la cárcel. Viene con una cuchilla casera incorporada en la almohadilla del mouse".

En esta parte . . .

Hay algunas verdades universales comunes y refrescantes sobre las computadoras. Primero, es muy común que se enoje con su computadora. Segundo, las computadoras pueden aterrorizarlo cuando meten la pata, pero nada supera a ese placer tranquilizante que siente cuando la PC empieza a operar normalmente otra vez. Y tercero, convencidos de creer en la propaganda que les dice que las computadoras son fáciles de usar, muy pocos se preocupan por aprender sobre el software de la computadora, que se cubre en los capítulos de esta parte del libro.

Archivos: La Clave para Entender el Software

*T*odos los días, millones de personas se sientan frente a una computadora y hacen su trabajo. Usan el correo electrónico. Procesan palabras. Navegan por Internet. Se divierten con juegos. Tal vez trabajen un poco. Como las computadoras se han vuelto más fáciles de usar en los últimos años, es relativamente sencillo para cualquier persona sentarse frente a la computadora y hacer *algo*. Aún así, la computadora sigue siendo un dispositivo misterioso y, a veces, frustrante para la mayoría.

El problema con las computadoras es que el software es tan fácil de usar que nadie se molesta en tomar ese paso adicional de *entender* cómo funcionan las cosas. Más allá de su capacidad para hacer su trabajo, realmente necesita saber algunas cuestiones básicas del software para aprovechar al máximo su computadora. ¡Hablo en serio! El origen de todo está en el conocimiento que se revela en este capítulo, el núcleo de todo software: el *archivo*.

¿Sabe Lo Que Es un Archivo?

Presiento que el 80 por ciento de las personas que usan una PC no tienen la menor idea de lo que es un archivo. Sí, existe un menú *File* (Archivo). Usted guarda archivos al disco y abre archivos del disco. Pero solamente cuando entienda lo que en realidad es un archivo, podrá empezar a apreciar verdaderamente a su computadora y tomar control de la bestia.

Le presento al archivo

Un *archivo* es un fragmento de información almacenado en una computadora. La palabra *archivo* se utiliza porque, en un entorno de oficina, la información se almacena tradicionalmente en papel; y esos papeles se agrupan en carpetas de archivos, almacenadas en un mueble archivador. La misma analogía se aplica a los archivos de computadora, aunque no creo que la comparación haya tenido éxito.

Cuando piense en un archivo, ni siquiera piense en un archivo de papel. En vez de eso, el archivo es un contenedor. El contenedor puede ser de cualquier tamaño, pequeño o grande. A diferencia de una hoja de papel impresa, un archivo puede contener una gran variedad de cosas. El contenedor mantiene esas cosas juntas y las separa de otros contenedores, que también guardan cosas separadas de otros contenedores.

 ✔ Un archivo no es más que un contenedor, un lugar para guardar un fragmento de información almacenada en una computadora.

 ✔ Creo que *archivo* es una mala elección para describir algo almacenado en una computadora. Si hubiera sido uno de los pioneros de la computación, lo habría llamado *contenedor* o *recipiente*, o incluso hubiera inventado una palabra usando esos idiomas pintorescos como son el griego y el latín. El problema con *archivo* es que es ambiguo y no describe adecuadamente la naturaleza del "contenedor de cosas" dentro de una computadora. Además, como con muchos términos de computación, *archivo* se usa como sustantivo y verbo (yo *archivo, tú archivas . . .*).

¿Qué hay en un archivo?

A nivel atómico, toda la información de un archivo es *binaria*, o simplemente una serie de unos y ceros, como ésta:

```
110001001101111011100101101001011011100110011110000001
```

¡Aburrido! Sin embargo, las computadoras pueden hacer milagros con unos y ceros, así que (categóricamente hablando) existen en verdad tres tipos de archivos:

 ✔ Documento
 ✔ Programa
 ✔ Archivo de datos

Los diferentes tipos describen los contenidos del archivo, o cómo el software que usa en su computadora interpreta los unos y ceros.

Un *documento* puede ser cualquier archivo que haya creado. Puede ser un documento de texto únicamente, como una lista de cosas para hacer, un capítulo de una novela, o una nota al maestro de Jaimito en la que se explica que su enfermedad de la piel no es contagiosa. Los documentos también pueden ser archivos de sonido, imágenes gráficas o cualquier tipo de información que la computadora puede crear, almacenar o tomar de Internet.

Los archivos de *programa* contienen instrucciones para el microprocesador de la computadora; le dicen a la computadora qué hacer. Tenga en cuenta que los programas también son archivos. Incluso el sistema operativo, que es un programa, es también un archivo. De hecho, el sistema operativo está compuesto por muchos archivos.

Los archivos de *datos* incluyen todos los otros archivos del disco que no son exactamente programas o documentos. Entre ellos, los archivos de soporte para los programas, archivos temporales y otras cosas aleatorias que deben guardarse en la computadora.

Todo lo que almacena en la computadora es un archivo. Hay archivos que usted crea, archivos de programa que compra, archivos de programa que son parte del sistema operativo y archivos de datos que componen casi todo lo demás. ¡Todos son archivos!

Describir un archivo

Así como cada persona es distinta, lo mismo pasa con los archivos. Las personas se describen por cómo se ven y actúan, además de sus nombres. Las personas también tienen fechas de nacimiento y viven en determinados lugares. Lo mismo es casi totalmente cierto sobre los archivos, aunque los archivos no suelen estar de mal humor ni les importa si los otros archivos piensan que están gordos.

Todos los archivos almacenados dentro de la computadora tienen diversos *atributos* o formas específicas de descripción que los mantiene únicos y separados de los demás. Cinco de estos atributos lo ayudan no solamente a identificar qué es el archivo, sino también a individualizar cada archivo como único:

- ✔ Nombre
- ✔ Tamaño

- ✔ Fecha y hora
- ✔ Tipo
- ✔ Icono

Todos los archivos tienen un nombre, o *nombre de archivo*. El nombre describe el contenido del archivo o le da una pista de para qué se va a usar el archivo. Cuando usted crea un archivo, le da un nombre. Esto se aplica a todos los archivos.

Los archivos tienen un tamaño físico. Ocupan espacio de almacenamiento dentro de la memoria, es decir que ocupan espacio de almacenamiento en el disco. Algunos archivos son pequeños, algunos pueden ser bastante grandes.

Cuando se crea un archivo, el sistema operativo le pega como el doctor le pega a un bebé humano. Pero el archivo no respira, y tampoco tiene trasero, así que lo que se le pega es un *sello de fecha y hora*. El sello lo ayuda a mantener sus archivos organizados y le permite ordenarlos según su fecha y hora de creación. Se aplica un segundo sello de fecha y hora a un archivo cada vez que se actualiza, cambia o modifica. (La fecha y hora original de creación sigue siendo la misma).

Finalmente, cada archivo tiene un tipo, que está estrechamente relacionado con el icono que ve en Windows. El tipo de archivo depende del contenido del archivo, y cada programa que crea un documento asigna a ese archivo un tipo específico y un icono relacionado. Este es un tema importante y se cubre más adelante en este capítulo, comenzando con la sección "Tipos de archivos e iconos".

- ✔ El tamaño de un archivo se mide en bytes, al igual que la memoria. Consulte el Capítulo 8 para obtener más información sobre bytes.

- ✔ Un archivo puede estar formado por cero bytes, en cuyo caso el archivo existe pero no tiene contenido.

- ✔ El tamaño más grande que puede tener un archivo es 4GB. Sin embargo, rara vez los archivos son tan grandes.

- ✔ El sello de fecha y hora es una de las razones por la cual la PC tiene un reloj interno. También explica por qué es importante mantener el reloj de la PC en hora. Consulte el Capítulo 6 para obtener más información sobre el reloj.

- ✔ Los atributos adicionales se utilizan para describir a los archivos: por ejemplo, si es un archivo de sistema o archivo oculto, de solo lectura, comprimido, encriptado o un montón de otras cosas triviales. El sistema operativo lleva un registro de todas esas cosas.

Los archivos habitan en carpetas

Otra descripción que omití en la lista de la sección anterior es que todos los archivos se almacenan en contenedores del disco que se llaman *carpetas*. ¡De nuevo con la metáfora del mueble archivador! ¿Cuándo van a aprender?

La carpeta ayuda a mantener los archivos organizados, lo que le permite separar los archivos en grupos para usos similares. Usar carpetas es una forma clave para evitar volverse loco con la computadora; lo mismo que cuando usa un armario o una alacena para mantener las cosas de la casa organizadas.

Las carpetas son fundamentales para organizar y utilizar archivos, así que se cubren específicamente en el Capítulo 25. Ese capítulo también trata el programa Windows Explorer (Explorador de Windows), mencionado en este capítulo.

Péguele un Nombre a Ese Archivo

Todos los archivos necesitan un nombre, y es bueno que la computadora le dé la oportunidad de ponerle nombre a sus archivos. Si las cosas dependieran de la computadora, los archivos tendrían nombres como las licencias de los automóviles, pero sin la opción de usar nombres de animales salvajes o históricos.

Como la computadora le permite a usted, el humano, nombrar los archivos, puede ponerse tan astuto y creativo como cuando le puso un nombre al perro o a su motocicleta, o a ese cometa que descubrió que está en curso de colisión con la Tierra y va a acabar con toda la vida del planeta. ¡Diviértase! ¡Juegue! Esta sección analiza los conceptos básicos para nombrar archivos.

Elegir el mejor nombre

¡Sea ingenioso al nombrar un archivo! Nombrar cosas es una de las cosas que hacen bien los humanos. Me estoy refiriendo a los humanos ya crecidos, por supuesto. Si los niños de dos años estuvieran a cargo de nombrar las cosas, todos los animales se llamarían "perro".

Usted nombra un archivo cuando lo guarda en el disco, lo que ocurre en el cuadro de diálogo *Save As* [lea la sección "El cuadro de diálogo *Save As* (Guardar Como)", más adelante en este capítulo]. Cuando nombre un archivo, sea breve y descriptivo. Trate de usar solamente letras, números y espacios en el nombre. Por ejemplo:

```
Puaj
Capítulo 11
Agenda política secreta
Vacaciones del 2006 en Wichita
Lugares en la ciudad para verter residuos tóxicos
```

Cada uno de estos ejemplos es un buen nombre de archivo que explica correctamente el contenido del mismo.

- ✔ La mayúscula o minúscula no importa. Aunque es correcto poner Pocatello con mayúsculas, Windows reconoce ese nombre de la misma manera si es pocatello, Pocatello, POCATELLO o cualquier combinación de letras mayúsculas o minúsculas.

- ✔ Aunque el uso de mayúsculas y minúsculas no importa en un nombre de archivo, *sí* importa cuando está escribiendo la dirección de una página web.

- ✔ El nombre del archivo le recuerda lo que hay en el archivo, de qué se trata todo; igual que cuando llama a su perro "En el jardín del vecino, no" le dice a todo el mundo lo que necesitan saber sobre el perro.

- ✔ Puede cambiar el nombre de un archivo en cualquier momento después de crearlo. Vea el Capítulo 26 para obtener más información sobre el comando *Rename* (Cambiar nombre).

- ✔ Todas las reglas para nombrar archivos que se describen en esta sección y las siguientes también se aplican a nombrar carpetas, aunque las carpetas se ven en el Capítulo 25.

Reglas oficiales para nombrar archivos

Esta es la ley cuando se trata de nombrar archivos en Windows. Lo que sigue es de lectura opcional; siempre que siga las reglas simples de la subsección anterior, aquí solamente encontrará información trivial.

Caracteres: Los archivos pueden nombrarse utilizando cualquier combinación de letras y números, además de una gran cantidad de símbolos.

Longitud: Técnicamente, puede darle a un archivo un nombre que tenga más de 200 caracteres. No lo haga. Los nombres de archivos largos pueden ser *muy* descriptivos, pero Windows los muestra mal o no los muestra en algunas situaciones. Mejor mantener las cosas cortas que abusar de los privilegios de nombres largos.

Caracteres prohibidos: Windows se enoja si utiliza cualquiera de estos caracteres para nombrar un archivo:

```
* / : < > ? \ | "
```

Estos símbolos tienen un significado especial para Windows. No pasa nada malo si intenta usar estos caracteres. Windows simplemente se niega a guardar el archivo . . . O un cuadro de diálogo de advertencia le gruñe.

Use los puntos con moderación: Aunque puede usar cualquier número de puntos en un archivo, no puede nombrar un archivo solamente con puntos. Sé que es extraño, y probablemente sea el único en el planeta que lo haya intentado, pero no funciona.

Espacios: Los nombres de archivo pueden contener espacios. Aún así, trate de no comenzar un nombre de archivos con espacios, porque es difícil de ver. En Compulandia es común usar el caracter del guión bajo (o línea de subrayado) en vez de usar un espacio.

Los números están bien: Siéntase libre de comenzar un nombre de archivo con un número. Puede incluso usar símbolos, aunque no los caracteres prohibidos de la lista anterior. Menciono esto porque hay rumores por ahí de que no se debe comenzar un nombre de archivo con un número. Paparruchadas.

Tipos de Archivos e Iconos

¿Quién sabe el mal que se esconde en el corazón de un archivo? Bueno, honestamente, ¡nadie lo sabe! Un archivo no sabe de su contenido por sí mismo. De hecho, lo mejor que puede hacer el sistema operativo es *adivinar* el contenido de un archivo. La mayor parte del tiempo, adivina bien. Sin embargo, el sistema que se utiliza para determinar el relleno de las tripas de un archivo no es tan sólido.

La clave es algo que se llama extensión de nombre de archivo. Windows utiliza esta extensión para identificar no solamente el contenido del archivo (su tipo), sino también qué programa creó el archivo y cuál icono se debe mostrar en la pantalla. Esta sección gira en torno a todo eso.

La extensión de archivo supersecreta

La *extensión* de nombre de archivo es una porción de texto secreto que se agrega a un archivo cuando se crea por primera vez. El programa que se usó para crear el archivo aplica la extensión de nombre de archivo. Ésta le dice al sistema operativo tres cosas:

- ✔ El tipo de archivo que se creó: documento, gráfico o sonido, por ejemplo
- ✔ El programa que creó al archivo
- ✔ Qué icono usar para representar el archivo

La extensión es la que ofrece una pista de lo que hay dentro de un archivo, y el sistema operativo depende en gran medida de esa extensión.

Detalles de la extensión de nombre de archivo

La extensión de nombre de archivo es su última parte, que por lo general no está visible. Comienza con un punto, seguido de uno a cuatro caracteres. Para la mayoría de los archivos, la extensión tiene tres caracteres de longitud.

Por ejemplo, la extensión de nombre de archivo `.doc` es la que utiliza Microsoft Word para identificar documentos de Word. La extensión se pronuncia "punto doc", con el punto seguido por DOC, que es un diminutivo de documento.

Los archivos de páginas web utilizan la extensión de nombre de archivo HTM o HTML.

Los archivos gráficos tienen varias extensiones de nombre de archivo, según el tipo de archivo gráfico. JPG, GIF, TIFF y PNG, por ejemplo.

Tenga en cuenta que es común escribir la extensión sin el punto anterior, aunque en un archivo siempre están el punto y la extensión. Por ejemplo:

```
Capítulo 20.DOC
```

El nombre de archivo de este documento en el disco es `Capítulo 20.DOC`. Es posible que sólo vea `Capítulo 20` en la pantalla, pero la parte DOC está ahí.

- ✔ Hay infinidad de extensiones de nombre de archivo comunes.
- ✔ La mayoría de los archivos de programa en Windows usan la extensión EXE, en la que EXE se refiere a archivos ejecutables (por *exe*cutable, en inglés).

✔ Hay una lista de extensiones de nombre de archivo que se mantiene completa y actualizada en esta página web:

```
www.filext.com
```

✔ La extensión de nombre de archivo la determina el programa que usó para crearlo. La extensión se agrega automáticamente y es necesaria en Windows. Como operador de la computadora, es útil saber de extensiones, pero más allá de esto no se meta con ellas.

Cómo ver o esconder una extensión de archivo

Puede decirle a Windows si desea que la extensión de nombre de archivo se muestre cuando ve una lista de archivos. La mayoría de los principiantes prefieren esconder la extensión; a los viejos usuarios de PC les gusta ver la extensión. En cualquier caso, mostrar o esconder la extensión se logra en el mismo lugar. Siga estos pasos:

1. **Abra la ventana Computer (PC).**

   Puede ver la ventana *Computer* (PC) abriendo el ícono de PC en el escritorio o eligiendo el comando *Computer* (PC) en el menú del botón Inicio.

2. **Haga clic en el botón *Organize* (Organizar) de la barra de herramientas.**

3. **Seleccione el comando *Folder and Search Options* (Opciones de Carpetas y Búsqueda).**

   Se abre el cuadro de diálogo *Folder Options* (Opciones de carpeta).

4. **Haga clic en la pestaña *View* (Ver).**

5. **Ubique el elemento en la lista que dice *Hide Extensions for Known File Types* (Ocultar las Extensiones para Tipos de Archivo Conocidos).**

6. **Coloque una marca de verificación ahí para esconder las extensiones, o elimine la marca de verificación para que Windows muestre las extensiones.**

   O si el elemento ya está configurado de la forma que le gusta, está todo bien.

7. **Haga clic en *OK* (Aceptar) para cerrar el cuadro de diálogo *Folder Options* (Opciones de Carpeta).**

8. **Cierre la ventana *Computer* (PC).**

Si elige mostrar la extensión, remítase a la siguiente subsección para obtener información importante sobre cómo cambiar el nombre de las extensiones.

No cambie el nombre de la extensión

Si ha configurado Windows para mostrar las extensiones de nombre de archivo (consulte la subsección anterior), tenga cuidado al asignarle un nuevo nombre al archivo con el comando *Rename* (Cambiar nombre): ¡No debe cambiar la extensión!

La extensión de nombre de archivo es un apéndice adicional en un nombre de archivo. Es completamente posible renombrar la extensión . . . O borrarla. Pero, cuando lo hace, le niega a Windows la oportunidad de saber qué hay en el archivo en verdad. ¡Eso realmente complica las cosas!

Por suerte, Windows advierte cuando llega el momento de cambiar el nombre a un archivo y se olvida de mantener la misma extensión de nombre de archivo o escribe una nueva. Cuando ocurre esto, use el comando *Rename* (Cambiar nombre) nuevamente y edite cuidadosamente el nombre para mantener la extensión original del archivo.

Lea el Capítulo 26 para obtener más información sobre cómo cambiar el nombre de los archivos.

Iconos

Windows es un sistema operativo gráfico y, como tal, utiliza *iconos*, o pequeñas imágenes, para representar a los archivos. La imagen supuestamente se relaciona directamente con el tipo de archivo, además de con el programa que creó el archivo. Después de leer las secciones anteriores, debería reconocer que ambos atributos están relacionados directamente con la extensión de nombre de archivo.

La Figura 24-1 muestra un archivo tal como lo muestra Windows; aparece un icono gráfico que representa un documento de Word, junto con el nombre de archivo completo, incluida la extensión DOCX.

Cada extensión de nombre de archivo, o tipo de archivo, tiene un icono único en Windows, como puede observar mientras use Windows.

Crear Archivos

Los archivos se crean usando programas (software). Específicamente, el software que crea cosas es una *aplicación*. Por ejemplo, usted usa la aplicación conocida como procesador de texto Microsoft Word para crear documentos de texto, folletos, novelas, obras de teatro y manifiestos de izquierda.

La buena noticia es que es fácil crear cosas con una computadora y el software apropiado. La mala noticia es que la computadora pierde todo lo que crea felizmente y con frecuencia; hasta que guarda eso al disco.

¡Guardar al disco es importante! ¡No ha creado nada hasta que lo guarde!

No importa cuánto tiempo estuvo trabajando para crear esa cosa: el documento, la imagen o lo que sea. Hasta que usa el comando *Save* (Guardar), esa información existe solamente en el suave y delicado tejido de la caprichosa imaginación de la computadora (también conocido como RAM) Desconéctela y . . . ¡PUF! . . . todas esas cosas desaparecieron para siempre.

Para evitar el desastre, debe guardar sus cosas al disco. Su herramienta para hacer esto es el comando *Save* (Guardar).

El comando Save (Guardar)

Windows tiene dos comandos *Save*: *Save* (Guardar) y *Save As* (Guardar Como). Ambos existen en el menú *File* (Archivo).

La primera vez que guarda sus cosas en el disco, se utiliza el comando *Save As* (Guardar como), aun si selecciona *File➪Save* (Archivo➪Guardar). *Save As* le indica a Windows que le de al archivo un nombre y lo guarde en una unidad de disco específica y una carpeta específica. El comando *Save As* (Guardar Como) *crea* el archivo.

Después de que sus cosas se guardaron en el disco con *Save As* (Guardar Como) y se crea un nuevo archivo, usted utiliza el comando *Save* (Guardar) a secas para actualizar el archivo. Así que, después de guardar inicialmente, usted trabaja un poquito y luego utiliza el comando *Save* (Guardar), *File⇨ Save* (Archivo⇨Guardar) para actualizar el archivo en el disco. Funciona de esta manera hasta que haya terminado, cuando guarda por última vez antes de salir del programa.

- ✔ En Microsoft Office 2007, los comandos *Save* (Guardar) y *Save As* (Guardar Como) se encuentran en el menú del botón Office.

- ✔ También se puede acceder al comando *Save* (Guardar) en una barra de herramientas o presionando Ctrl+S en el teclado.

- ✔ Además, puede utilizar el comando *Save As* (Guardar Como) específicamente para guardar un archivo con un nombre nuevo en una nueva ubicación.

- ✔ Después de que haya guardado un archivo, el nombre del archivo aparece en la barra de título (en el extremo superior de la ventana).

El cuadro de diálogo Save (Guardar)

La primera vez que guarda sus cosas en el disco, aparece el cuadro de diálogo *Save As* (Guardar Como). El propósito de este cuadro de diálogo es, obviamente, guardar su preciado trabajo al disco, o almacenamiento permanente. De ese modo, siempre tendrá una copia de sus cosas a mano para uso futuro.

El cuadro de diálogo *Save As* (Guardar Como) es además el lugar en el que asigna a sus cosas un nombre de archivo y configura el archivo en una carpeta específica o una unidad de disco específica. (Las carpetas se cubren en el Capítulo 25).

La Figura 24-2 muestra el típico cuadro de diálogo *Save As* (Guardar Como). Contiene muchos controles diseñados específicamente para confundir al nuevo usuario de computadoras. Lo que necesita encontrar específicamente es el cuadro de texto, cerca del extremo inferior, marcado como *File Name* (Nombre de Archivo). Ahí es donde escribe el nombre del archivo que está guardando.

Aquí el cuadro de diálogo *Save As* (Guardar Como) funciona en el nivel más básico:

1. **Escriba un nombre para su archivo.**

   Remítase a las reglas para nombrar archivos que se detallan antes en este capítulo. Sea ingenioso. Sea descriptivo. Sea breve.

2. **Haga clic en el botón** *Save* **(Guardar).**

El archivo se almacena en su disco rígido en forma segura.

Figura 24-2:
El típico
cuadro de
diálogo
Save As
(Guardar
Como).

Confíe en mí: El archivo se guarda en el disco. No hay necesidad de confirmar esto. Si hubiera algún error, Windows se lo informaría inmediatamente.

Si al hacer clic en el botón *Save* (Guardar), Windows no responde, probablemente utilizó un caracter prohibido en el nombre de archivo o usó el nombre de un archivo que ya se había guardado. Los programas más educados le dicen específicamente cuál es el error que cometió. Los programas menos educados simplemente no le dejan hacer clic en el botón *Save* (Guardar).

Los controles adicionales del cuadro de diálogo *Save As* (Guardar Como) le permiten seleccionar una unidad de disco y una carpeta específicas para sus cosas. Recomiendo que lea el Capítulo 25, que habla sobre carpetas, antes de intentar hacer esto.

✔ El cuadro de diálogo *Save As* (Guardar Como) aparece solamente la primera vez que guarda sus cosas en el disco; desde ahí en adelante, solamente el comando *Save* (Guardar) guarda otra vez el mismo archivo en el disco.

✔ No todos los cuadros de diálogo *Save As* (Guardar Como) se ven como el que se muestra anteriormente en la Figura 24-2. De hecho, esa imagen es apenas la vista rápida. Al hacer clic en el botón *Browse Folders* (Explorar Carpetas) de la esquina inferior izquierda del cuadro de diálogo, se muestra en la pantalla más información, lo que hace que el cuadro de diálogo *Save As* (Guardar Como) se parezca más a la ventana de Windows Explorer (Explorador de Windows).

✔ Use la barra de dirección para guardar el archivo en una carpeta específica. Al hacer clic en los triángulos que separan los nombres de carpetas, se muestra un menú con otras carpetas para guardar el archivo.

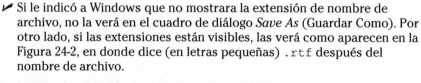

✔ Si le indicó a Windows que no mostrara la extensión de nombre de archivo, no la verá en el cuadro de diálogo *Save As* (Guardar Como). Por otro lado, si las extensiones están visibles, las verá como aparecen en la Figura 24-2, en donde dice (en letras pequeñas) `.rtf` después del nombre de archivo.

✔ La lista desplegable *Save As Type* (Guardar Como tipo) le indica al programa que guarde el archivo como un tipo de archivo específico. Esta herramienta se puede utilizar para invalidar el tipo de archivo normal del programa y guardar sus cosas con un tipo específico. Por ejemplo, puede usar esta opción para guardar un documento de Word en el formato de archivo de sólo texto (TXT). Juegue con esta opción únicamente cuando sepa que quiere guardar el archivo con un tipo diferente.

Capítulo 25

Organizar Su Compur-quería

Suceden cosas, y en su PC ¡pronto descubrirá que sucede bastante! Si hace algún tipo de trabajo con su computadora, pronto se verá enterrado bajo de una montaña de archivos. ¡Archivos por todos lados! Archivos que creó, archivos que tomó de Internet y archivos que parecen crecer como verrugas en una bruja. ¿Qué hacer, qué hacer?

La solución a esta inundación de archivos es un poquito de organización, cuyo origen puede rastrearse en un concepto conocido como *carpeta*, que es el primer paso para organizar sus cosas. Incluso los programas, y el mismo Windows, usan carpetas para organizar la información, lo que convierte a la carpeta en el equivalente al vestidor más sistematizado o la más estructurada estantería en un garaje; es decir, lo que precisa toda persona que tenga muchas cosas. Este capítulo explica cómo lograrlo.

La Historia de las Carpetas

Las carpetas existen para organizar sus archivos, lo que continúa con la metáfora que usan las computadoras, y que descarté por completo en el Capítulo 24. Las *carpetas* son tan solo contenedores para archivos. Las carpetas agrupan archivos similares, o le permiten organizar archivos por proyecto, tema, o cómo sea que quiera usarlas para no enloquecer con sus cosas.

¡Sí! ¡La cordura es la clave! Sin carpetas, los archivos saturarían el disco duro como si fueran fichas de un casino luego de una demolición en Las Vegas. El típico disco duro de una PC almacena actualmente entre 10.000 y 50.000 archivos. ¡Imagínese encontrar un simple archivo! Diablos, le llevaría una semana solo recorrer la lista. No entraré siquiera en la locura de los nombres de archivos duplicados ni mencionaré lo lenta que se pondría la computadora cada vez que quiera guardar o abrir algo en el disco. ¡Puaj!

No, las carpetas son la clave para organizar archivos en el disco duro, y en otros medios de almacenamiento permanente. Windows usa carpetas. Usted también debe usarlas.

✔ Una carpeta es un lugar para almacenar archivos.

✔ Consulte el Capítulo 24 para obtener más información sobre archivos. ¡Es muy importante! Comprender los archivos es la clave para utilizar software en su computadora.

✔ Todos los archivos almacenados en los medios de almacenamiento permanente de su computadora están guardados en carpetas. Las carpetas mantienen a los archivos juntos; como el alambre de púas evita que los presos, animales viciosos y niños de kindergarten anden libres por ahí.

✔ Las carpetas se visualizan en Windows mediante el icono de carpeta, como se muestra en el margen. Cuando la carpeta está vacía, se ve como se muestra aquí en el margen. Una carpeta con contenido aparece llena, a veces incluso revelando una vista preliminar del contenido en el mismo icono.

✔ Para abrir la carpeta, haga doble clic en el icono con el mouse. Las carpetas se abren en una ventana mostrando todo el contenido.

✔ Las carpetas contienen archivos. También pueden contener otras carpetas. ¡Carpetas dentro de otras carpetas! Exactamente como las muñecas rusas matryoshka.

✔ Las carpetas también se llaman *directorios*. El término es meramente una reminiscencia de los de viejos tiempos de DOS (que es a su vez una reminiscencia de los tiempos de Unix, el sistema que usaba el Rey Herodes).

Carpetas Famosas a Través de la Historia

Le guste o no todos los medios de almacenamiento de su computadora están organizados en carpetas. Los medios de almacenamiento existen para almacenar archivos, y los archivos *deben* ser almacenados en carpetas. Más allá de eso, algunas carpetas específicas y con un nombre apropiado se encuentran disponibles en su PC cuando ejecuta el sistema operativo Windows. Esta sección analiza muchas de ellas.

La carpeta raíz

Cada medio de almacenamiento — desde el poderoso disco duro hasta la tarjeta de memoria más pequeña y ultra-plana — tiene al menos una carpeta. Esa carpeta — la principal en el disco — es la *carpeta raíz*. Como en un árbol, todas las otras carpetas en su disco duro se ramifican a partir de esa carpeta raíz principal.

La carpeta raíz no tiene un icono específico. En su lugar, usa el icono del medio en que se encuentra. O sea, la carpeta raíz en la unidad C tiene el mismo icono que la unidad C. Puede ver estos iconos en la ventana *Computer* (PC).

✔ La carpeta raíz es sencillamente la principal, o la única, carpeta en cualquier medio de almacenamiento.

✔ La carpeta raíz es como el lobby de un gran edificio: Tan solo es un lugar de paso para llegar a otro lado. ¿Adónde más? Pues a otras carpetas, ¡por supuesto!

✔ La carpeta raíz también puede llamarse *directorio raíz*.

Subcarpetas y carpetas madres

Las carpetas pueden contener tanto archivos como otras carpetas. Cuando una carpeta se halla dentro de otra, se dice que es una *subcarpeta*. Este término no tiene nada que ver con buques submarinos ni con los emparedados tipo *hoagie*.

Supongamos que tiene una carpeta llamada Vacaciones y que esa carpeta se halla dentro de otra carpeta llamada 2008. Se dice que la carpeta Vacaciones es una subcarpeta de la carpeta 2008. A la inversa, la carpeta 2008 es la carpeta *madre* de la carpeta Vacaciones.

Una subcarpeta puede llamarse también carpeta *hija*, pero eso suena un poco atrevido, ¿no le parece?

✔ No hay límite en la cantidad de subcarpetas que puede crear. Puede tener una carpeta dentro de una carpeta, dentro de una carpeta, etcétera. Si nombra adecuadamente a las carpetas, todo tiene sentido. De lo contrario, es como un archivador mal organizado, aunque sin el olor a bebida.

✔ Puede crear carpetas todas las veces que quiera. Vea la sección "Deje Que Haya Carpetas", más adelante en este capítulo, para más detalles.

✔ Siendo la carpeta principal de cada medio de almacenamiento, la carpeta raíz no tiene carpeta madre, aunque en la jerarquía de Windows la "carpeta madre" de todo medio de almacenamiento es la ventana *Computer* (PC), y la carpeta madre de la ventana *Computer* es el escritorio.

La carpeta Perfil de Usuario

Los humanos no usan la carpeta raíz; la carpeta raíz es solamente para la computadora. Y aunque puede almacenar archivos en el escritorio, el archivo *Windows Help* (Ayuda de Windows) le recomienda que no lo haga. Tranquilícese: Windows tiene el lugar ideal para sus cosas. Es la carpeta *User Profile* (Perfil de Usuario).

La carpeta *User Profile* (Perfil de Usuario) es la carpeta principal para almacenar sus cosas en la computadora. Sí, estoy de acuerdo, es un nombre horrible, suena aparatoso. Pero bueno, Bill Gates no me llamó para pedir mi opinión, así que estamos todos condenados a usar el término Perfil de usuario. Me imagino que la humanidad sobrevivirá este grotesco.

Para nombrar la carpeta *User Profile* (Perfil de Usuario) se usa el nombre de cuenta de usuario. Por lo tanto, la manera más fácil de llegar a esa carpeta es seleccionar su nombre de cuenta a la izquierda del menú del botón *Start* (Inicio). O tal vez vea en el escritorio un icono representando su nombre de cuenta. Al seleccionar el menú *Account* (Cuenta) o activando el icono en el escritorio, se abre la ventana *User Account Folder* (Carpeta de Cuenta de Usuario), como se muestra en la Figura 25-1.

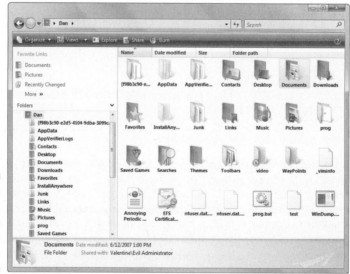

Figura 25-1:
Ventana de la Carpeta de Cuenta de Usuario.

Dentro de la ventana *User Account Folder*, hay decenas de carpetas pre-creadas para usted, que lo ayudan a organizar los contenidos de su computadora. La Tabla 25-1 enumera las carpetas más populares.

Tabla 25-1   Subcarpetas presentes en la carpeta *User Profile*

Nombre de la Carpeta	Contiene
Contactos	Una base de datos con nombres de personas que usa Windows Mail y otros programas de información personal o de contacto.
Escritorio	Una copia local de accesos directos y otros archivos ubicados en el escritorio.
Documentos	Documentos de texto y archivos similares.
Descargas	Archivos descargados de Internet.
Favoritos	Marcadores instalados y utilizados por *Internet Explorer.*
Enlaces	Accesos directos a archivos y carpetas populares, presentes en la ventada de *Windows Explorer.*
Música	Archivos de audio y de música utilizados por Windows Media Player y otros programas de música.
Imágenes	Imágenes digitales, fotografías, dibujos y material gráfico.
Juegos Guardados	Información retenida por juegos para recordar su posición o el alto puntaje que obtuvo anteriormente en un juego.
Búsquedas	Serie de búsquedas de archivos guardados o predefinidos (Consulte el Capítulo 26).
Videos	Filmes, películas y animaciones.

Encontrará que ciertos programas utilizan estas carpetas específicas, por lo que es mejor conservarlas. Por ejemplo, las aplicaciones gráficas prefieren guardar las imágenes en la carpeta *Pictures* (Imágenes). Por supuesto, no pasará nada malo si usted decide ir más allá y crear sub-subcarpetas para organizar la docena o más que ofrece Windows; o incluso crear carpetas adicionales para una mejor organización, como hice en la Figura 25-1.

✔ Si utiliza el cuadro de diálogo *Save As* (Guardar Como) para guardar un archivo todas las aplicaciones eligen automáticamente la carpeta *User Account* (Cuenta de Usuario) o alguna de sus subcarpetas.

✔ Muchas carpetas en la carpeta *User Profile* (Perfil de Usuario) tienen su contrapartida en las versiones anteriores de Windows. Por ejemplo, *Documents* (Documentos) era antes *My Documents* (Mis Documentos) y

Music (Música) era antes *My Music* (Mi Música). En términos generales, la parte *My* (Mi) de la carpeta fue eliminada.

✔ No juegue con ninguna carpeta excepto *My Documents* (Mis Documentos) o cualquier otra carpeta que haya creado usted mismo.

✔ La carpeta *User Profile* (Perfil de Usuario) generalmente está en el disco C, donde reside Windows. Si su PC tiene otros discos duros, también puede usarlos para almacenar sus cosas. En ese caso, está bien usar la carpeta raíz en esas unidades.

Carpetas famosas pero prohibidas

Además de necesitar carpetas para sus cosas, su computadora necesita carpetas para las cosas que utiliza Windows y carpetas para sus aplicaciones. Yo las llamo carpetas *prohibidas*; ¡no juegue con ellas!

Windows. Windows mismo reside en la carpeta Windows, que también puede llamarse WINNT en algunas computadoras. Esta carpeta contiene muchos archivos y un montón de subcarpetas, que todas juntas constituyen el sistema operativo de Windows y sus programas de soporte. *¡No oséis tocar los archivos que se esconden allí!*

Archivos de Programa: El software que utiliza en su PC también tiene su propia base, la carpeta *Program Files* (Archivos de Programa). Dentro de esa carpeta hay muchas subcarpetas, una para cada uno de los diversos programas instalados en su computadora; o tal vez una carpeta general para todos los programas de un proveedor determinado. Mire, pero no toque.

Otras carpetas: La unidad C de la computadora está saturada de carpetas. ¿Qué hacen? ¡No lo sé! No creo que alguien lo sepa, pero esto no es la cuestión. La cuestión es usar únicamente la carpeta *User Account* (Cuenta de Usuario) y sus subcarpetas para sus cosas. Cualquier otra carpeta es considerada intocable.

✔ Ocasionalmente oirá nombrar a la carpeta Windows (y sus subcarpetas) por su nombre corporativo oficial: *system folders (carpetas de sistema)*.

✔ Si bien algún día quizás decida echar un vistazo en el interior de una carpeta prohibida, no juegue con nada ahí dentro.

✔ La carpeta raíz del disco duro es considerada prohibida.

✔ ¡No se meta con ninguna carpeta que no haya creado usted mismo! Puede mirar, pero nada más que eso.

El Programa Explorador de Windows

Una de las tareas de un sistema operativo es ayudarle a organizar las cosas que crea. Es tarea de Windows poner los archivos en la unidad de disco, organizar los archivos en carpetas y llevar un registro de todas esas cosas. Además, Windows presenta la información del archivo y de la carpeta de modo sencillo, lo que le permite administrar sus archivos y carpetas sin tener que recurrir a un segundo cerebro. La herramienta que utiliza para manipular esos archivos y carpetas es el programa *Windows Explorer* (Explorador de Windows).

Windows Explorer (Explorador de Windows) es uno de los programas más fáciles de usar. Mi modo preferido para iniciarlo es presionando Win+E en el teclado. También puede activar el icono de *User Account* (Cuenta de Usuario) o *Computer* (PC) en el escritorio o seleccionar *Computer* o su nombre de cuenta de usuario en el menú del botón *Start* (Inicio). El programa *Windows Explorer* se muestra en la Figura 25-2.

Barra de Direcciones
(Address bar)

Ubicaciones Favoritas
(Favorite Links)

Contenido de la Carpeta
(Folder contents)

Figura 25-2:
Explorador
de Windows.

Árbol de Carpetas
(Folder tree)

Panel de Detalles
(Details pane)

Panel de Navegación
(Navigation pane)

En la Figura 25-2, El Explorador de Windows muestra los archivos y carpetas que se hallan en la carpeta Documentos. Puede ver Documents (Documentos) como el último elemento (a la derecha) en la barra de direcciones. También está visible el Panel de Navegación con el área de Enlaces Favoritos y la lista de Carpetas y el Panel de Detalles.

- *Windows Explorer* (Explorador de Windows) no es el mismo programa que *Internet Explorer* (Explorador de Internet).

- Usted controla lo que se puede ver en la ventana del Explorador de Windows usando el botón de menú *Organize* (Organizar) de la barra de herramientas. Elija un panel para ver, o abra la tradicional barra de menú, del submenú *Layout* (Diseño).

- El tamaño y apariencia de los iconos en la ventana *Windows Explorer* depende de las configuraciones que haga desde el botón *View* (Ver) de la barra de herramientas.

- Los botones de la barra de herramientas van y vienen en el Explorador de Windows, dependiendo de lo que esté haciendo y de qué tipo de icono esté seleccionado.

- Para abrir una carpeta, haga doble clic en su icono. Las carpetas se abren todas en la misma ventana, a menos que configure Windows para abrir cada carpeta en su propia ventana (lo que no recomiendo porque puede recargar demasiado la pantalla).

Deje Que Haya Carpetas

Crear una carpeta es fácil. Lo difícil es acordarse de usarla. Pero cuando le invada el deseo de organizar o comience un nuevo proyecto o simplemente quiera separar algunos archivos de otros, cree una carpeta. Siga estos pasos.

1. **Abra la carpeta madre.**

   Las carpetas deben crearse en un medio y en una carpeta, incluso si es la carpeta raíz del medio. Por lo tanto, el primer paso es abrir la ventana de una carpeta en la que creará una nueva carpeta.

2. **Haga clic en el botón *Organize* (Organizar) en la barra de herramientas.**

3. **Elija *New Folder* (Carpeta Nueva) en el menú.**

   La nueva carpeta aparece como icono en la ventana. Su nombre es *New Folder* (Carpeta Nueva), pero fíjese que el nombre está *seleccionado*. Significa que puede escribir un nuevo nombre de inmediato.

4. **Escriba un nombre corto y descriptivo para la carpeta.**

   Muchas veces tengo carpetas llamadas Cosas o Reserva o incluso Basura en las que pongo cosas que no sé donde más poner. No se preocupe por el nombre; siempre puede cambiarlo después.

5. **Presione *Enter* (Intro) para fijar el nombre.**

   La nueva carpeta está lista para ser utilizada.

Para abrir la nueva carpeta, haga doble clic. Aparece una ventana en blanco porque es una ventana nueva y no tiene contenido. Consulte el Capítulo 26 para obtener información sobre copiar o mover archivos en las carpetas.

✔ ¡Sea ingenioso con el nombre! Acuérdese de que esta carpeta contendrá archivos y quizás otras carpetas, que deben relacionarse en alguna medida con el nombre de la carpeta.

✔ En términos generales, las carpetas se manipulan como archivos. Después de crear una carpeta, puede cambiarle el nombre, moverla, copiarla, borrarla o crearle un acceso directo. Consulte el Capítulo 26 para obtener más detalles.

✔ Un tipo de carpeta especial es la *Carpeta Comprimida*, también conocida como archivo Zip. Claro que analizar las carpetas comprimidas implicaría profundizar aún más en el tema Windows. Si desea leer más sobre Carpetas Comprimidas, consulte un buen libro sobre Windows.

El Cuadro de Diálogo Open

Al usar su computadora, a menudo se encontrará excavando entre carpetas mediante el cuadro de diálogo *Open* (Abrir) o *Browse* (Examinar), en busca de un archivo en algún sitio del disco. Por ejemplo, querrá abrir ese documento en el que estaba trabajando ayer, el que guarda sus planes para ganar el Concurso Miss Aguacate Júnior.

El cuadro de diálogo *Open*, que se muestra en la Figura 25-3, aparece en pantalla usando el comando *Open* (Abrir). Casi del mismo modo, su cuadro de diálogo hermano *Browse* aparece cuando presiona el comando *Browse* (Examinar). Cualquiera sea el método, el propósito del cuadro de diálogo es ir a buscar un archivo determinado en el disco.

Sí, el cuadro de diálogo *Open* (Abrir) se ve y funciona en forma muy parecida a la ventana del Explorador de Windows. Tiene los mismos paneles, barra de herramientas y lista de archivos. Sin embargo, la información extra, específica para abrir archivos, se encuentra en la parte inferior del cuadro de diálogo.

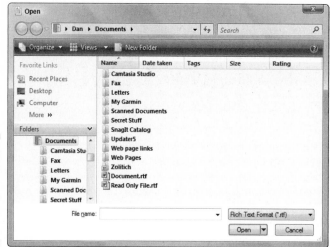

Figura 25-3:
El típico
cuadro de
diálogo
Open
(Abrir).

El cuadro de texto *File Name* (Nombre de Archivo) le permite insertar manualmente un nombre de archivo, algo típicamente tonto que haría un *nerd*, así que no lo recomiendo.

El botón de menú, el que dice *Rich Text Format (*.rtf)* (Formato de Texto Enriquecido) en la Figura 25-3, se usa para restringir el tipo de archivo enumerado en el cuadro de diálogo *Open*. Al reducir la lista, puede localizar más fácilmente el archivo que desea.

Para terminar, haga clic en el botón *Open* para abrir el archivo seleccionado. Fíjese que el botón *Open* muchas veces tiene un botón de menú al lado. Al hacer clic en ese botón aparecen opciones para abrir un archivo.

✔ Tenga en cuenta que no todos los programas pueden abrir todos los tipos de archivo. Los programas funcionan mejor con archivos que ellos mismos crearon.

✔ Cuando no logre encontrar un archivo, utilice el comando *Windows Search*. Consulte el Capítulo 26.

Capítulo 26

Control de Archivos

*L*os archivos representan las cosas que usted crea en su computadora. Por consiguiente, para usted son importantes. El sistema operativo comprende esto y le proporciona diversas herramientas para controlar, manipular y mantener sus archivos. ¡La cuestión aquí es el control! Como sucede con el combustible nuclear o con una sala llena de niños de kindergarten, es necesario contener a sus archivos. Este capítulo describe las herramientas que debe usar para administrar sus archivos.

Trabajar con Grupos de Archivos

Antes de poder meterse con algún archivo, debe seleccionarlo. Como sucede con el canto, puede seleccionar archivos individuales o un grupo de archivos.

Para seleccionar un único archivo, haga un clic con el mouse en su icono. Clic. El archivo seleccionado aparece resaltado en la pantalla, como se muestra en la Figura 26-1. El archivo está listo para la acción.

✔ Al hacer clic en un archivo con el mouse lo *selecciona*.

✔ Los archivos seleccionados aparecen resaltados en la ventana de la carpeta.

✔ Puede seleccionar archivos en una sola ventana a la vez. No puede seleccionar archivos en múltiples carpetas al mismo tiempo.

✔ Los comandos de manipulación de archivos — Copiar, Mover, Cambiar Nombre y Eliminar, por ejemplo — afectan solamente los archivos seleccionados.

Figura 26-1:
El icono (archivo) de la derecha está selecci- onado.

messages from albert.txt

Moving and Packing 0079.jpg

Seleccionar todos los archivos en una carpeta

Para seleccionar todos los archivos de una carpeta, haga clic en el botón *Organize* (Organizar) y elija el comando *Select All* (Seleccionar Todos). Este comando resalta todos los archivos en la ventana — incluyendo todas las carpetas (y el contenido de las carpetas) y las marca como listas para la acción.

También puede usar la combinación de teclas de acceso directo Ctrl+A para seleccionar todos los archivos en una carpeta.

Seleccionar un grupo aleatorio de archivos

Supongamos que necesite seleccionar cuatro iconos en una carpeta al mismo tiempo, como se muestra en la Figura 26-2. Así es como se hace:

Figura 26-2:
Seleccionar un grupo aleatorio de archivos.

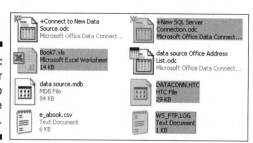

1. **Haga clic para seleccionar el primer archivo.**

   Apunte el mouse sobre el icono del archivo y haga clic una vez.

2. **Presione y sostenga la tecla Ctrl en el teclado.**

   Cualquiera tecla Ctrl (control) funciona; pulse y manténgala presionada.

3. **Haga clic para seleccionar el siguiente archivo.**

   Al sostener la tecla Ctrl, su dedo cliqueador puede seleccionar todos los archivos que quiera. (De otro modo, al hacer clic en cualquier archivo eliminará la selección de lo que ya esté seleccionado).

4. **Repita el paso 3 hasta que haya seleccionado todos los archivos que desea.**

   O, hasta que le duela su dedo cliqueador.

5. **Suelte la tecla Ctrl cuando haya terminado de seleccionar archivos.**

Ahora está listo para manipular los archivos seleccionados en grupo.

Para eliminar la selección de un archivo en un grupo, sólo oprima Ctrl+clic nuevamente.

Seleccionar un grupo de archivos en fila

Para seleccionar una fila de archivos, como los que ve en la Figura 26-3, siga estos pasos:

Name ▲	Size	Type	Artist
Bach's Brandenburg Concerto...	142 KB	MIDI Sequence	
Back to the Future.mid	39 KB	MIDI Sequence	
Beethoven's 5th Symphony.rmi	91 KB	MIDI Sequence	
Beethoven's Fur Elise.rmi	21 KB	MIDI Sequence	
bewitched.mid	9 KB	MIDI Sequence	
bigtop.mid	30 KB	MIDI Sequence	
bjs-ming.mid	6 KB	MIDI Sequence	
bohemian rhapsody.mid	51 KB	MIDI Sequence	
brunes.mid	47 KB	MIDI Sequence	
Bumble Bee.mid	14 KB	MIDI Sequence	
bumble.mid	21 KB	MIDI Sequence	
bwv538f.mid	25 KB	MIDI Sequence	
bwv538t.mid	36 KB	MIDI Sequence	
bwv948.mid	14 KB	MIDI Sequence	
Can't do that sum.mid	11 KB	MIDI Sequence	
CANYON.MID	21 KB	MIDI Sequence	
cartoons.mid	5 KB	MIDI Sequence	
Classical Gas.mid	8 KB	MIDI Sequence	
Dance of the Sugar-Plum Fair...	21 KB	MIDI Sequence	
Debussy's Claire de Lune.rmi	28 KB	MIDI Sequence	
doom1.mid	18 KB	MIDI Sequence	
elvis.mid	16 KB	MIDI Sequence	
EURYDICE.MID	90 KB	MIDI Sequence	
figaro.mid	38 KB	MIDI Sequence	

Figura 26-3: Seleccionar un grupo de archivos en fila.

1. **Haga clic en el botón *View* (Ver) en la barra de herramientas y escoja *List* (Lista) en el menú.**

2. **Haga clic para seleccionar el primer archivo de su grupo.**

3. **Presione y sostenga la tecla *Shift* (Mayúsculas).**

   Cualquier tecla *Shift* en el teclado funciona.

4. **Haga clic para seleccionar el último archivo en su grupo.**

   Al sostener la tecla *Shift*, se seleccionan todos los archivos entre el primer clic y el segundo clic, como se muestra en la Figura 26-3.

5. **Suelte la tecla *Shift* (Mayúsculas).**

Ahora los archivos están listos para la acción.

Esta técnica para seleccionar archivos funciona mejor en la vista *List* (Lista). Funciona también en otros tipos de vista, aunque no es tan previsible.

Para ordenar los archivos en la lista, puede valerse de varios comandos de clasificación de archivos. Haga clic derecho en la ventana de la carpeta y utilice el submenú *Sort By, Group By* o *Stack By* para organizar la alineación de iconos.

Enlazar un grupo de archivos

Otra forma de seleccionar archivos como grupo es enlazarlos. La Figura 26-4 muestra cómo se hace, al arrastrar los archivos con el mouse.

Figura 26-4:
Enlazar un grupo de archivos con el mouse.

Para enlazar los archivos, comience por apuntar el mouse sobre y hacia la izquierda de la horda de iconos que quiere enlazar. Con el botón del mouse presionado, arrastre hacia abajo y hacia la derecha para crear un rectángulo que rodee ("enlace") los iconos de archivos, como se muestre en la Figura 26-4. Suelte el botón del mouse y todos los archivos que ha enlazado quedan seleccionados como grupo. En estas circunstancias es apropiado gritar "¡Arre!".

Deseleccionar cosas

Para deseleccionar un archivo, simplemente haga clic en cualquier parte de la carpeta (salvo en un icono). O bien, puede cerrar la ventana de la carpeta y, en ese caso, Windows se olvida inmediatamente de cualquier archivo seleccionado.

Archivos Aquí, Allá y Más Allá

Los archivos no se quedan quietos. Usted mismo los mueve, los copia y los mata. Si no hace estas cosas, su disco duro se llenará de basura y, por vergüenza, se verá obligado a apagar la computadora cuando invite amigos a casa.

Mover o copiar archivos a otra carpeta

Los archivos se mueven y se copian todo el tiempo. *Mover* un archivo es cuando se lo transplanta de una carpeta a otra. *Copiar* es cuando se duplica un archivo, guardando el original en su lugar y haciendo una copia exacta en otro lugar.

Windows tiene millones de formas distintas de copiar y mover archivos. En lugar de aburrirlo con todas las alternativas posibles, éste es mi método preferido para mover o copiar un archivo o un grupo de archivos seleccionados:

1. **Seleccione los archivos o carpetas que desea mover o copiar.**

2a. **Para mover, haga clic en el botón *Organize* (Organizar) de la barra de herramientas y elija el comando *Cut* (Cortar) en el menú.**

2b. **Para copiar, haga clic en el botón *Organize* (Organizar) de la barra de herramientas y elija el comando *Copy* (Copiar) en el menú.**

Sí, puede copiar y cortar archivos de la misma manera que puede cortar y copiar texto y gráficos. Por supuesto, ninguna de estas acciones tiene valor hasta que no los pega.

3. **Abra la carpeta de destino.**

Utilice el Explorador de Windows para llegar hasta la carpeta, o cualquier otro medio, en el que quiera mover o copiar el archivo (o los archivos).

4. **Haga clic en el botón *Organize* (Organizar) de la barra de herramientas y elija el comando *Paste* (Pegar).**

Los archivos se desplazan o se copian desde su ubicación actual hasta la carpeta que seleccionó.

El comando *Copy* (Copiar) crea duplicados de archivos, y el comando *Move* (Mover), desplaza los archivos.

✔ Al mover una carpeta se desplazan todos los archivos y subcarpetas dentro de esa carpeta. Tenga cuidado al hacer esto: Windows podría perder el rastro de los documentos previamente abiertos en esas carpetas.

✔ Puede también utilizar los prácticos métodos abreviados de teclado: Ctrl+C para Copiar, Ctrl+X para Cortar y Ctrl+V para Pegar.

✔ Para cancelar la operación, simplemente presione la tecla *Esc* antes de pegar los archivos. Esta acción restituye los archivos cortados a su estado normal.

✔ No coma el pegamento.

Mover o copiar archivos es simple una cuestión de arrastre

Quizás el método más sencillo para mover o copiar un archivo es abrir tanto la ventana fuente como la ventana de destino simultáneamente en el escritorio. Para mover, simplemente arrastre un icono de una ventana a la otra. Para desplazar un grupo, seleccione los iconos y luego arrástrelos de una ventana a la otra.

Fíjese que Windows abre un globo debajo del icono para los archivos que está arrastrando. El globo muestra el número total de archivos que se están manipulando y le precisa si está desplazando o copiando los archivos.

Cuando arrastra archivos entre dos carpetas del disco duro, Windows *mueve* los archivos. Pero cuando arrastra los archivos entre dos medios diferentes (digamos, el disco duro y una tarjeta de memoria), Windows *copia* los archivos.

Puede anular la tendencia de Windows de mover o copiar archivos usando el teclado cuando está arrastrando los archivos.

- ✔ Para copiar archivos, presione y sostenga la tecla Ctrl mientras arrastra el mouse.
- ✔ Para mover archivos, presione y sostenga la tecla *Shift* mientras arrastra el mouse.

Duplicar un archivo

Para hacer un duplicado, simplemente copie un archivo en su propia carpeta. Utilice cualquiera de las técnicas que expliqué anteriormente en este capítulo.

El duplicado se crea con el sufijo - Copy (-Copia) añadido al nombre original. Esta es su clave para saber que este archivo es un duplicado del original almacenado en la misma carpeta.

Copiar un archivo a un medio removible

Por alguna razón, la gente tiene como un trauma con esto de copiar archivos a una tarjeta de memoria o un disco extraíble. Es bastante simple. Así es como se hace:

1. **Asegúrese de que el dispositivo esté adecuadamente conectado, o *montado*, en su computadora.**

   Por ejemplo, introduzca la tarjeta de memoria digital en el lector de tarjeta.

2. **Seleccione los archivos que desea copiar.**

3. **Haga clic derecho sobre los archivos seleccionados y elija File (Archivo)⇨Send To (Enviar A) y luego escoja el medio removible en el submenú.**

   El submenú *Send To* (Enviar A) enumera todas las unidades de disco removibles a las que puede enviar el archivo — incluso un CD o DVD grabable, si su PC cuenta con la bendición de semejante hardware.

   Los archivos se copian en la unidad en cuanto usted elije el comando.

Asegúrese siempre de que el disco esté efectivamente en la unidad y que ese disco esté listo para aceptar archivos antes de copiar.

- Para copiar archivos a otra unidad de disco duro, utilice los comandos *Move* (Mover) o *Copy* (Copiar), explicados anteriormente en este capítulo.

- Asegúrese de desmontar correctamente una tarjeta multimedia digital antes de retirarla de la unidad. Consulte el Capítulo 9.

- Consulte el Capítulo 28 para obtener información adicional acerca de ripear un CD o DVD grabable.

Crear accesos directos

Un *acceso directo* a un archivo es una copia de un archivo 99 por ciento libre de grasa. Le permite acceder al archivo original desde cualquier lugar del sistema de discos de la computadora, sin el exceso de equipaje que implicaría copiar el archivo. Por ejemplo, puede crear un acceso directo al programa Microsoft Word en el escritorio para acceder más fácilmente. Tal es la esencia del acceso directo a un archivo.

Crear un acceso directo se hace de la misma manera que copiar y pegar un archivo, como se explica en la sección "Mover y copiar archivos a otra carpeta", anteriormente en este capítulo. La diferencia ocurre al momento de pegar: Haga clic derecho en la carpeta de destino y elija el comando *Paste Shortcut* (Pegar Acceso Directo) en el menú emergente.

- Para crear rápidamente un acceso directo en el escritorio, haga clic con el botón secundario del mouse sobre el icono y elija *Send To* (Enviar A)⇨ *Desktop (Create Shortcut)* (Escritorio [Crear Acceso Directo]) en el menú emergente.

- El icono de acceso directo tiene una pequeña flecha en un recuadro blanco acurrucado en la esquina inferior izquierda (ver el margen). Ese icono le indica que el archivo es un acceso directo y no el archivo auténtico.

- Los archivos directos llevan a menudo el sufijo `Shortcut` (`Acceso Directo`) en el nombre. Puede editar la parte de `Shortcut to` (`Acceso Directo a`), si quiere. Vea la sección "Cambiar el nombre de los archivos", más adelante en este capítulo.

- No tenga miedo de borrar accesos directos: Eliminar el icono de un acceso directo no elimina el archivo original.

Eliminar archivos

Parte del mantenimiento de la unidad de disco es el ocasional ataque de limpieza o el ajetreo de la limpieza general. Esta tarea no solo implica mover y copiar archivos y carpetas para organizarlos, sino también deshacerse de lo inservible: eliminar los archivos que ya no quiere o necesita.

Para matar un archivo, selecciónelo y presione la tecla *Delete* (Eliminar) en su teclado. También puede utilizar el comando *Delete* (Eliminar) en el botón *Organize* (Organizar) de la barra de herramientas. O si puede ver el icono de *Recycle Bin* (Papelera de Reciclaje) en el escritorio, arrastre los archivos con el mouse y suéltelos precisamente sobre el icono de la Papelera de Reciclaje. ¡Uff! El archivo ya no existe.

✔ Windows quizás envíe una advertencia antes de eliminar archivos. ¿Está *realmente* seguro? Probablemente lo esté, así que haga clic en *Yes* (Sí) para eliminar el archivo. (Windows es extremadamente prudente).

✔ Puede eliminar carpetas de la misma manera que elimina archivos, pero acuérdese que elimina todo el contenido de la carpeta — que pueden ser decenas de iconos, archivos, carpetas, joyas, niños pequeños, viudas y refugiados. Es mejor tener cuidado con eso.

✔ Nunca elimine ningún archivo o carpeta a menos que lo haya creado usted mismo.

✔ En Windows los programas no se eliminan; se desinstalan. Consulte el Capítulo 27.

Recuperar archivos (¡Archivos Zombis!)

Si acaba de eliminar un archivo — y me refiero a *eliminarlo recién* — puede seleccionar el comando *Undo* (Deshacer) (Ctrl+Z) en el menú del botón *Organize* (Organizar) de la barra de herramientas. ¡Eso lo trae de vuelta!

Si el comando *Edit* (Edición)⇨*Undo* (Deshacer) no lo hace, o deshace (como sea), siga estos pasos:

1. **Abra la *Recycle Bin* (Papelera de Reciclaje) en el escritorio.**

   Si no ve el icono de Papelera de Reciclaje en el escritorio, haga clic en el triángulo del extremo izquierdo en la barra de direcciones del Explorador de Windows y escoja *Recycle Bin* (Papelera de Reciclaje) en el menú que aparece.

2. **Seleccione el archivo que desea recuperar.**

3. **Haga clic en el botón *Restore This Item* (Restaurar este Elemento) en la barra de herramientas.**

   El archivo es mágicamente extraído del limbo de la Papelera de Reciclaje y restaurado como nuevo en la carpeta y disco de los cuales había sido tan brutalmente erradicado.

4. **Cierre la ventana de la Papelera de Reciclaje.**

Windows no tiene un límite de tiempo definido para restaurar archivos; pueden estar disponibles en la Papelera de Reciclaje por meses o hasta años. Aún así, no deje que la comodidad de la Papelera de Reciclaje lo hipnotice con una falsa sensación de seguridad. Nunca elimine un archivo a menos que esté seguro de que quiera que desaparezca para siempre.

Los archivos pueden eliminarse permanentemente presionando *Shift+Delete* (Mayús+Eliminar) en el teclado. No se almacenan en la Papelera de Reciclaje y no se pueden recuperar. Por eso debería usar el comando *Shift+Delete* (Mayús+Eliminar) solo para eliminar definitivamente archivos que ya no quiere.

Cambiar el nombre de los archivos

Windows le permite cambiar el nombre a cualquier archivo o carpeta en cualquier momento. Probablemente quiera hacerlo para darle a la carpeta un nombre más adecuado, más descriptivo, o por una infinidad de razones posibles. Así es como se hace:

1. **Haga un clic en el icono para seleccionarlo.**

2. **Elija el comando *Rename* (Cambiar Nombre) en el menú del botón *Organize* (Organizar) de la barra de herramientas.**

   El nombre actual del archivo es resaltado o seleccionado, exactamente como se selecciona el texto en un procesador de texto.

3. **Escriba un nuevo nombre o edite el nombre actual.**

4. **Presione la tecla *Enter* (Intro) para fijar el nombre nuevo.**

Tenga en cuenta que todos los archivos *deben* tener un nombre. Si no le da un nombre al archivo (o intenta dejarlo en blanco), Windows se queja. Más allá de eso, encontrará a continuación algunos puntos para considerar cuando cambie el nombre de archivos:

✔ Antes de presionar la tecla *Enter* (remítase al Paso 4), puede pulsar la tecla *Esc* para deshacer el daño y volver al nombre original del archivo.

✔ Windows no le permite cambiar el nombre de un archivo por el nombre de un archivo ya existente; dos elementos en la misma carpeta no pueden compartir el mismo nombre.

✔ Si ocultó las extensiones de los nombres de archivo, tal vez parezca que dos archivos comparten un mismo nombre. Sin embargo, fíjese que esos dos archivos son de distinto tipo y tienen iconos diferentes.

✔ Puede deshacer el cambio de nombre presionando la combinación de teclas Ctrl+Z o eligiendo *Edit* (Edición)⇨*Undo* (Deshacer) en el menú. Debe hacerlo *inmediatamente* después de meter la pata para que funcione.

✔ El método abreviado de teclado para cambiar el nombre de archivo es F2. Prefiero usar esta tecla que elegir el objeto del menú porque igual mis manos necesitan estar en el teclado para escribir el nuevo nombre de archivo.

Windows le permite cambiar el nombre a un grupo de iconos de una sola vez. Funciona de la misma manera que cambiar el nombre a un único icono, excepto que cuando se completa la operación, todos los iconos seleccionados tienen el mismo nombre nuevo más un número como sufijo. Por ejemplo, seleccione un grupo de iconos y presione la tecla F2. Al escribir **Imagen** como nombre de archivo del grupo, cada elemento en el grupo recibe el nombre Imagen (2), Imagen (3), etcétera, hasta el último archivo del grupo — Imagen (24), por ejemplo.

Encontrar Archivos Caprichosos

Perderle el rastro a sus archivos en Windows no es nada grave. A diferencia de perder sus gafas o las llaves del auto, Windows tiene un poderoso comando *Search* (Búsqueda). Los archivos perdidos se encuentran casi de inmediato. ¡Hasta el asombroso Kreskin no podría encontrarlos más rápido!

Para encontrar un archivo en Windows, utilice cualquier ventana de *Search* (Búsqueda). Puede ver una en la esquina superior derecha del Explorador de Windows. Si no, encontrará una en la parte inferior del menú del botón *Start* (Inicio). No importa dónde esté el archivo, simplemente escriba su nombre. Presione la tecla *Enter* (Intro) y pronto se verá inundado de archivos coincidentes — incluso archivos que contienen texto coincidente. ¡Y esto sin esperar!

Estos son algunos consejos de búsqueda:

- ✔ Es conveniente empezar la búsqueda en una de las carpetas principales, tal como *User Account* (Cuenta de Usuario) o la ventana de la carpeta *Computer* (PC). La búsqueda luego va refinándose.

- ✔ Al hacer clic en el enlace *Advanced Search* (Búsqueda Avanzada) en la parte inferior de la ventana *Search Results* (Resultados de la Búsqueda) puede restringir el enfoque de la búsqueda. Por ejemplo, puede ingresar un rango de fechas.

- ✔ Si su teclado tiene una tecla Windows, puede presionar Win+F, donde F significa *find* (buscar). Esta maniobra abre la ventana *Search Results* (Resultados de la Búsqueda).

- ✔ La barra de herramientas en la ventana *Advanced Search* (Búsqueda Avanzada) le permite reducir el enfoque de la búsqueda.

- ✔ El compinche de este libro, *PCs For Dummies Quick Reference* (Wiley Publishing, Inc.) contiene muchas más opciones para la ventana *Search* (Búsqueda) y distintas variaciones para encontrar prácticamente cualquier archivo basándose en su tipo, tamaño o fecha.

Capítulo 27

Software, Programas, Aplicaciones

*E*l hardware de PC puede ser tonto, y el sistema operativo puede estar a cargo, pero para poder hacer cualquier trabajo en su computadora, necesita software. Específicamente, necesita esas aplicaciones de trabajo confiables que transforman sus divagaciones caprichosas en algo sustancial, usando el poder del ejercitado músculo E/S de su computadora para convertir sus teclazos y movimientos de mouse en algo maravilloso y nuevo . . . O algo estancado y podrido, si es que ama su trabajo o no.

Pienso que el problema principal con el software es la terminología. ¿Cuántas palabras hay para un programa de computadora? *Software* es el término mayor. *Programa de computadora* es técnico, aunque *ejecutable* es más técnico aún. Luego están las aplicaciones y los paquetes de software. Sin importar la jerga, este capítulo explica la tarea de instalar y usar estos programas en su PC.

Instalación de Software

El software es lo que hace que su computadora haga el trabajo. Pero el programa en sí mismo no salta mágicamente de la caja casi vacía hasta su computadora. Necesita que usted haga un esfuerzo. Esto no es nada técnico. De hecho, es tan fácil que pocas cajas de software se molestan en incluir instrucciones. Cuando ése es el caso, puede empezar por leer esto:

1. **Abra la caja del software.**

   Necesita un cuchillo o tijeras para quitar el ajustado envoltorio y potencialmente impenetrable sello de plástico transparente que protege la solapa de la caja.

   Trate de no romper la caja. Le conviene mantenerla intacta, ya sea para almacenamiento a largo plazo o en caso de que la tienda le permita devolver el software. La mayoría de las tiendas no lo hacen. Cuando es así, puede intentar revender el software en eBay.

2. **Disfrute del aroma del epoxi industrial que emana de dentro de la caja.**

3. **Ubique el disco o los discos de instalación.**

   Si tiene más de uno, observe en qué orden se utilizan; los discos deben estar numerados y querrá empezar con el primer disco, que también puede estar marcado como *INSTALL* (INSTALACIÓN).

   A veces, se incluye un DVD, lo que significa que puede usar ese único DVD, en vez de CDs múltiples, para instalar el programa.

   Además del disco de instalación, puede tener otros discos, programas adicionales, suplementos y galerías de imágenes. No necesita instalar todo, pero debe encontrar el disco de Instalación.

4. **Revise la caja en busca de información impresa.**

   Específicamente, lo que está buscando es una hoja *Read Me* (Léame) o un folleto de *Getting Started (Guía Rápida)*.

   Quizás encuentre un manual en la caja. Es una broma. Atrás quedaron los días en que el software venía con manuales. El manual ahora está "en el disco", en la forma de un archivo de ayuda, lo cual no ayuda mucho.

   Si las instrucciones de instalación están en la caja, sígalas.

5. **Inserte el disco de instalación en la unidad.**

6. **Inicie el programa de instalación.**

   Si tiene suerte, el programa de instalación se ejecuta automáticamente cuando inserta el disco en la unidad de DVD de la PC.

7. Siga las instrucciones que aparecen en pantalla.

Lea la información con cuidado; a veces meten algo importante ahí. Mi amigo Jerry (tal su nombre real) seguía haciendo clic en el botón Next (Siguiente) en vez de leer la pantalla. Pasó por alto un aviso importante que decía que se iba a borrar la versión anterior del programa. ¡Oh, no! El pobre Jerry nunca pudo recuperar su programa viejo.

También puede que le aparezca una advertencia del Control de Cuenta de Usuario (UAC, por sus siglas en inglés) por ahí. Si es así, ingrese la contraseña del administrador o haga clic en el botón *Continue* (Continuar) para seguir con la instalación.

8. Seleccione varias opciones.

El software le pide su nombre y el nombre de su compañía, y quizás un número de serie. Escriba todas esas cosas.

No se altere si el programa ya sabe quién es. Windows es un poco clarividente respecto a eso.

Cuando se le pida tomar una decisión, la opción que ya está seleccionada (la *predeterminada* o *default*) es generalmente la mejor opción. Solamente debe cambiar algo si sabe qué está pasando y *realmente le importa.*

Puede encontrar el número de serie dentro del manual, en la caja del CD-ROM, en el primer disco o en una tarjeta independiente que probablemente tiró aunque le dije que guardara todo lo que había en la caja original. ¡No pierda ese número! Generalmente escribo el número de serie dentro del manual o en la misma caja del programa.

9. Se copian los archivos.

Eventualmente, el programa de instalación copia los archivos del disco de instalación a su disco duro para que vivan ahí a tiempo completo.

Si se le solicita, reemplace un CD por el siguiente. Este proceso puede continuar por algún tiempo.

10. Ya está.

Termina el programa de instalación. La computadora puede reiniciarse en este momento. Esto se requiere a veces cuando está instalando programas especiales sobre los que Windows necesita saber. (Windows es bastante tonto después de que se inicia).

¡Empiece a usar el programa!

Lo admito, los pasos del procedimiento son vagos e imprecisos. Con suerte, su nuevo software viene con instrucciones más específicas. Remítase a los recuadros para ver información importante acerca de algunas preguntas frecuentes sobre la instalación.

¿Cómo desactivo mi software antivirus?

Los mejores programas antivirus monitorean constantemente su computadora para buscar virus nuevos. Así que cada vez que instala un nuevo software, el antivirus puede saltar y decir "¡Alto ahí!" e impedir la instalación. La única forma de evitar este problema es desactivar el antivirus temporalmente.

La forma más sencilla de desactivar el software antivirus es ubicar el pequeño icono del programa antivirus en el área de notificación. Haga clic derecho sobre el icono y seleccione el comando *Disable* (Desactivar) del menú emergente. Después de hacer esto, puede continuar con la instalación. Sin embargo, recuerde volver a activar el software antivirus después de instalar el programa nuevo. Una forma de hacer esto es reiniciar Windows, lo que de todos modos necesitan la mayoría de los programas nuevos.

✔ Debe tener privilegios de administrador para instalar software nuevo en su computadora. Esto está bien; la mayoría de los usuarios se configuran como administradores de todas maneras. Además, si más de una persona utiliza su computadora, asegúrese de instalar el software para que lo use todo el mundo.

✔ Muchas aplicaciones necesitan algún tipo de validación o registro, lo que significa que necesita conectarse a Internet para completar el proceso de instalación. Para quienes no tengan conexión a Internet, puede incluirse un número de teléfono que permite activar el producto del modo humano y anticuado.

Ejecutar un Programa

Después de que el software ingresa a su PC, el siguiente paso es ejecutar el programa. Así como con otras cosas en Windows, hay muchas formas distintas, extrañas y potencialmente útiles de ejecutar sus programas. Las siguientes secciones describen algunos de los métodos más populares.

Encontrar un programa en el menú Inicio

Todo el software nuevo que instala debería ubicarse por sí solo en el panel de Inicio, en el submenú *All Programs* (Todos los programas). De hecho, si el software hizo bien las cosas, Windows despliega un globo de diálogo que dice "*New software installed*" (Nuevo software instalado, o algo similar) y resalta la ubicación del programa.

Para ejecutar su programa, obedezca los siguientes pasos:

1. **Haga clic en el botón *Start* (Inicio).**

2. **Seleccione *All Programs* (Todos los Programas) para desplegar el menú *All Programs*.**

3. **Haga clic en el icono del programa dentro del menú.**

   Este paso ejecuta el programa; el menú Inicio desaparece y la ventana del programa aparece en pantalla.

4. **Si el programa no se puede encontrar, ubique el submenú del programa y luego vuelva al Paso 3.**

   Algunos programas pueden estar ocultos en submenús e incluso más submenús. Todo depende de cómo esté organizado el menú *All Programs*.

En efecto, ¡el menú *All Programs* es anárquico! Puede organizar ese menú, pero en realidad ése es tema para otro libro.

El programa por sí solo no se instala en el menú *All Programs* (Todos los Programas). Lo que ve ahí es apenas un icono de *acceso directo*, o una copia pequeña del programa. El programa en sí mismo está probablemente ubicado en su propia subcarpeta dentro de la carpeta *Program Files* (Archivos de Programa) en la unidad C (Consulte el Capítulo 26 para obtener más información sobre los accesos directos).

Acceder a programas recientes

Cada vez que ejecuta un programa en Windows, aparece en el panel de Inicio, a la izquierda, en un área a la que nombro ingeniosamente Lista de Programas usados recientemente *(Recently Used Programs)*. La Figura 27-1 le muestra dónde está la lista.

Seleccione cualquier programa en la lista para ejecutar rápidamente otra vez, ¡sin que haga falta sortear todo el menú *All Programs* (Todos los Programas)! Tenga en cuenta que los programas van desapareciendo de la lista a medida que ejecuta programas nuevos.

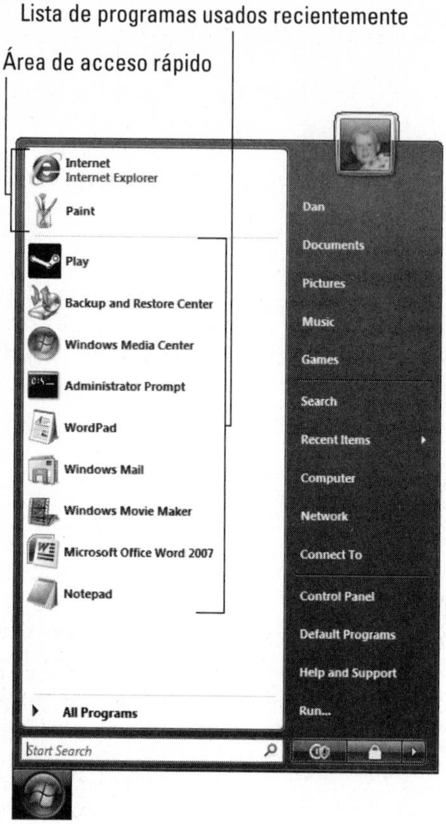

Lista de programas usados recientemente

Área de acceso rápido

Figura 27-1:
Programas
que se
encuentran
en el menú
del botón
Inicio.

Colocar su programa en el área de acceso rápido

Si prefiere que su programa aparezca directamente en el menú Inicio, donde es más útil, considere la posibilidad de agregar el programa al área de acceso rápido, como se muestra en la Figura 27-1. Los programas "pegados" en el menú del botón Inicio se mantienen ahí aunque venga el juicio final o sobrinos supuestamente expertos en informática que vienen de visita desde Indiana.

Para agregar cualquier programa al área de acceso rápido, haga clic derecho en el icono del programa y seleccione el comando *Pin to Start Menu* (Copiar al menú Inicio) en el menú emergente.

Puede hacer clic en cualquier icono de programa, incluso un programa de la lista de programas usados recientemente o un icono de programa en el menú *All Programs* (Todos los Programas). ***Recuerde:*** Clic con el botón derecho.

Crear un acceso directo en el escritorio

Cuando un programa se instala en su computadora, configura un comando o incluso un submenú lleno de comandos en el menú *All Programs*. El programa también puede crear un icono de acceso directo en el escritorio, lo que le permite tener un acceso incluso más rápido al programa. Bueno, permite el acceso cada vez que ve el escritorio.

Si disfruta de tener iconos de acceso directo en el escritorio, puede agregar cualquier programa (o carpeta, o archivo) al escritorio. Simplemente ubique el icono del programa o el icono de acceso directo, haga clic derecho y seleccione *Send To* (Enviar A)⇨Desktop (Create Shortcut) (Escritorio [Crear acceso directo]) en el menú emergente. Se crea el acceso directo y su icono aparece en el escritorio.

Colocar un icono en la barra de inicio rápido

Otro espacio útil para colocar programas usados con frecuencia es la *Quick Launch Bar* (Barra de inicio rápido), que es la razón por la que recibe su nombre. Si se llamara Barra de Lunch rápido, podría poner sandwiches ahí, no iconos de programas.

La forma más sencilla de poner un programa en la barra de inicio rápido es arrastrar el icono de acceso directo del programa desde el escritorio y hasta la barra de inicio rápido. Remítase a la subsección anterior para obtener información sobre cómo crear un icono de acceso directo.

Desinstalar Software

Para eliminar cualquier programa nuevo que haya instalado, usted utiliza un programa de desinstalación. Usted *no* borra directamente el programa o su carpeta.

Casi todos los programas que instala vienen con un programa o función de desinstalación. El programa para eliminar el software normalmente se llama *Uninstall* (Desinstalar), y se puede encontrar en el menú *All Programs* (Todos los Programas) del panel de inicio, junto al icono que se utiliza para iniciar el programa. La Figura 27-2 ilustra una configuración así: Aparece un programa *Uninstall* (Desinstalar) en mi menú *All Programs* (Todos los Programas) que elimina el programa DOSBox.

Figura 27-2:
Un programa de desinstalación en el submenú Todos los Programas.

| DOSBox-0.70 |
| Capture folder |
| DOSBox.conf |
| DOSBox |
| README |
| Uninstall |

Cuando no puede encontrar un programa de desinstalación evidente, puede recurrir a Windows y seguir estos pasos:

1. **Abra el *Control Panel* (Panel de Control).**

2. **Desde la página principal del Panel de Control, seleccione el vínculo *Uninstall a Program* (Desinstalar un Programa), que se encuentra debajo del encabezado *Programs* (Programas); desde la vista clásica del Panel de control, haga doble clic para abrir el icono *Programs and Features* (Programas y Funciones).**

Sin importar cómo llegue allí, aparecerá la ventana *Programs and Features* (Programas y Funciones), como se muestra en la Figura 27-3. La ventana muestra una lista de todo el software instalado en su PC.

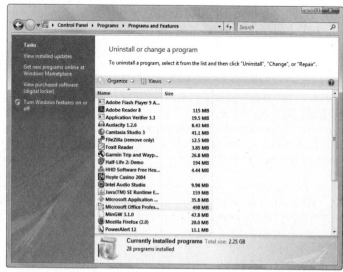

Figura 27-3:
El cuadro de diálogo Agregar o quitar programas.

3. **Seleccione el programa que desea desinstalar.**

4. **Haga clic en el botón *Uninstall/Change* (Desinstalar/Modificar) de la barra de herramientas.**

5. **Si aparece una advertencia UAC, escriba la contraseña del administrador o haga clic en el botón *Continue* (Continuar).**

6. **Siga leyendo las instrucciones en pantalla para desinstalar el programa.**

Las instrucciones de desinstalación varían según el programa. Windows no elimina el programa por sí mismo; en realidad parte del trabajo del desarrollador de software es crear el programa de desinstalación. Así que el procedimiento varía.

Algunos programas obstinados no se auto-eliminan por completo. Pueden dejar unos cuantos archivos, iconos de acceso directos y carpetas vacías. Puede eliminar una carpeta vacía usted mismo, si así lo desea. (Las carpetas se borran igual que los archivos, lea el Capítulo 26). Evite eliminar cualquier programa o archivo instalado en la carpeta Windows o cualquiera de sus subcarpetas.

Actualizar y Mejorar el Software

Después que escribió una novela, está terminada. Las reediciones posteriores corrigen algunos errores de ortografía y tipeo, pero nada más. El software, por el contrario, *nunca* se termina. Es muy fácil de cambiar. La mayoría de los paquetes de software se actualizan cada uno o dos años, y a veces con más frecuencia. Las mejoras de software, o nuevas versiones, ocurren con menos frecuencia.

¿Cuál es la diferencia entre una actualización y una mejora? Las *actualizaciones* (*Updates*) son graduales y pequeñas. Estas reparan, o *parchean* software que ya compró. Por ejemplo, una actualización puede corregir un error o un problema. Una actualización puede ajustar algunas funciones. Y, generalmente, las actualizaciones son gratuitas.

Sin embargo, las *mejoras (upgrades)* son revisiones completas de todo el programa. Una mejora presenta una nueva versión del software, junto con un número de versión. Por ejemplo, la última versión de Microsoft Office es una mejora, no una actualización. Además, las mejoras cuestan dinero.

Mi consejo: Actualice con frecuencia. Si el fabricante ofrece un parche o un *fix* (arreglo), instálelo según las recomendaciones. Pero las mejoras solamente son necesarias cuando las nuevas funciones o modificaciones son cosas que necesita desesperadamente o cuando la mejora resuelve cuestiones de seguridad. Si no es así, cuando la versión actual está haciendo el trabajo, no se moleste.

- *Update* (Actualización): un arreglo menor para algún software que ya tiene. Un parche. No se cobra.

- *Upgrade* (Mejora): una nueva versión del programa. Usted paga por ella.

- Consulte el Capítulo 23 para ver mi recomendación sobre la actualización de Windows.

- Considere cada oferta de mejora por sus méritos individuales: ¿Alguna vez va a usar las nuevas características? ¿Necesita un procesador de texto que pueda imprimir encabezados al revés y gráficos de barras que muestren la cuenta de palabras? ¿Puede realmente obtener algún beneficio de la versión intranet cuando usted es el único usuario, sentado en su casa?

- Aquí hay algo más para tener en cuenta: Si todavía está usando EscribeGarabatos 4.2 y todos los demás están usando EscribeGarabatos 6.1, tendrá problemas para intercambiar documentos. Al cabo de un tiempo, las nuevas versiones de los programas se vuelven incompatibles con los modelos anteriores. Si es así, necesita una mejora.

- En un entorno de oficina, todo el mundo debería usar la misma versión de software. (No necesitan tener la *última* versión, sino la *misma* versión).

Capítulo 28

Hacer Sus Propios Discos

· ·

En Este Capítulo

▶ Confirmar que tiene una unidad de DVD/CD apropiada

▶ Comprar discos

▶ Entender los formatos de discos

▶ Insertar un disco

▶ Trabajar con el disco en Windows

▶ Usar un disco RW

▶ Etiquetar discos CD-R

▶ Tirar un disco a la basura

· ·

*E*n un mundo donde el típico adolescente crea más CD de música en un día de lo que vende su tienda de música en una semana, es difícil creer que las computadoras no hayan sido fábricas de discos desde siempre. Sin embargo, desde que las PC empezaron a venir con CD-ROM, los usuarios han querido grabar sus propios discos.

Las computadoras están hechas para crear cosas, incluso discos. Hace tiempo en la era del tubo de vacío, los discos flexibles o "floppy" se creaban rápidamente. Pero los discos flexibles nunca se usaron para almacenar música . . . Ni tampoco para guardar una monstruosa cantidad de información. El CD, y posteriormente el DVD, ofrecieron un método útil para almacenar no solamente música y películas, sino también infinidad de datos. De hecho, no es nada complicado hacer sus propios discos; ya sean CD o DVD. Este capítulo le muestra cómo se hace.

Su Fábrica de Discos Personal

La PC es experta en producir discos. La clave es tener la combinación correcta de hardware y software para hacer el trabajo. El hardware probablemente sea el convencional que viene con su PC, especialmente si compró su computadora en los últimos dos años. El software se provee con Windows Vista, que es la primera versión de Windows que admite grabar directamente en ambos tipos de discos; CD y DVD.

Revisar el hardware

Muy probablemente, su computadora vino con una unidad de DVD que también puede leer CD. Sin embargo, para crear un disco necesita una unidad grabadora de DVD, que crea DVD además de leerlos. Si la unidad es del tipo SuperDrive, también puede crear CD.

Para más información sobre la unidad de DVD, consulte la sección "La unidad de DVD" en el Capítulo 9.

Conseguir el disco correcto

Para crear sus propios discos, debe antes comprarlos. Específicamente, el disco apropiado para el tipo de unidad grabable de su PC. Eso puede parecer sencillo, pero no lo es. La razón es que los formatos de discos grabables evolucionaron, y hay varios estándares disponibles.

Afortunadamente, la mayoría de las unidades de DVD capaces de crear discos admiten todos los formatos comunes de disco. Esto no resuelve la confusión, así que adjunto mi guía útil para elegir qué formato usar:

CD-R: En este disco, con formato estándar de CD grabable, puede escribirse información solamente una vez y el disco no se puede borrar o utilizar nuevamente.

CD-RW: En este formato de CD regrabable (RW, por las siglas en inglés de *rewritable*), el disco funciona igual que un CD-R, aunque puede borrarse completamente y utilizarse otra vez.

DVD-R: Este es el formato de DVD grabable más popular, compatible tanto con computadoras como reproductores de películas DVD hogareños.

DVD+R: Este es el segundo formato más popular de DVD grabable, mucho más rápido que el DVD-R pero no tan compatible.

DVD-RW: Esta es la versión borrable del formato DVD-R. Como con un CD-RW, estos DVD grabables se pueden borrar completamente para grabar otra vez.

DVD+RW: La versión totalmente borrable del formato DVD+R.

Puede haber otros formatos disponibles, como el viejo formato DVD-RAM. Por suerte, estos formatos raros están desapareciendo rápidamente del mercado.

- ✔ Consulte el Capítulo 9 para obtener información sobre la capacidad de discos, la capacidad de los discos grabables es la misma que la de los discos de solo lectura (RO, o *read-only*).

- ✔ ¡Los discos son baratos! Recomiendo comprarlos en paquetes cilíndricos de 25, 50 ó 100 discos. (Tal vez no crea que los discos son baratos, pero cuando recién habían salido los CD-R valían US$5 cada uno. Los DVD regrabables costaban originalmente US$15 cada uno).

- ✔ Algunos discos CD-R son mejores que otros. Aunque un amigo mío dice que cualquier viejo CD-R sirve, me quedo con las marcas que conozco y uso los discos especiales de alta velocidad. Mis datos son importantes para mí, así que no me molesta pagar más.

- ✔ Algunos discos CD-R están marcados especialmente para grabar música. Estos CD-R de música son de menor calidad que los discos CD-R de datos porque la música no tiene la misma demanda de precisión que el almacenamiento de datos.

- ✔ Los discos en formato RW son más caros que los otros formatos que se graban una sola vez.

Software de grabación de discos

Windows ha tenido la capacidad de crear CDs por bastante tiempo, tanto para almacenar datos como música, usando el Windows Media Player (Reproductor de Windows Media). Windows Vista es la primera versión de Windows en soportar completamente la creación de DVDs, además de CDs. El procedimiento funciona de la misma manera para ambos tipos de discos, y para cada variante (las versiones R y RW).

- ✔ Para obtener más información sobre cómo crear un CD de música, consulte el Capítulo 18.

- ✔ Windows también incluye programas para crear DVDs de películas. El Windows Movie Maker es una buena opción para cuando está dando sus primeros pasos en el video digital. Lea el Capítulo 17.

- ✔ Existen programas de creación de discos fabricados por terceros, como el popular programa Nero. Este libro solamente cubre el método de Windows para crear discos.

Elegir el formato correcto

Cuando Windows crea o *inicializa* un disco grabable, le da la oportunidad de seleccionar el formato de archivo. En este contexto, *formato* se refiere a la forma en la que se graba la información en el disco. Es algo técnico, y los detalles son tan aburridos como un artículo en una revista de avión, pero sirve conocer un poco los formatos cuando decide crear un disco.

Los dos formatos de disco son *Live File System* (Sistema de archivos en vivo) y *Mastered* (registro de inicio maestro). Ambos controlan la forma en la que se escribe la información en el disco:

Live File System: En este formato, la información se escribe en el disco inmediatamente. Puede expulsar el disco, usarlo en otra computadora, y luego volver a insertar el disco y seguir agregando archivos. Puede usar el disco hasta que esté lleno.

Mastered: Este formato reúne los archivos para que se escriban en el disco, almacenándolos en la unidad de disco duro de la PC. Todos los archivos en espera se escriben en el disco al mismo tiempo. Luego, el disco se *cierra* y no permite seguir escribiendo en el disco.

De los dos formatos, el formato *Mastered* es más compatible con otras unidades de CD y DVD, y aprovecha en forma más eficiente el uso del espacio en disco. Sin embargo, el *Live File System* funciona parecido a un medio removible tradicional en una PC.

Puede crear cualquier disco (CD o DVD, R o RW, más o menos) con cualquier formato.

Su Propio Disco de Datos

Mientras tenga la unidad de DVD o CD apropiada, muchos discos y Windows Vista, puede crear sus propios discos de datos. Las siguientes secciones describen el procedimiento.

¿Qué poner en el disco?

La pregunta del millón es: "¿Qué tipo de datos debe poner en un CD-R"? Obviamente, usted no quiere usar un CD-R como un disco rígido removible. Eso es porque el disco puede usarse una sola vez. Cuando está lleno, ¡se acabó! No puede borrarse. Por lo tanto, recomiendo que use discos de datos CD-R para *archivar* y transferir datos.

Archivar es apenas una forma rebuscada de decir guardar. Yo, por ejemplo, cuando termino de escribir un libro, archivo todos los documentos de texto, figuras, imágenes (hasta mi contrato) en un disco. Incluso si los archivos no llenan el disco, está bien. Archivar no se trata de aprovechar al máximo el potencial de almacenamiento. Con los archivos guardados en forma segura dentro del CD-R, puedo borrarlos de mi disco rígido y dejar ese espacio disponible para otra cosa. Y si llego a necesitar los archivos nuevamente, están a mano en el CD de archivo.

Los discos también son excelentes para transferir información entre computadoras, por eso el software nuevo viene en un CD o DVD. Uso discos para enviar archivos por correo que son demasiado grandes para enviar por correo electrónico. (¿Qué tan grandes? Cualquier cosa más grande que 10MB es demasiado para el correo electrónico).

Insertar el disco

Como con todos los medios removibles, debe empezar su viaje a la creación de CDs o DVDs metiendo el disco en la unidad. Este es el ABC:

1. **Ponga un disco grabable en la unidad.**

   Windows es lo suficientemente inteligente para reconocer el disco y preguntarle qué hacer con él con el cuadro de diálogo AutoPlay (Autoarranque), como se muestra en la Figura 28-1. Aunque la figura ilustra lo que pasa con un CD-R, aparecen opciones similares cuando inserta un DVD-R o un DVD+R.

2. **Seleccione la opción *Burn Files to Disc* (Grabar Archivos al Disco).**

   Aparece el cuadro de diálogo *Burn a Disc* (Grabar un Disco).

3. **Escriba un nombre para su disco.**

   Nombre el disco según su contenido. O puede aceptar la fecha actual, que ya se muestra en el cuadro de diálogo.

4. **Haga clic en el botón *Show Formatting Options* (Mostrar Opciones de formato) para revelar las opciones de formato.**

   Puede saltear esta opción si desea usar el formato *Live File System*; continúe con el paso 6.

5. **Seleccione *Live File System* o *Mastered*.**

   Vuelva a leer la sección "Elegir el formato correcto" que figura anteriormente en este capítulo para obtener más información.

6. **Haga clic en el botón *Next* (Siguiente).**

   Para *Live File System*, Windows formatea el disco y lo prepara para usar. Esto se hace bastante rápido.

7. **Empiece a usar el disco.**

El disco está *montado* en el sistema de almacenamiento permanente de su PC. Windows abre automáticamente la ventana del directorio raíz para el disco, y también puede ver el icono del disco en la ventana *Computer* (PC). Además, puede usar el disco como cualquier otro medio en su computadora; lea la siguiente sección.

✔ Su computadora puede reconocer automáticamente el disco y montarlo sin interrupción. Genial.

✔ Si la unidad no reconoce el disco, el disco puede estar defectuoso. Busque otro.

Trabajar con el disco en Windows

Después de montar el disco grabable, puede trabajar con él del mismo modo que trabaja con el disco rígido: Copie archivos a la ventana del disco. Use el comando *Send To* (Enviar a) del menú (emergente) haciendo clic derecho con el mouse. Cree carpetas, incluso subcarpetas. Cambie el nombre de los archivos y adminístrelos como lo hace normalmente.

Para un disco en el formato *Live File*, la información se escribe en el disco inmediatamente cuando la copia. Por eso se llama *Live* File System (Sistema de archivos "en vivo"); su interacción con el disco es prácticamente en tiempo real.

Para un disco en formato *Mastered*, usted envía lo que son básicamente iconos de acceso directo a la ventana del disco. Esos iconos residen en la ventana hasta que el disco se expulsa y finalmente se escriben. Así que, hasta que el disco se expulsa y se escribe en él, está libre de manipular archivos y carpetas en la imagen del disco sin afectar nada de lo que se escribió en el disco.

Para cualquier formato, puede usar el botón *Burn* (Grabar) de la barra de herramientas y copiar los archivos seleccionados al disco para una grabación inmediata (*Live File System*) o grabación eventual (*Mastered*).

- ✔ Los iconos pueden aparecer como fantasmas hasta que expulse un disco creado con *Live File System*. Esto está perfectamente bien.

- ✔ En un disco *Mastered*, los archivos aparecen con la bandera de descarga sobre los iconos. Esto significa que el archivo está listo para escribirse en el disco, pero todavía no se escribió.

- ✔ Borrar, renombrar o mover un archivo después de que se haya grabado en un disco con formato *Live File System* desperdicia espacio en el disco. Si es posible, trate de manipular sus archivos *antes* de grabar.

Expulsar un disco grabable

Lo que ocurre cuando expulsa un disco grabable depende del formato que elija:

Live File Format: Puede expulsar un disco en formato *Live File* en cualquier momento. Windows le advierte que el disco se está configurando para que otras PC puedan acceder a la información. Luego, se expulsa el disco.

Mastered. Puede expulsar un disco *Mastered* en cualquier momento; el disco simplemente sale de la unidad. Para escribir la información en el disco *Mastered*, vea la siguiente sección.

Por supuesto, la ventaja del disco en formato *Live File* es que puede volver a insertarlo en su PC y seguir grabando archivos. (Lea la sección anterior)

Puede hacer esto (insertar el disco, grabar archivos, expulsar el disco) varias veces hasta que el disco esté lleno y ya no pueda escribirse más.

Finalizar un disco en formato Mastered

Cuando selecciona el formato *Mastered* para su disco, los archivos se deben grabar al disco. Esto no pasa al expulsar el disco. No, tiene que seguir estos pasos.

1. **Abra la ventana *Computer* (PC) o la ventana de la unidad de DVD.**

2. **Haga clic en el botón de la barra de herramientas *Burn to Disc* (Grabar a disco).**

   Se abre el cuadro de diálogo *Burn to Disc* (Grabar a disco). (El botón *Burn to Disc* aparece solamente cuando está usando un disco grabable creado con el formato *Mastered*).

3. **(Opcional) Escriba un nombre para el disco.**

   La velocidad de grabación es, sin duda, buena aunque hay una línea de pensamiento que dice que seleccionar la velocidad de grabación *más lenta* asegura un mejor desempeño.

4. **Haga clic en el botón *Next* (Siguiente).**

   Espere a que los archivos se graben en el disco.

El disco se expulsa automáticamente cuando está listo.

Con un disco *Mastered*, no puede escribir información adicional en el disco una vez que está escrito. Sin embargo, el disco se puede leer en una mayor variedad de computadoras que un disco similar creado con el formato *Live File System*.

Borrar un disco RW

Los discos RW funcionan igual que sus discos hermanos R. Toda la información de las secciones anteriores se aplica a los discos RW. La principal diferencia es el agregado de un botón en la barra de herramientas que le permite reformatear el disco RW y comenzar otra vez.

Para reformatear el disco RW, abra su ventana o la ventana *Computer* (PC) y haga clic en el botón de la barra de herramientas *Erase This Disc* (Borrar este disco). Siga las instrucciones en pantalla para borrar completamente el disco y empezar otra vez. Tenga en cuenta que esta operación puede tardar unos minutos, especialmente para los discos DVD-RW.

✔ Los discos RW son distintos de los otros discos grabables. Dice *RW* en la etiqueta y el disco es más caro, lo que es bastante obvio cuando trata de probar el disco.

✔ No todas las unidades de CD o DVD pueden leer los discos RW. Si desea crear un CD que pueda usarse en la mayor cantidad de equipos posible, grabe un disco CD-R en vez de un disco CD-RW. Para un DVD, use el formato DVD-R.

✔ Se dice con frecuencia que los discos RW son mejores para crear copias de seguridad ya que pueden usarse una y otra vez. Sin embargo, si se compara el costo disco por disco, es más barato usar discos que no sean RW.

Etiquetar el disco

Recomiendo especialmente etiquetar todos los medios removibles, desde los discos grabables a las tarjetas de memoria. Incluso si nombra cosas solamente con A o B, está bien porque ayuda a llevar un registro.

✔ Etiquete el disco *después* de grabarlo. De ese modo, no necesita perder tiempo etiquetando lo que puede llegar a ser un mal disco (uno que va a tirar).

✔ Yo uso un marcador indeleble del estilo *Sharpie* para escribir en el disco. Escriba en el lado de la etiqueta, el otro lado es el que tiene sus datos importantes. No querrá escribir ahí.

✔ No use una etiqueta adhesiva en su CD-R. Solamente utilícela si la etiqueta dice específicamente que los químicos que contienen no afectan a un CD-R. De otro modo, los químicos del tipo estándar de etiquetas adhesivas pueden dañar el disco y hacer que la información dentro del mismo no pueda leerse en apenas unos meses.

Desechar un Disco

Seguro, puede tirar un disco a la basura. Eso está bien. . . . En casi todas partes. Algunas comunidades clasifican a los DVD o CD como desechos tóxicos y deben desecharse apropiadamente o enviarse a reciclar.

Si no desea que nadie más lea el disco, probablemente no quiera tirarlo intacto. La mejor solución es destruir el disco con una trituradora de papel, apta también para destruir CDs y DVDs.

Hay gente que dice que se puede borrar un disco poniéndolo en un horno microondas unos segundos. No sé si confiar en ese método o recomendarlo. Y no queme el disco; los gases que despide son tóxicos.

Parte VI
La Parte de los Diez

The 5th Wave   Por Rich Tennant

"La conseguí por una de esas compañias que venden PCs por correo y te permiten diseñar tu propio sistema".

En esta parte . . .

Disfruto mucho de las listas, lo que probablemente se debe al mismo defecto mental que me deja atiborrar mi cerebro con trivialidades. Parte de mi festín de conocimiento incluye leer miles de trivialidades, y creo que la mejor colección de datos triviales está organizada en listas, como las "Diez mordidas de insectos norteamericanos fatales", las "Diez cosas que han dejado los cirujanos dentro del cuerpo de sus pacientes" o los "Diez lugares a los que van los excursionistas y nunca regresan". ¿Por qué siempre son diez? ¡Me rindo! Pero en esta exquisita tradición decimal, presento la última parte de este libro, trivial o no, que contiene capítulos interesantes organizados en temas de diez consejos útiles, sugerencias e información sobre computadoras.

Capítulo 29

Los Diez Errores Comunes de un Principiante

Claro, puede cometer millones de errores con una computadora, ya sea borrar el archivo equivocado o dejar caer la impresora láser color sobre su pie. Pero resumí la lista a diez errores. Estos son los errores de operación cotidianos que la gente suele repetir hasta que se les pide que no lo hagan o leen algo al respecto aquí.

No Cerrar Windows de Forma Correcta

Cuando haya terminado de trabajar con Windows, ciérrelo. Elija el comando *Shut Down* (Apagar Equipo) del menú del botón Inicio. La PC se apaga automáticamente.

Consulte el Capítulo 4 para ver las instrucciones detalladas del apagado de la PC.

Comprar Demasiado Software

Es probable de que su PC haya venido con docenas de programas preinstalados. (No, no es necesario que los use; consulte en el Capítulo 27 la sección sobre cómo desinstalar el software). Incluso con todo ese software preinstalado, no se abrume por conseguir *más* software de inmediato.

Comprar demasiado software no es realmente un pecado en este caso. El pecado es comprar demasiado software y tratar de aprender a usarlo todo al mismo tiempo. El hábito de comprar todo de una sola vez se adquiere al comprar música, un caso en el que está bien llegar a casa con una pila de CDs de la tienda. Puede escuchar varios CDs en unos días. Se disfrutan la primera vez y se añejan bien. Por otro lado, el software es espeluznante el primer día y puede tardar meses en abordarlo.

Tenga piedad de usted mismo en la caja registradora y compre el software con moderación. Compre un paquete y aprenda cómo se usa. Luego, siga adelante y compre otra cosa. Aprenderá más rápido así.

Comprar Hardware Incompatible

Esto no pasa tan seguido como antes, en tiempos pasados antes de que la PC absorbiera a casi todos los otros tipos de computadoras. Pero todavía puede encontrarse, por ejemplo, comprando la tarjeta de memoria equivocada. Yo lo hice una vez, ¡y fue un error caro!

¡Conozca su PC! Consulte los Capítulos 1 y 2. De ese modo no comprará esa unidad de disco duro externa solo para FireWire cuando su PC no tiene un puerto FireWire, ni tratará de agregar una tarjeta de expansión AGP cuando su placa base solamente tiene ranuras PCIe. (Lea el Capítulo 6).

¡Siempre revise el hardware antes de comprarlo! Especialmente si compra en línea; si no está seguro de que el hardware es compatible, llame al vendedor y haga preguntas específicas.

No Comprar Suficientes Suministros

Compre papel para impresora en esas cajas grandes. Se le *acabará* con toda seguridad. Compre papel adicional y diferentes tipos de papeles para distintos tipos de impresión (borradores, a color, impresiones de alta calidad y fotografías, por ejemplo). Compre un carrete de 100 discos. Consiga unas tarjetas de memoria adicionales. Tenga a mano cartuchos de tinta para impresoras. Ya entiende la idea.

No Guardar Su Trabajo

Cada vez que cree algo increíblemente original, seleccione el comando *Save* (Guardar) y guarde su documento en el disco duro. Cuando escribe alguna tontería que va a arreglar más tarde, seleccione el comando *Save* (Guardar) también. La idea es usar *Save* (Guardar) cada vez que piensa en guardar; preferiblemente cada pocos minutos o menos.

¡Guarde! ¡Guarde! ¡Guarde!

Nunca se sabe cuándo su computadora se irá por ahí a ver un programa de cocina en el Canal Gourmet mientras espera terminar los últimos párrafos de ese informe. Guarde su trabajo con la mayor frecuencia posible. Además, recuerde guardarlo cada vez que se levanta de la computadora; incluso si es solamente para ver un diccionario y asegurarse de que el cocinero Emeril no inventó la palabra *ganoush*.

No Hacer Copias de Seguridad de los Archivos

Guardar su trabajo en la computadora es un proceso que tiene varios pasos. Primero, guarde el trabajo a su disco rígido a medida que lo crea. Luego, al final del día, guarde una copia de seguridad de su trabajo en un medio externo, como un CD-R o una tarjeta de memoria. Siempre mantenga un duplicado, una copia segura de su trabajo en algún lado porque nunca se sabe.

Al final de la semana (o el mes), ejecute el programa de copia de seguridad de Windows. Sé que este proceso es molesto, pero está más automatizado y es más fácil de usar que en años anteriores. (Tenga en cuenta que la función Backup [Copia de seguridad] no viene con todas las versiones de Windows Vista).

Abrir o Borrar Cosas Desconocidas

Las computadoras tienen reglas de hardware y software para abrir o borrar elementos desconocidos. En cuanto al software, yo tengo una regla:

Borre solamente los archivos o carpetas que creó usted mismo.

Windows está rebosante de archivos inusuales y desconocidos. No se meta con ellos. No los borre. No los mueva. No les cambie el nombre. Y, especialmente, no los abra para ver qué son. A veces abrir un icono desconocido puede causar problemas.

En cuanto al hardware, no abra nada conectado a su PC a menos que tenga la certeza de saber qué está haciendo. Hay hardware que está diseñado para abrirse. Las nuevas consolas tienen tapas desmontables para un fácil acceso. Esto hace que se puedan reemplazar los componentes de forma mucho más sencilla. Si abre una consola, ¡recuerde desenchufarla! Está bien abrir su impresora para desatascar el papel o instalar un nuevo cartucho de tinta o de tóner. Aún así, no abra los cartuchos de tinta o tóner.

Hay otros elementos de hardware que tienen escrita la leyenda "*Do Not Open*" (No abra) en todas partes: el monitor, el teclado y el módem.

Tratar de Salvar al Mundo

¡Evite ese instinto de héroe! La gente que comienza a usar la PC y es nueva en el correo electrónico se siente envalentonada y cree que son responsables personalmente de la salud, seguridad y el entretenimiento de todas las otras personas que conocen a través de Internet. Voy a ser honesto: Si está empezando, tenga en cuenta que aquellos de nosotros que ya estamos en Internet hemos visto ese chiste. Hemos visto las fotografías divertidas. Conocemos las historias. Y todo el mundo ya nos ha enviado ese correo electrónico que dice que si se lo envías a siete personas que conoces, de algún modo Bill Gates te dará un cheque por US$4.000.

Por favor, no sea parte del problema. Avisar a otros sobre virus y amenazas *reales* es una cosa, pero distribuir engaños por Internet es otra cosa. Antes de enviar un correo electrónico generalizado a todos los que conoce, verifique que lo que está enviando es cierto. Visite algunos sitios Web, como www.truthorfiction.com o www.vmyths.com. Si el mensaje que está distribuyendo es verdadero, por favor incluya un par de vínculos Web que lo confirmen.

¡Gracias por ser parte de la solución y no del problema!

Responder al Spam

No conteste a ningún spam (también conocido como correo electrónico no deseado o no solicitado) a menos que quiera más correo masivo. Un truco muy utilizado por los "*spammers*" (los que envían el spam) es agregar algún texto que dice "*Reply to this message if you do not want to receive any further messages*" (Responda a este mensaje si no desea recibir más mensajes). ¡No lo haga! Responder al spam avisa a los *spammers* que tienen "uno vivo", y recibirá todavía más spam. ¡Nunca jamás responda a un spam!

Abrir un Programa Adjunto a un Correo Electrónico

Puede recibir fotografías por correo electrónico. Puede recibir archivos de sonido. Puede recibir cualquier tipo de documentos. Hasta puede recibir archivos comprimidos o carpetas comprimidas en un archivo Zip. Está bien recibir estos archivos. Pero, si recibe un archivo de programa (EXE o COM) o un archivo de Visual Basic Script (VBS), ¡no lo abra!

La única manera de infectar una PC con un virus es *ejecutar* un archivo de programa infectado. Puede recibir el archivo sin problemas. Pero si lo abre, está muerto. Mi regla es "no abrir ningún archivo EXE que reciba por correo electrónico".

- ✔ Si tiene que enviar un archivo de programa por correo electrónico, escriba o llame por teléfono al destinatario antes para avisarle.

- ✔ Cuando tenga dudas, ejecute un software antivirus y escanee el archivo antes de abrirlo.

- ✔ Algunos tipos de virus pueden venir en documentos de Microsoft Word. El software antivirus puede atraparlos. Pero, en cualquier caso, confirme que el remitente quería enviarle el archivo antes de abrirlo.

Capítulo 30

Diez Cosas Que Vale la Pena Comprar para Su PC

En Este Capítulo

▶ Almohadilla para mouse y descansa muñecas

▶ Pantalla antirreflejo

▶ Protector para el teclado

▶ Más memoria

▶ Un disco duro más grande y más rápido

▶ Teclado ergonómico

▶ Alimentación eléctrica ininterrumpida

▶ *Headset* (Casco con auriculares)

▶ Escáner o cámara digital

▶ Reproductor de música digital portátil

*N*o estoy tratando de venderle nada. Y estoy bastante seguro de que no está listo para salir y gastar, gastar, gastar en algo como . . . otra computadora, por ejemplo (a menos que sea el dinero de otro). Aún así, algunos juguetes (o, debería decir, *accesorios*) son dignos de la compañía de su PC. Ésta es la lista de artículos que recomiendo. Algunos no son tan caros, ¡y no estoy vendiendo ninguno de ellos en mi propio sitio web!

Almohadilla para Mouse y Descansa Muñecas

Si tiene un mouse mecánico (no óptico), necesita una almohadilla para hacerlo rodar. Consiga una, la variedad es infinita; además, la almohadilla del mouse asegura que tenga al menos un diminuto espacio en su escritorio libre de caos para poder mover el mouse.

Un *descansa muñecas* se coloca frente a su teclado y le permite descansar sus muñecas cómodamente mientras escribe. Este producto puede ayudarlo a aliviar algunas lesiones por movimientos repetitivos que son comunes en los usuarios de teclados. Los descansa muñecas vienen en muchos colores, algunos incluso se pueden combinar con sus cortinas.

Pantalla Antirreflejo

Aunque suene de mal gusto, una *pantalla antirreflejo* no es más que una media de nailon que se coloca frente al monitor. Está bien, es nailon *profesional* en un soporte de lujo que se adhiere a su pantalla. Como resultado, no se refleja el brillo estridente de las luces de la habitación o el exterior. Una pantalla antirreflejo es tan buena idea que algunos monitores las tienen incorporadas.

El reflejo es la causa número uno de cansancio visual cuando usa una computadora. Generalmente, las luces se reflejan en el vidrio, ya sea por encima o por debajo de una ventana. La pantalla antirreflejo disminuye los reflejos y hace que pueda ver más fácilmente las cosas en su monitor.

Algunas pantallas antirreflejo incorporan un filtro antirradiación. Es en serio: ¡Brindan protección contra los rayos electromagnéticos dañinos que emite su monitor incluso mientras lee esta página! ¿Eso es necesario? No.

Protector para el Teclado

Si es torpe con la taza de café o tiene niños pequeños o una pareja con dedos embadurnados de mantequilla de maní que usan su teclado, un protector de teclado es una muy buena idea. Puede que haya visto uno en una tienda: Cubre el teclado de manera ajustada, pero aún así le permite escribir. Es una muy buena idea porque, sin un protector de teclado, toda esa mugre repugnante cae entre las teclas. ¡Puaj!

Del mismo modo, también puede comprar un cobertor genérico contra el polvo para su computadora. Este accesorio conserva la apariencia de su computadora pero no tiene ningún otro valor real. Use el cobertor de la computadora solamente cuando la apaga (y yo no recomiendo apagarla). Si usa el cobertor en su PC mientras la PC está encendida, crea un mini efecto invernadero y la computadora se torna demasiado caliente y puede derretirse. Horrible. Este tipo de calentamiento no le ocurre al teclado, así que mantener el protector para teclado todo el tiempo está bien. . . . De hecho, está perfecto.

Más Memoria

Cualquier PC funciona mejor si tiene más memoria instalada. El límite máximo en algunas computadoras es algo así como 16GB de RAM, lo que parece ridículo ahora, pero ¿quién sabe qué pasará de aquí a dos años? Aún así, actualizar su sistema de 1GB o 2GB de RAM es una buena idea. Casi inmediatamente notará la mejora en Windows y varias aplicaciones gráficas y juegos. Haga que otra persona instale la mejora; usted solamente compre la memoria.

Un Disco Duro Más Grande y Más Rápido

Los discos rígidos se llenan rápidamente. La primera vez, es porque conserva mucha basura en su disco duro: juegos, cosas que la gente le envía, archivos viejos y viejos programas que ya no usa. Puede eliminar estos o archivarlos en un disco para un almacenamiento a largo plazo. Luego, después de un tiempo, su disco rígido se llena nuevamente. La segunda vez, tiene cosas que realmente usa. ¡Grrr! ¿Qué puede borrar?

La respuesta es comprar un disco rígido más grande. Puede agregar un disco rígido externo rápida y fácilmente o hacer que le instalen uno dentro de la consola. Comprar un modelo más rápido es una muy buena forma de mejorar el desempeño de cualquier PC sin tener que tirarla a la basura.

Teclado Ergonómico

El teclado tradicional de la computadora se basa en el teclado de la antigua máquina de escribir (el modelo IBM Selectric, por cierto). ¿Por qué? No tiene que ser así, en realidad. No hay mecanismos dentro del teclado que necesiten que las teclas se distribuyan en forma escalonada o como una cascada. La escritura repetitiva en este tipo de teclado puede llevar a muchos desórdenes motores desagradables (MDMD).

Para ayudarlo a escribir con más comodidad, puede conseguir un teclado ergonómico, como el Microsoft Natural Keyboard (Teclado Natural de Microsoft). Este tipo de teclado distribuye las teclas de tal manera que es cómodo para sus manos, ya que las mantiene alineadas y no torcidas, como en un teclado de computadora común.

Una UPS

La *Alimentación eléctrica ininterrumpida (UPS)* es una bendición para la computación en todos los lugares del mundo en los que la energía eléctrica es poco confiable. Conecte su consola a la UPS. Conecte su monitor a la UPS. Si la UPS tiene conectores adicionales que funcionan con batería, conecte también su módem.

✔ El capítulo 4 tiene información sobre cómo utilizar una UPS, además de un tomacorriente múltiple.

✔ Usar una UPS no afecta el desempeño de su PC. A la computadora no le importa en lo más mínimo si está conectada al tomacorriente o a la UPS.

Headset

Un *headset* (casco con auriculares) es como un par de audífonos pero con el agregado de un micrófono. Este accesorio puede parecer inútil hasta que piensa en todas las formas en las que se puede usar este aparato en una PC moderna. Primero y principal, los *headsets* son geniales para jugar juegos en línea y para comunicarse a través de la Internet (en vez de usar un teléfono), y son una opción ideal cuando decide abordar el dictado en la computadora (Capítulo 18).

✔ Yo uso un *headset* USB, lo que no interfiere con los parlantes externos de mi PC.

✔ Trate de conseguir un *headset* que tenga ajuste de volumen y botón *mute* (silencio) incorporados.

Escáner o Cámara Digital

Los escáneres y las cámaras digitales son realmente lo mismo, solo que en distinto envoltorio. Un *escáner* es un dispositivo parecido a una plataforma que se utiliza para digitalizar cosas planas. Una *cámara digital* es un escáner portátil con un lente de enfoque que le permite "escanear" cosas en el mundo real que no es plano. Ambos aparatos hacen lo mismo: Transfieren una imagen desde la fría y cruel realidad al divertido mundo digital de la computadora.

Si ya tiene una cámara manual, conseguir un escáner es una excelente forma de iniciar su viaje gráfico en la computadora. Puede escanear fácilmente fotos existentes y, una vez que se digitalizaron, almacenarlas en su computadora o enviarlas por correo electrónico a sus amigos.

Las cámaras digitales también son muy buenas inversiones, aunque son más caras que los escáneres. El futuro de la fotografía es digital, así que comprar una ahora o más adelante probablemente esté en su lista de cosas para hacer antes de morir.

Lea también el Capítulo 16.

Reproductor de Música Digital Portátil

Por si no lo ha escuchado o leído en alguna parte, el reproductor de CD ha muerto. De hecho, los entendidos de la música dicen que los CDs de música pronto serán cosa del pasado. El próximo refugio para su música será su computadora. La extensión portátil de esa música será un reproductor de música digital, también conocido como *reproductor MP3*.

El reproductor de música digital más popular es el iPod de Apple. Aunque iPod es un producto de Apple, es totalmente compatible con su PC, junto con el popular programa de música iTunes. También existen otros reproductores de música digital. Asegúrese de conseguir uno que tenga suficiente almacenamiento para toda su música, sea compatible con su PC y tenga una forma sencilla de interactuar con la computadora, además de recargar su batería.

Consulte el Capítulo 18 para obtener más información sobre música digital y cómo utilizar un reproductor de música portátil.

Capítulo 31

Diez Consejos de un Gurú de la PC

· ·

En Este Capítulo

▶ Recuerde que usted está al mando

▶ Descubra que a los fanáticos de la computación les encanta ayudar

▶ Use software antivirus

▶ No se inquiete por actualizar el software

▶ No reinstale Windows para arreglar cosas

▶ Ajuste perfectamente su monitor

▶ Desconecte la PC cuando abra el gabinete

▶ Suscríbase a una revista de computación

▶ Evite la publicidad exagerada

▶ No tome esto de la computación muy en serio

· ·

*N*o me considero un experto en computación, ni un genio, ni un gurú; aunque muchos han usado esos nombres desagradables para referirse a mí. Apenas soy un tipo que entiende cómo funcionan las computadoras. O, mejor que eso, entiendo cómo piensa la gente en el campo de la computación. Tal vez ellos no puedan expresar una idea, pero puedo entender a qué se refieren y traducirlo a un lenguaje sencillo para usted. Con esto en mente, aquí hay algunos consejos y sugerencias para que usted y su PC puedan comenzar su idilio felizmente.

Recuerde Que Usted Controla a la Computadora

Usted compró la computadora. Usted arregla sus desastres. Usted la alimenta con CDs cuando se lo pide. Usted controla a la computadora: es así de simple. No deje que la computadora trate de dominarlo con sus conversaciones bizarras e idiosincrasias extrañas. En realidad es bastante tonta. La computadora es estúpida.

Si alguien le metiera una lata aplastada de aceite de motor en la boca, ¿usted intentaría saborearla? Por supuesto que no. Pero meta una lata aplastada de aceite de motor en una unidad de CD y la computadora tratará de leer información de ella, pensando que es un CD. ¿Ve? Es tonta.

Usted controla esa computadora descerebrada como controla a un niño pequeño. Debe tratarla de la misma manera, con respeto y mucha atención. No sienta que la computadora lo está dominando más de lo que siente que un bebé lo domina cuando pide de comer a las 3 de la mañana. Ambos son criaturas indefensas, sujetas a su más mínimo capricho. Sea amable. Pero póngase al mando.

Tenga en Cuenta Que a los Fanáticos de la Computación les Encanta Ayudar a los Principiantes

Es triste, pero casi todos los fanáticos de la computación pasan la mayoría de sus horas de actividad frente a una computadora. Saben que es algo excéntrico para hacer, pero no pueden evitarlo.

Sus conciencias intranquilas son lo que generalmente los pone felices cuando ayudan a los principiantes. Al compartir su conocimiento, pueden justificar las horas que le dedican a sentarse frente a la computadora. Además, les da una oportunidad de mejorar sus habilidades de socialización que van desapareciendo de a poco: el arte de *hablar* con una persona.

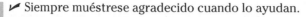

✔ Siempre muéstrese agradecido cuando lo ayudan.

✔ Evite a los parientes que dicen ser fanáticos y quieren "arreglarle" la PC. No trate de ser bueno con ellos. Trate a su PC como a su billetera. Usted no se la daría a cualquiera, ¿verdad? Recuerde, es más fácil demandar a alguien que uno no conoce.

Use Software Antivirus

Es una pena tener que decirlo, pero para disfrutar realmente de su computadora, debe invertir en algún software antivirus. Realmente necesita la protección que le ofrece este tipo de programa, incluso si es precavido. Cada PC que usa Windows y está conectada a Internet está en riesgo. No hay excepciones.

✔ Lea el capítulo 23 para obtener más consejos de seguridad para su computadora.

✔ Sí, pague el dinero y compre la suscripción anual para mantener a su software antivirus actualizado.

✔ Algunos programas antivirus también incluyen otro software de seguridad de Internet, incluso protección contra Spyware y tal vez un firewall. Sí, esas cosas valen lo que cuestan.

✔ No hay necesidad de ejecutar dos programas antivirus (o Spyware o firewall) al mismo tiempo. Con un programa alcanza para hacer el trabajo.

Entienda Que Actualizar el Software No Es una Necesidad Absoluta

Al igual que las modelos en la portada de *Vogue* cambian la ropa cada temporada (o tal vez debería decir "cambian su *look*" cada temporada), las compañías de software siempre lanzan actualizaciones. ¿Debe comprarlas automáticamente?

¡Por supuesto que no! Si se siente a gusto con su antiguo software, no hay razón para comprar la nueva versión. ¡Ninguna!

La mejora de software probablemente incluya algunas nuevas funciones (aunque todavía no haya tenido oportunidad de probar todas las características de la versión actual). Además, la mejora probablemente tenga también nuevos errores que causen fallos de novedosas y variadas formas. Siéntase libre de inspeccionar la caja, del mismo modo que mira a las chicas de la portada de *Vogue*. Pero no se sienta obligado a comprar algo que no necesita.

No Reinstale Windows

Hay un mito dando vueltas por los sitios de soporte técnico que dice que la solución a todos los males es reinstalar Windows. Algunos desconfían cuando la gente del soporte técnico incluso dice que es común para la mayoría de los usuarios de Windows reinstalar por lo menos una vez por año. Esto es una tontería.

Usted *nunca* necesita reinstalar Windows. Todos los problemas se pueden arreglar. Lo que pasa es que los supuestos encargados del soporte técnico son vagos y recurren a una solución drástica en vez de tratar de descubrir cuál es el problema. Si los presiona, ellos le *dirán* qué anda mal y cómo arreglarlo.

En todos mis años de usar una computadora, nunca reinstalé Windows ni tuve que volver a formatear mi disco duro. Ni siquiera es una buena idea refrescar los bits del disco duro o cualquier otra cosa sin sentido que inventen. No hay ninguna razón para reinstalar Windows jamás. Punto.

Consulte mi libro *Troubleshooting Your PC For Dummies* (Wiley) para ver muchas soluciones que puede intentar en vez de reformatear su disco rígido o reinstalar Windows.

Ajuste Perfectamente Su Monitor

No tengo mucho para explicar aquí. Mantener el monitor demasiado brillante es malo para la vista y gasta su monitor más rápidamente.

Para ajustar un monitor CRT a la perfección absoluta, suba el control de brillo (el botón con el sol pequeño) hasta el máximo y ajuste el contraste (el botón con la media luna) hasta que la pantalla se vea agradable. Luego baje el brillo hasta que le guste lo que ve. ¡Eso es todo!

Desconecte Su PC Cuando Actualice el Hardware

Las PC más nuevas no tienen un interruptor de encendido como los modelos anteriores. Cuando abre el gabinete para cambiar el hardware o agregar una tarjeta de expansión, su panza (si es como la mía) puede presionar el botón de encendido y ¡epa! estará trabajando en un entorno eléctrico peligroso. Para evitar eso, desenchufe la consola antes de abrirla para instalar la mejora.

No necesita desconectar la consola o incluso apagar la PC cuando agrega un dispositivo USB o FireWire. (Sin embargo, necesitará desconectarla si agrega una tarjeta de expansión USB).

Suscríbase a una Revista de Computación

Bueno, ¿por qué no? Revise los estantes de su café-tienda de música-biblioteca local. Trate de encontrar una revista de computación que le agrade.

✔ Una revista que parece útil para los principiantes es *SmartComputing*. Búsquela en un puesto de revistas cercano.

✔ Lo que me convence de comprar una revista son las columnas y las *novedades* que incluyen en la portada.

✔ Algunas revistas son puros anuncios. Esto puede ser genial si le gustan los anuncios, o puede ser aburrido.

✔ Evite las revistas más orientadas a los expertos, aunque seguramente no necesito decírselo.

Evite el Despliegue Publicitario

La industria de la computación está plagada de publicidad. Incluso si se suscribe a una revista de computación orientada a la familia, siempre tendrá que leer sobre lo último que han inventado o la siguiente gran tendencia. ¡Ignore todo eso!

Mi forma de medir la exageración mediática es ver si lo que se promociona viene como parte estándar de una PC. Reviso los anuncios. Si se incluye ese elemento, escribo sobre él. De otro modo, es un mito y tal vez no sea cierto. Evite que el despliegue publicitario lo atrape.

✔ Cuando la publicidad se vuelve realidad, lo leerá en este libro.

✔ Algunos anuncios que ignoré con éxito: El Pen Windows, tecnología de empuje (push), Canales Web, Shockwave, Microsoft Bob, Windows CE y las Tablet PC.

✔ Algunos anuncios que se hicieron realidad: USB, CD-R, compras en la Web (o *e-commerce*), unidades de DVD, cámaras digitales y redes hogareñas.

No Lo Tome Tan en Serio

Ey, tranquilícese. Las computadoras no son parte de la vida. No son más que depósitos minerales y productos derivados del petróleo. Cierre los ojos y respire profundamente un par de veces. Escuche cómo el océano golpea contra el muelle del patio; escuche el burbujeo del Jacuzzi de mármol en la habitación principal.

Haga de cuenta que conduce un convertible a través de un bosque de secuoyas en un día soleado con el viento que recorre su cabello y le silba al oído. Simule que está recostado en la cubierta bajo el sol mientras el crucero Princesa del Pacífico resopla de camino al sur hacia las islas en las que monos amistosos con ojos enormes comen pedazos de coco de la palma de su mano.

Está en un globo aerostático, tomando el primer sorbo de champán y sintiendo las burbujas que explotan sobre su lengua. Adelante, hacia la extrema izquierda, la cúspide del castillo se alza hacia las nubes y puede oler el banquete del Chef Claude que lo espera.

Luego, abra lentamente sus ojos. No es más que una tonta computadora. De verdad. No se lo tome tan en serio.

Índice

• B •

• F •

• N •

• O •

• W •

Libros en Español

Disponibles en cualquier lugar donde vendan libros, o través de dummies.com

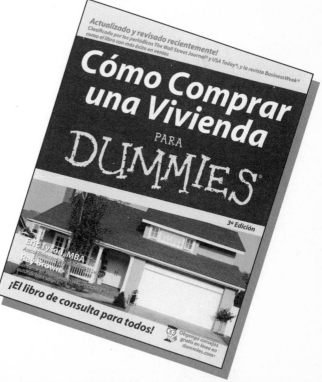

Guía útil para palabras y expresiones
de uso cotidiano

Frases en Inglés

PARA

DUMMIES

¡El libro de consulta para todos!

- Conozca los fundamentos del lenguaje de una manera fácil y práctica
- Encuentre las palabras que necesite de manera rápida en las secciones Palabras para Recordar
- Con las guías de pronunciación no tendrá problemas para que lo entiendan

Gail Brenner
Autora de uno de los libros más vendidos Inglés Para Dummies

Comience a hablar inglés rápidamente
con esta guía fácil y divertida

Inglés

PARA

DUMMIES

Diálogos
del libro
en disco compacto
de audio

¡Soluciones prácticas para todos!

Información gratis diariamente en dummies.com

Gail Brenner
Creadora e instructora del curso, "Programa del lenguaje de inglés intensivo", en la Universidad de California, Santa Cruz

¡Vista es de Windows - lo mas exito de venta - y tiene las ventajas
mejores para Ud.!

Windows Vista

PARA

DUMMIES

Incluye todos los detalles
y aspectos de Vista y todos
elementos esenciales
de Windows

¡El libro
de consulta
para todos!

Obgenga consejos gratis en linea en dummies.com

Andy Rathbone

"¡Aclara misterios y provee ayuda útil!"
U.S. News & World Report

En
Español

Fotografía Digital

PARA

DUMMIES

4a Edición

Cubre qué camara
comprar, cómo
imprimir sus imágenes
y más

¡Soluciones Prácticas para Todos!

eTips GRATIS en dummies.com

Julie Adair King
Autora de Photo Retouching & Restoration For Dummies

¡La guía número uno en ventas que sigue mejorando,
actualizada con lo último en aparatos para PCs!

10 EDICIONES PUBLICADAS

PCs
PARA
DUMMIES

10ª edición

¡Cubre temas nuevos
como redes,
Internet y otros más
divertidos!

¡Soluciones
prácticas
para Todos!™
eTips GRATIS en dummies.com®

Dan Gookin
Autor del éxito número uno en ventas
Comprar una PC Para Dummies

ST EDITORIAL

¡La forma más fácil para entender Windows XP!
¡Más de 11 millones de copias impresas!

Windows XP
PARA
DUMMIES

Cubre Mis Imágenes,
Multimedia, redes
caseras y mucho
más...

¡Soluciones
Prácticas
para Todos!
eTips GRATIS en dummies.com®

Andy Rathbone
Autor del bestseller # 1
Windows ME For Dummies®

¡Desde suscribirse hasta vender — la guía
más vendida para ser exitoso con las subastas en línea!

En
Español

eBay®
PARA
DUMMIES

4ª Edición

Consejos expertos de
cómo hacer ofertas
para ganar y vender
con éxito

¡Soluciones
Prácticas
para Todos!™
eTips GRATIS en dummies.com®

Marsha Collier
Autora de Starting an eBay Business
For Dummies

¡Ahora actualizado y mejorado!
La forma más divertida y fácil de tener presencia en la Web

Crear Páginas Web
PARA
DUMMIES

6ª Edición

¡Soluciones
Prácticas
para Todos!™
eTips GRATIS en dummies.com®

Los mejores
consejos para
crear sus páginas
Web

Bud Smith
Coautor del libro Web Usability For Dummies®
Arthur Bebak
Fundador de Netsurfer Communications, Inc

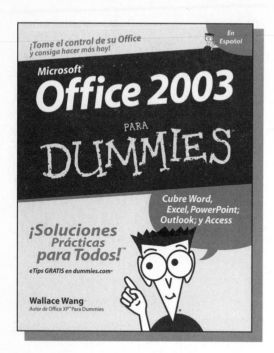

¡Tome el control de su Office y consiga hacer más hoy!

En Español

Microsoft®

Office 2003

PARA

DUMMIES

Cubre Word, Excel, PowerPoint; Outlook; y Access

¡Soluciones Prácticas para Todos!™

eTips GRATIS en dummies.com®

Wallace Wang
Autor de Office XP™ Para Dummies

¡Totalmente actualizado!
Su guía fácil para usar el correo electrónico, la Web y más

Internet

PARA

DUMMIES

10ª Edición

El bestseller # 1
¡Más de 4 millones de copias impresas!

¡Soluciones Practicas para Todos!™

eTips GRATIS en dummies.com®

John R. Levine
Margaret Levine Young
Carol Baroudi

Use todas las nuevas herramientas para hacer que su red trabaje a gran velocidad

Redes

PARA

DUMMIES

6a Edición

¡Soluciones Prácticas para Todos!™

eTips GRATIS en dummies.com®

Cubre Windows XP™ NetWare 6 y Red Hat Linux

Doug Lowe
Autor de PowerPoint™ For Dummies®